DAXUESHENG
CHUANGXIN CHUANGYE

大学生创新创业

郭 庆 杨 诗 金保鹏 主 编

任 杰 郑跃军 刘 萃 副主编

重庆大学出版社

内容提要

这是一本培养大学生创新创业意识，指导大学生创新创业的教材。本书突出"以学生为中心"，体现"做中学，学中做"，学校联合企业共同开发，企业人员深度参与，采用模块化设计、任务式教学的编写方法，共分为8个模块，24个学习任务。每个模块有明确的知识目标、能力目标、素质目标、引言、知识图谱和学习任务等内容，引导学生自主思考学习。每个任务点有具体的任务布置、任务准备、任务实施、情景导入、任务分析、课堂活动、云课堂等环节，引导学生全面掌握学习内容。全书收集了大量的创新创业案例，并结合每个任务设置了实践活动环节，引导学生积极参与理论学习和实践活动。

本书坚持立德树人为根本任务，可以作为高校创新创业教育的教材，也可以作为在职人员开展创新创业能力提升的培训教材。本书严格遵循教育教学规律，坚持"面向全体、注重引导、分类施教、结合专业、强化实践"的教学原则，坚持理论讲授与案例分析相结合、小组讨论与角色体验相结合、经验传授与创业指导实践相结合，把知识传授和实践体验有机统一起来，充分调动学生学习的积极性、主动性和创造性，对学生提升创新创业能力有较强的指导意义。

图书在版编目（CIP）数据

大学生创新创业 / 郭庆，杨诗，金保鹏主编 . —重庆：重庆大学出版社，2023.8

ISBN 978-7-5689-3737-5

Ⅰ . ①大… Ⅱ . ①郭… ②杨… ③金… Ⅲ . ①大学生－创业－高等学校－教材 Ⅳ . ①G647.38

中国国家版本馆 CIP 数据核字（2023）第 194183 号

大学生创新创业

主　编　郭　庆　杨　诗　金保鹏
副主编　任　杰　郑跃军　刘　萃
责任编辑：顾丽萍　　版式设计：杨丽萍
责任校对：邹　忌　　责任印制：张　策

*

重庆大学出版社出版发行
出版人：陈晓阳
社址：重庆市沙坪坝区大学城西路 21 号
邮编：401331
电话：（023）88617190　88617185（中小学）
传真：（023）88617186　88617166
网址：http://www.cqup.com.cn
邮箱：fxk@cqup.com.cn（营销中心）
全国新华书店经销
重庆升光电力印务有限公司印刷

*

开本：787mm×1092mm　1/16　印张：16.5　字数：394 千
2023 年 8 月第 1 版　2023 年 8 月第 1 次印刷
印数：1—6000
ISBN 978-7-5689-3737-5　定价：49.50 元

敢闯会创 成就未来

亲爱的同学，在大学广袤的学海中，你正扬起知识的风帆，描绘人生的蓝图。这是一段宝贵而美好的时光，你将在这里展现才华、探索未知、汲取智慧，我们以为能与你同行、见证你的成长而自豪。

本书是我们用心凝结的指南，旨在帮助你开启幸福和成功的人生航程并逐梦远航。我们深知，深化高等学校创新创业教育改革是国家实施创新驱动发展战略，也是你未来职业规划的重要途径。因此，我们决心为你提供全面、实用的指导，让你敢闯会创、成就未来。

同学们，党中央对创新创业人才培养做出了重要部署，国务院对加强创新创业教育提出了明确要求。近年来，高校创新创业教育不断加强，取得了积极进展，对提高高等教育质量、促进学生全面发展、推动毕业生创业就业、服务国家现代化建设发挥了重要作用。为深入贯彻落实《国家职业教育改革实施方案》和《关于推动现代职业教育高质量发展的意见》文件精神，推动学校创新创业教育高质量发展，提高人才培养质量，促进大学生全面发展，从编纂此书伊始，我们就肩负教育使命、秉承服务精神、集中管理智慧、大胆创新探索，力求为你呈现出专业准确、切实有用、灵活生动的优质内容。书中我们创新采用灵活的模块式编排、聚焦的任务式探索，让你真实感受它不是一些晦涩文字的堆砌，而是一本简单好用的工具书。【知识图谱】为你把重要知识、关系展现出来；【情景导入】用鲜活的案例和故事带你"一秒入戏"；【课堂活动】为你提供活学活用的实战舞台；【云课堂】中有形式多样、开阔眼界的延伸拓展；【学生成长卡】用多元评价让学习效果一目了然。

大学生创新创业是一次拼搏与梦想的相遇，让创新成为青春远航的动力，让创业成为青春搏击的能力，在创新创业中增长智慧才干。让我们共同期许：敢闯会创 成就未来。愿每一位学子都能在自己的航程中实现人生的价值，放飞青春的梦想，成就美好的未来！愿这本用心编写的教材，为你的人生旅途添上明亮的色彩，绘就精彩的华章！

本书由郭庆（重庆开放大学 重庆工商职业学院）、杨诗（重庆开放大学 重庆工商职业学院）和金保鹏（重庆科炬企业孵化器有限公司）担任主编，杨诗和金保鹏负责本书的整体构思、策划和统筹工作，任杰（重庆开放大学 重庆工商职业学院）、郑跃军（重庆开放大学 重庆工商职业学院）、刘萃（重庆开放大学 重庆工商职业学院）负责本书的协调工作和内容的审核工作，盛友兴（重庆科技学院）负责统稿工作。具体编写分工如下：模块一由闫俊霞（重庆开放大学 重庆工商职业学院）负责编写，模块二由郭安然（重庆航天职业技术学院）和杨诗负责编写，模块三由刘萃和郭安然负责编写，模块四由郑跃军、刘炼（重庆开放大学 重庆工商职业学院）和石陆峰（重庆昭信教育研究院）负责编写，模块五由陈虹宇（重庆开放大学 重庆工商职业学院）负责编写，模块六由岳永兰（重庆科炬企业孵化器有限公司）负责编写，模块七由李迪（重庆科炬企业孵化器有限公司）负责编写，模块八由孙阳（重庆科炬企业孵化器有限公司）负责编写。

本书在编写过程中参考了相关文献，在此表示感谢！书中还引用了上海胡润百富投资管理咨询有限公司和贝腾创业研究所的相关资料，在此一并表示感谢！由于本书编者水平和所掌握的资料有限，书中难免存在不妥之处，恳请广大读者在使用过程中提出宝贵意见和批评指正。

编　者

2023 年 7 月

目 录

模块一
认知创新创业

知识目标

1.了解创新创业与经济社会发展之间的关系；
2.了解国家对大学生创新创业的扶持政策；
3.了解创业对大学生职业生涯规划的意义和作用。

能力目标

1.能够正确认识大学生创业环境与经济社会现状；
2.能够掌握国家对大学生创新创业的扶持政策；
3.能够正确理解创业与大学生所学专业、未来就业三者的关系。

素质目标

1.了解创新创业的社会意义、政策环境、个人价值；
2.培养大学生具有创新创业意识；
3.指导大学生树立正确的创业观。

引言

当今世界，社会的变化日新月异，经济与科技飞速发展，"大众创业、万众创新"的浪潮在神州大地上激流涌动，"互联网+"正引领年轻人筑梦青春，一批批创新创业的青年人勇立潮头、敢闯会创，演绎了一个又一个精彩传奇。当代大学生正处在创新创业的有利历史时期，要想投身创新创业，就要了解创新创业与经济社会发展之间的关系，了解国家对大学生创业的相关政策，了解创新创业的基础知识，并结合自身职业生涯规划，为未来发展积累经验、奠定基础。

知识图谱

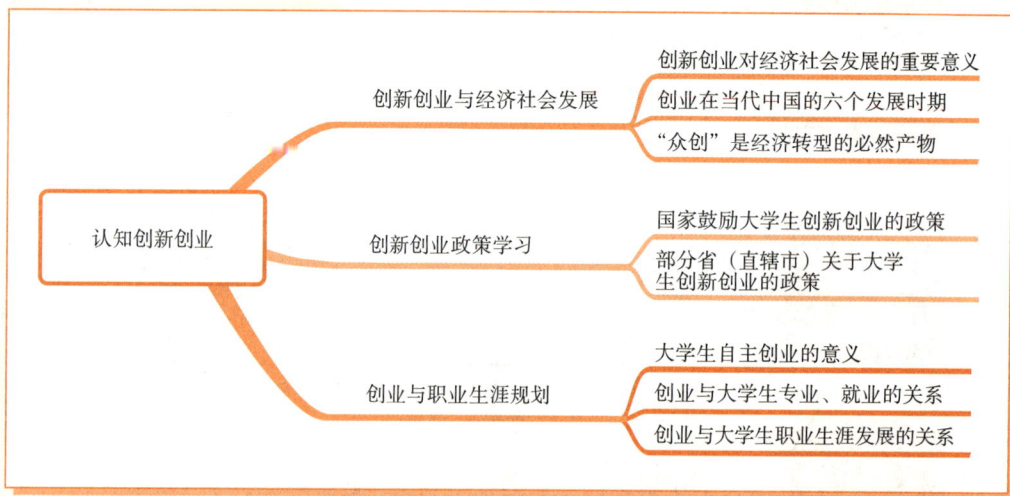

- 认知创新创业
  - 创新创业与经济社会发展
    - 创新创业对经济社会发展的重要意义
    - 创业在当代中国的六个发展时期
    - "众创"是经济转型的必然产物
  - 创新创业政策学习
    - 国家鼓励大学生创新创业的政策
    - 部分省（直辖市）关于大学生创新创业的政策
  - 创业与职业生涯规划
    - 大学生自主创业的意义
    - 创业与大学生专业、就业的关系
    - 创业与大学生职业生涯发展的关系

学习任务

任务一　创新创业与经济社会发展

任务布置

（1）通过查阅电子与纸质书刊、线上访谈、实地调研等方式，了解创新创业对经济发展、技术进步、促进就业等方面的积极作用；

（2）通过查阅资料、个别访谈、实地调研等方式，调研创业在中国所经历的几个阶段，以及每个阶段对中国经济社会的影响；

（3）梳理所收集的资料，分析评估当前社会经济环境、创新创业环境现状，并得出相应的结论。

任务准备

（1）组建学习小组，确定组长，明确查阅任务，进行任务分工，准备查阅工具、资料；

（2）根据所收集的资料，分析创业外部环境和行业环境，并加以简单分析；

（3）根据所收集的资料，对所处的社会经济环境、创新创业现状做出正确的分析。

任务实施

（1）分小组查阅资料，开展个别访谈，进行实地调研；

（2）各小组汇总调研资料，围绕主题"创新创业与经济社会发展之间的关系"，以小组为单位进行讨论；

（3）各小组派代表就讨论观点进行汇报发言，教师根据各小组汇报情况，进行点评和总结。

情景导入

创新创业是一个国家经济活力的象征，一个国家的经济越繁荣，它的创新创业活动就越频繁。西方发达国家的经济繁荣发展史，实际上就是一轮又一轮的创新创业史。因此，创新创业被认为是一个国家经济发展的推动力，我国改革开放40多年以来，经济发展取得举世瞩目的成就，各类经济主体对我国经济发展做出了巨大的贡献。如今，创新创业已经成为一个全球性的话题，并日益受到世界各国的重视。创新创业活动对全球经济增长、技术进步和产业化升级、解决就业等方面有着重要意义。

思考：你所知道的创业成功案例有哪些？对经济、社会分别产生了什么样的影响？

任务分析

一、创新创业对经济社会发展的重要意义

（一）创新创业的内涵

1.创新的含义

创新是指以现有的思维模式提出有别于常规或常人思路的见解，并以此为导向，利用现有的知识和资源，在特定的环境中，本着理想化需要或为满足社会需求，从而改进或创造新的事物、方法、元素、路径、环境，并能获得一定有益效果的行为。

创新是以新思维、新发明和新描述为特征的一种概念化过程。其起源于拉丁语，有三层含义：一是更新；二是创造新的东西；三是改变。这就是说，并不是只有重大的发明创造才是创新。实际上，对各种产品、工作方法、商业模式、服务模式的改进等都属于创新。

创新是人类特有的认识能力和实践能力，是人类主观能动性的高级表现，是推动民族进步和社会发展的不竭动力。一个民族要想走在时代前列，就一刻也不能没有创新思维，一刻也不能停止各种创新。

2.创业的含义

对"创业"一词，国内有不同的理解。随着社会的发展，"创业"的内涵逐步发生着变化。《辞海》对"创业"一词的解释是："创立基业。"显然，这与我们今天所说的"创业"不完全是一回事。《现代汉语词典》对"创业"的释义更贴近我们现在对"创业"一词的理解："创办事业。"

创业有狭义和广义之分。狭义的创业是指创办工商企业，广义的创业则不再局限于工商活动，而是指人们进行生产经营、组织管理、谋求发展、成就事业的实践活动，也即现在提倡的"三创"：创事业、创企业、创家业。国外学者认为创业是一个创造财富并增长财富的动态过程，是一个发现并捕获机会并由此创造出新颖的产品或服务，实现其潜在价值的过程。

3.创新与创业的关系

创新和创业是人类社会发展与进步的永恒主题，当今世界已从传统工业文明向现代信息文明迈进，知识经济已然崛起，而知识经济的核心恰恰在于创新。在知识经济条件下，国际上综合国力的竞争越来越多地表现为创新型人才的水平和数量的竞争。具体来说，创新是指在对现有事物的更新改造过程中，建立在创造结果的基础上，并以此开始再认识和再发现。而创业则是在创新的基础上，把创新应用于技术、制度、管理等方面，产生出一定的经济效益。因此，创新是创业的基础和前提，没有创新就不可能有真正意义上的创业。

（二）创新创业对经济社会发展的重要意义

1.创新创业推动产业升级

无论是在发达国家，还是在发展中国家，创新创业都是一个国家经济发展中最具活力的部分，是经济发展的原动力。创新创业能促进产业结构、经济结构和社会结构的调整，

有力推动社会经济发展。一个社会的创新创业活动发展得越好，人们的物质、文化生活水平也就越高，越能推动社会经济的繁荣与发展。经济增长必然引起一系列产业结构、经济结构乃至社会结构的变化，而一系列的产业结构、经济结构乃至社会结构的变化又可以推动经济的增长。因此，创新创业不仅可以推动新技术应用，还可以推动产业升级，促进经济发展。

2.创新创业促进生产力发展

一方面，创业伴随的技术创新，推动了社会技术进步和生产方式与手段的变革。由于创业的作用，科学技术向现实生产力的转化过程得以加快，人类获得了先进的科技手段，极大地提高了社会生产力。另一方面，创业者通过创办企业开展生产经营活动，要想在竞争中求得生存与发展，除了要使自己开发的产品或服务活动相对略外，还必然要不断地改进技术，降低成本，提高劳动生产率，或者开发新产品。因此，创新创业活动在客观上必然会促进社会生产力的不断发展。

3.创新创业促进就业增长

创新创业不仅可以创造财富和价值，还可以为社会提供更多的就业机会，缓解就业压力，促进国家经济发展。创业者通过创办企业，不仅可以解决自身的就业问题，而且可以为社会创造新的就业岗位，缓解国家沉重的就业压力。同时，自主创业还增加了中小企业的数量，开创了新的产业领域，为经济发展注入了新动力。

4.创新创业推动社会进步

当今世界竞争白热化，各种变革力量交织在一起，百年未有之大变局加速演进，而且速度越来越快。创新创业成为国际战略博弈的主要战场，围绕科技制高点的竞争空前激烈。创新创业活动既有利于创新创业者实现自我价值，也有利于为社会创造更多的财富，从而推动社会的发展进步。而在创业活动中，好的创业项目或者行业能够推动整个行业的发展，促进社会创新进步，增加社会活力。

二、创业在当代中国的六个发展时期

（一）第一个时期（1978—1983年）：城市个体户和农村专业户创业爆发期

这个时期党的十一届三中全会召开，做出把党和国家的工作重心转移到经济建设上来，实行改革开放的伟大决策。改革开放开启了中国巨变的历史进程，带来了巨大的制度红利，为全社会积压已久的创造力和创业能量解缚松绑，生产效率和经济效益随之提升。一方面是改革，另一方面是开放，这是探索经济体制改革的方向和方式方法，总设计师邓小平同志称之为"摸着石头过河"的时期。这个时期是一个转型期，政治、经济都在发生转变转型。政治方面，以阶级斗争为中心转变为以经济建设为中心；经济方面，由国家计划经济转型为以计划经济为主，市场调节为辅。

在这一时期，城乡个体户和农村专业户开始自主经营、自负盈亏，从农村到城市都发生了深刻的变革，这段时期被称为改革开放初期。从小岗村到华西村，从深圳到上海，个体户和农村专业户的创业就像雨后春笋般蓬勃发展。个体户就是当时城镇创业的一种主要形态。这个时期是以联产承包责任制、目标承包责任制、个体手工作坊等形式为主要的创业方式。

（二）第二个时期（1984—1991年）：乡镇企业和国营企业承包租赁经营兴起（产品经济时代）

1984年初，邓小平视察深圳、珠海、厦门经济特区和上海宝山钢铁总厂。同年，十二届三中全会召开并通过《中共中央关于经济体制改革的决定》，拉开了深化经济体制改革的序幕。这个时期是经济方式的转变带来创业方式方法的转变，个体经济受到规模的局限跌宕起伏，个体经济在创业的过程中需要不断地与其他个体融合才能够不断发展壮大。因而出现了集体经济、国营企业承包租赁经营方式的兴起。

在这一时期，私营企业开始发力，创业者们各显神通，创造了空前的神话。

（三）第三个时期（1992—1996年）：全国上下刮起下海狂潮，全民经商

1992年初，邓小平在南方谈话中提出：改革开放要敢于试验，大胆地闯。南方谈话带动了一大批党政机关、科研院所等体制内精英、知识分子下海创业。经过三年国民经济整顿和低速徘徊，1992年之后的几年内中国民营企业数量呈现爆发式增长。

这个时期是以第三产业蓬勃兴起为主要标志，改革逐步深入，开放逐步扩大，投资股份制合作、资本经营、经商创业蓬勃兴起，商品市场非常活跃。国家政策扶持创业的力度逐步加大，国人渴望经商致富的激情得到空前释放，一大批素质相对比较高的机关干部、教师、科研人员、国营企业骨干纷纷下海，往长三角、珠三角经济特区涌入，私营企业风起云涌。

该时期的特点：计划经济和市场调节相结合，以市场调节为主，计划经济为辅。这一波浪潮奠定了中国廉价工业品走向世界，成为世界加工厂的基础。

（四）第四个时期（1997—2007年）：捷足先登互联网，知识分子创业高峰

20世纪末，随着互联网在全球范围内的快速普及，互联网创业在发达国家蔚然成风，带动了一大批海归和本土互联网精英的创业热情。1997年，中共十五大报告鼓励留学人员回国工作；国家教育委员会启动鼓励留学生回国服务的"春晖计划"，李彦宏、邓中翰等人在此之列。这个时期信息化一跃而起，以知识为主体的创业蓬勃兴起，信息化、工业化、数字化、规模化成为主要的特点。

在这一时期，继早期的个体户、乡镇企业家、中间商、民营企业家之后，中国迎来了第六代富裕阶层——学有专长的各类知识分子。这个时期是中国信息时代的起步阶段。经过改革开放20多年的积累和大浪淘沙，这时候的中国市场已经初步成熟，创业门槛不再像改革开放初期那么低，需要的知识水平、商业眼光和市场营销眼光都高出很多，然而另一个新兴产业——互联网正在不知不觉地进入。

许多著名互联网企业如新浪、搜狐、网易、腾讯、阿里、百度等都是在那时开始创业的：腾讯创立于1998年11月，阿里创立于1999年9月，百度创立于2000年1月。2001年底，我国加入世界贸易组织（WTO），进一步推动了创业热潮。由于互联网企业的价值评估逻辑和成功支撑条件与传统企业不同，随着互联网创业迅猛发展，以硅谷为代表的整个创业投资体系被复制到国内并大行其道，代表人物有汪潮涌、邓锋等。

（五）第五个时期（2008—2013年）：海归创业潮

2008年爆发的全球金融危机，推动了海外精英大规模归国就业或创业。在这一时期，新一轮海归创业潮不再局限于互联网、移动互联网，而是广泛涉及智能制造、生物医药、新能源、新材料、文化创意等诸多高科技和前沿创新领域，进一步助推了中国高新技术的发展。各级地方政府也开始鼓励"回乡创业""大学生创业""创业带动就业"，并出台了一系列扶持政策，创业热潮已蔚然成风。

（六）第六个时期（2014—）："大众创业、万众创新"的创客时代

移动互联网时代，中国经济正处于转型升级、结构调整的关键时期，改革开放头30年，年均10%左右的GDP增长率已难以为继。原来靠物质资本投入、基础设施建设、土地批租和房地产开发、能源及矿产资源粗放开发等方式形成的发展动能，虽然刺激了GDP的爆发式增长，但也导致了环境污染、生态破坏、资源浪费、食品安全等一系列的严重问题。在新常态背景下，中国经济发展的重要课题是如何实现可持续发展的动能转换，打造新引擎、切换新动力。推动"大众创业、万众创新"，对促使经济发展转向创新驱动，推动中国转型升级和可持续发展，具有重要意义。2014年下半年，李克强在国内外许多重要场合明确呼吁并大力宣传"大众创业、万众创新"。2015年的政府工作报告中，将"大众创业、万众创新"与"增加公共产品、公共服务"并列为中国经济发展"双引擎"。

在这一时期，我国已经从站起来到富起来，进入"以互联网为特征"的新经济时代和"以大众化为特征"的创业黄金期，整个社会处在前所未有的创业热浪之中，创新创业将为中国经济的新一轮增长提供持久动力。为顺应网络时代"大众创业、万众创新"的新趋势，国内出现了高铁、新能源汽车、智慧农业、工业机器人等一系列的新兴产业，科技的创新带来的技术手段形成了一个新的高潮。

现在中国已经进入新时代，党和政府为创新创业提供了强有力的政策支持、组织支撑、服务支撑，并且号召全国上下掀起了万众创新、万众创业的热潮，开启了众创时代。众创时代是全民释放创造力的时代，与前五次创业潮相比具有更为广泛的思想基础和群众基础，在中国改革发展的道路上具有里程碑式的历史意义。

三、"众创"是经济转型的必然产物

（一）知识经济与经济转型

人类在经历了农业经济和工业经济之后，进入了一种新的经济时代，即知识经济时代。原本以物质和资本作为主要生产要素的经济模式逐渐发生了深刻变化，知识开始成为关键性的生产要素，并且极大地影响着生产力中的各个要素。知识经济，从字面来看可以理解为"以知识为基础的经济"；从内涵角度而言，又叫智能经济，是指建立在知识和信息的生产、分配及使用基础上的经济，它是与农业经济、工业经济相对应的一个概念，是一种新型的富有生命力的经济形态。知识经济是科学技术和经济运行日益密切结合的必然结果，使人类的社会生活发生了巨大的变化，人类社会正在步入一个以现代科学技术为核心的、以知识资源为主要生产要素的新经济时代。在知识经济时代，全球产业结构正面临着彻底的解构和再重组运动，因此，要发展知识经济就必须进行相应的经济转型。

（二）大众创业与万众创新

在全球经济复苏乏力的背景下，中国经济发展也面临着转型困难、下行压力加大等困

境，加之长期扮演着世界工厂的角色，我国经济一直处于世界经济产业链的底端。在这样的大环境下，2014年9月的夏季达沃斯论坛上，李克强第一次提出"大众创业、万众创新"，强调要借改革创新的"东风"，在960万平方千米土地上掀起"大众创业""草根创业"的浪潮，形成"万众创新""人人创新"的新态势。他表示中国经济提质增效升级、增强活力需要依靠创新，并指出只要大力破除对个体和企业创新的种种束缚，形成人人创新、万众创新的新局面，中国发展就能再上新水平。继而在2015年的夏季达沃斯论坛上，李克强数度提及"大众创业、万众创新"，并将其视作中国经济增长的"新动能"。创新正在改变着人们对经济发展的预期，中国经济正面临着重大转型，要完成转型这一质的跨越，更需以"双创"为跳板，引导新兴经济模式和产业的发展。

（三）经济转型与创业热潮

经济转型，从表面来看，是指经济状态的转变，一种经济运行状态向另一种经济运行状态的转变。从内涵来看，是指一个国家或者地区的经济结构和经济制度在一定时期内发生根本性变化。经济转型是创业热潮兴起的内在驱动力。经济发展的阶段不同，创业活动的特征也有所不同。农业经济时代，劳动者的体力是影响生产力的决定性因素；工业经济时代，经济发展主要取决于对自然资源的占有；而到了知识经济时代，知识资源则成为影响创业的重要因素。随着工业经济向知识经济的过渡，创新成为竞争中的重要优势，这为创业活动提供了一个良好的环境，有助于创业者通过对知识的获取、配置、生产和消费来实现创业梦想，推动了一大批新兴企业的诞生。经济转型带来创业热潮，政府会根据国家经济政策加以引导，为创业活动提供良好的环境和土壤的同时，大力发展知识经济，帮助实现转型。我国对"双创"热潮的推动，主要通过以下三个方面：一是政府在政策制度方面的调整，包括减少对"双创"企业的干预与降低创业成本，提供更多发展空间；二是市场自身进行调整，资源适当向"双创"倾斜，如资本市场应给予"双创"企业更多支持和发展机会；三是产业层面为未来前景广阔的非传统产业和新兴企业提供更多的机构扶持。通过以上三个层面的综合支持，我国的经济结构调整成效显著。

📈 课堂活动

分析马化腾创办腾讯公司对中国互联网行业的贡献

一人创业，众人受益；众人创业，社会进步。创新创业作为经济社会的两大引擎，在当代中国的发展中扮演着至关重要的角色。对于大学生创业者来说，只有明晰社会经济的发展趋势，对创业环境有清醒的认识，才能为未来创新创业成功奠定基础。

请以小组（每组4~6人）为单位，学习讨论马化腾创办腾讯公司对我国互联网行业起到了哪些变革性的影响，要求每个小组围绕马化腾的创业案例简介、案例分析、案例启发等方面作汇报陈述，并阐明本案例的创业活动对经济发展的重要作用。

云课堂

"国之重器"华为对中国经济社会的贡献

学习任务

任务二　创新创业政策学习

任务布置

（1）通过查阅资料、访谈调研等，了解大学生创新创业的扶持政策；

（2）梳理大学生相关创新创业政策，客观评估创业形势、创业环境；

（3）收集大学生创业成功案例，正确认知分析其中政策支持的功能或作用。

任务准备

（1）明确小组任务，了解创新创业政策的查阅方法和调研路径；

（2）进行任务分工，调研大学生创新创业的扶持政策；

（3）汇总调研资料，对当前的创新创业政策进行分析。

任务实施

（1）通过场景案例导入，讲述国家和地方鼓励大学生创新创业的政策；

（2）分小组汇报调研情况，并陈述"大学生双创扶持政策"主题调研成果；

（3）教师根据汇报情况，对调研情况做点评，并针对性讲解相应知识点。

情景导入

　　党的二十大报告指出，当代中国青年生逢其时，施展才干的舞台无比广阔，实现梦想的前景无比光明。"双创"时代，每个创业者只要志存高远、脚踏实地，一步一个脚印去实现自己的创业梦想，终有一天能在商海中崭露头角，开辟自己的新天地。乘风破浪的纳西族硕士何永群，扎根边疆创业，从"豪猪妹妹"变身乡村CEO，得益于自己返乡创业的人生选择，也得益于党和国家对大学生创业的扶持政策，为她的创业之路"插上了腾飞的翅膀"。这位一路"打怪升级"的纳西姑娘，"创业史"被拍成电影。如今，何永群依旧扎根农村，被昆明"万名人才兴万村"计划选派至万溪冲社区，变身乡村CEO，为乡村振兴继续"添砖加瓦"。

思考：你所知道的大学生创业成功案例有哪些？它们分别面临什么样的社会创业环境？

任务分析

一、国家鼓励大学生创新创业的政策

根据2021年《国务院办公厅关于进一步支持大学生创新创业的指导意见》的相关部署，国家对大学生创新创业最新的支持政策整理如下。

（一）加强教育培训

（1）建立以创新创业为导向的新型人才培养模式。

（2）探索实施驻校企业家制度，吸引更多各行各业优秀人才担任双创导师。

（3）打造一批高校创新创业培训活动精品项目品牌。

（二）提供孵化空间、租金补贴

（1）鼓励各类孵化器面向大学生创新创业团队开放一定比例的免费孵化空间。

（2）政府投资开发的孵化器等应安排30%左右的场地，免费提供给高校毕业生。

（3）有条件的地方可对高校毕业生到孵化器创业给予租金补贴。

（三）科技资源开放共享

（1）完善科技创新资源开放共享平台，强化对大学生的技术创新服务。

（2）各地区、各高校和科研院所的实验室以及科研仪器、设施等科技创新资源可以面向大学生开放共享，提供低价、优质的专业服务。

（四）开展"揭榜挂帅"

（1）支持行业企业面向大学生发布企业需求清单，引导大学生精准创新创业。

（2）鼓励国有大中型企业面向高校和大学生发布技术创新需求，开展"揭榜挂帅"。

（五）探索建立创业风险救助

（1）鼓励有条件的地方探索建立大学生创业风险救助机制，可采取创业风险补贴、商业险保费补助等方式予以支持。

（2）毕业后创业的大学生可按规定缴纳"五险一金"，减少后顾之忧。

（六）实践平台对在校生免费开放

（1）充分发挥大学科技园、大学生创业园、大学生创客空间等校内创新创业实践平台作用，面向在校大学生免费开放。

（2）推动中央企业、科研院所和相关公共服务机构为大学生建设集研发、孵化、投资等于一体的创业创新培育中心、互联网双创平台、孵化器和科技产业园区。

（七）减免税费政策

（1）高校毕业生在毕业年度内从事个体经营，符合规定条件的，在3年内按一定限额依次扣减其当年实际应缴纳的增值税、城市维护建设税、教育费附加、地方教育附加和个人所得税。

（2）对月销售额15万元以下的小规模纳税人免征增值税，对小微企业和个体工商户按规定减免所得税。

（3）对创业投资企业、天使投资人投资于未上市的中小高新技术企业以及种子期、初创期科技型企业的投资额，按规定抵扣所得税应纳税所得额。

（八）提高贷款额度、降低贷款利率

（1）将高校毕业生个人最高贷款额度提高至20万元，对10万元以下贷款、获得设区的市级以上荣誉的高校毕业生创业者免除反担保要求。

（2）对高校毕业生设立的符合条件的小微企业，最高贷款额度提高至300万元。

（3）降低贷款利率，简化贷款申报审核流程。

（九）引导社会资本支持

（1）引导创新创业平台投资基金和社会资本参与大学生创业项目早期投资与投智。

（2）加快发展天使投资，培育一批天使投资人和创业投资机构。

（十）促进成果转化

（1）做好大学生创新项目的知识产权确权、保护等工作，加快落实以增加知识价值为导向的分配政策，落实成果转化奖励和收益分配办法。

（2）鼓励国有大中型企业和产教融合型企业利用孵化器、产业园等平台，促进高校科技成果和大学生创新创业项目落地发展。

（3）加强对中国国际"互联网+"大学生创新创业大赛中涌现的优秀创新创业项目的后续跟踪支持，推动一批大赛优秀项目落地。

（十一）办好创新创业大赛

（1）办好中国国际"互联网+"大学生创新创业大赛。

（2）建立健全中国国际"互联网+"大学生创新创业大赛与各级各类创新创业比赛联动机制，搭建全球性创新创业竞赛平台。

（十二）加强信息服务

（1）汇集创新创业帮扶政策、产业激励政策和全国创新创业教育优质资源，做好国家和地方的政策发布、解读等工作。

（2）及时收集国家、区域、行业需求，为大学生精准推送行业和市场动向等信息。

（3）加强对创新创业大学生和项目的跟踪、服务，畅通供需对接渠道。

（4）支持各地积极举办大学生创新创业项目需求与投融资对接会。

二、部分省（直辖市）关于大学生创新创业的政策

国家颁布了一系列创新创业政策，具体落实到各省（直辖市）时，各省（直辖市）又根据各地具体情况制定了相应政策。

（一）北京

《北京市支持高校毕业生就业创业若干措施》（京政办发〔2022〕20号）明确说明，要通过以下措施促进大学生创新创业。

（1）扩大融资渠道。北京市科技创新基金组织子基金加强与高校大学生创新创业项目对接，引导社会资本参与大学生创业项目的早期投资与投智。符合条件的高校毕业生，可

申请最高不超过50万元的个人创业担保贷款，或最高不超过300万元的小微企业创业担保贷款；50万元以下贷款，原则上免除反担保措施，LPR-150BP（贷款市场报价利率减去1.5个百分点）以下产生的利息由借款人和借款企业承担，剩余部分财政给予贴息。毕业年度及毕业2年内高校毕业生在本市首次创办的企业或个体工商户，符合条件的可申领一次性创业补贴。依托大学生创业板对接创投基金、银行、担保公司等机构，解决创业融资难题。

（2）提供场地支持。加强"一街四园多点"大学生创业园孵化体系建设，为毕业2年内的北京地区高校毕业生免费提供不超过3年的场地支持。政府投资开发的孵化基地等创业载体安排30%左右的场地，免费提供给高校毕业生。各区对高校毕业生初次租用创业场地的，可给予场地租金补贴。

（3）完善激励机制。推动高校健全弹性学制管理及创业成果认定办法，允许大学生休学创业，创业经历、创业成果符合条件的免修创新创业实践、实习实训等教学课程并按规定计入学分。鼓励将国家和市级创新创业赛事获奖情况作为推优、推免的参考依据。鼓励高校允许创业组织发起人或主要创始人将与其本人所学专业相关的创业成果作为毕业论文（设计）申请毕业或学位。市级大学生创业园、市级创业孵化示范基地、大学生创业板推荐的优质高校毕业生创业企业核心成员，符合条件的可申请办理工作居住证；创业企业成效突出或带动就业效果显著，发起人或主要创始人符合毕业生引进条件的，可申请办理引进。启动面向毕业年度内北京地区高校毕业生保障性租赁住房试点工作。

（二）上海

《上海市教育委员会等关于做好2023年上海市高校毕业生就业创业工作的通知》（沪教委学〔2023〕2号）有关大学生创业的政策如下。

（1）毕业年度内高校毕业生从事个体经营的，自办理个体工商户登记当月起，在3年内按每户每年1.44万元的限额依次扣减相关税费。

（2）对具有本市户籍、毕业2年以内的高校毕业生，在本市首次创办小微企业、个体工商户、农民合作社、民办非企业单位等创业组织满1年且按规定至少为1人缴纳城镇职工社会保险费满6个月的，可申请8000元的首次创业一次性补贴。

（3）上海市大学生科技创业基金会持续实施优惠政策，天使基金"雏鹰计划"新资助企业，对2023届上海高校毕业生首期还款顺延6个月；"雏鹰计划"项目评审、立项、资助环节向2023届上海高校毕业生适当倾斜，并优先提供入驻中国（上海）公共创业者实训基地孵化服务；"创业训练营""研究生双创计划"等创业培训招收学员时优先录用2023届上海高校毕业生，向具备创业基础的"天使基金"申请对象提供创业能力评测、项目跟踪辅导等创业服务。

（三）广东

《广东省进一步支持大学生创新创业的若干措施》（粤府办〔2022〕16号）有关大学生创业的政策如下。

（1）落细落实创新创业资助政策。充分发挥好广东省科技创新战略专项资金（大学生科技创新培育）的引导作用，每年资助不少于1000个大学生团队开展科技创新项目研究。

开展大学生创新创业训练计划，对入选国家级创新训练项目和创业训练项目给予平均不低于2万元/项的经费支持，入选国家级创业实践类项目给予平均不低于10万元/项的经费支持。符合条件的自主创业大学生可申请1万元一次性创业资助，以及每年4000~6000元、最长3年租金补贴。省人力资源社会保障部门评定为省级优秀创业项目的，可按规定享受5万~20万元资助。落实大学生创业帮扶政策，毕业后创业的大学生按政策规定缴纳"五险一金"，减少大学生创业的后顾之忧。加大对创业失败的大学生的扶持力度，按规定落实就业服务、就业援助和社会救助。

（2）落实创新创业税费减免政策。落实国家现行有关减税降费政策，高校毕业生在毕业年度内从事个体经营，符合规定条件的，在3年内按一定限额依次扣减其当年实际应缴纳的增值税、城市维护建设税、教育费附加、地方教育附加和个人所得税；对销售额在免税标准以下的小规模纳税人免征阶段性增值税，对小微企业和个体工商户按规定减免所得税。对创业投资企业、天使投资人投资于未上市的中小高新技术企业以及种子期、初创期科技型企业的投资额，按规定抵扣所得税应纳税所得额。对国家级、省级科技企业孵化器和大学科技园以及国家备案众创空间按规定免征增值税、房产税、城镇土地使用税。

（3）加大创业担保贷款支持。加大创业担保贷款及贴息支持力度，符合条件的大学生个人可申请最高30万元的创业担保贷款，创业带动5人以上就业的可申请最高50万元的创业担保贷款，对大学生创办的符合条件的小微企业可申请最高500万元的创业担保贷款。引导社会资金进入大学生创业投资领域，为大学生创新创业项目提供资金支持。

（4）提升大学生创新创业便利化服务水平。鼓励各类孵化器、众创空间、大学科技园、创业孵化基地等孵化载体开放一定比例的免费孵化空间，降低大学生创新创业团队入驻条件，为入驻大学生团队提供政务服务代理、补贴申请、创业辅导等服务。政府投资开发的孵化器等创业载体应安排30%左右的场地免费提供给高校毕业生。有条件的地方可对高校毕业生到孵化器创业给予租金补贴。支持完善科技创新资源开放共享平台，鼓励各地、各高校和科研院所为大学生创新创业提供技术创新服务。鼓励国有大中型企业、行业企业面向高校和大学生发布技术创新需求、企业需求清单，采用"揭榜挂帅"或"军令状"等方式，支持大学生精准创新创业。

（四）江苏

《江苏省高校毕业生就业创业政策指南》（2022年11月21日）有关大学生自主创业政策如下。

（1）税收优惠。毕业年度高校毕业生从事个体经营的，在3年内按每户每年14400元为限额，依次扣减其当年实际应缴纳的增值税、城市维护建设税、教育费附加、地方教育附加和个人所得税（政策执行期限至2025年12月31日）。

（2）信贷支持。创业的在校大学生和高校毕业生，可在创业地申请最长期限3年、最高额度50万元的富民创业担保贷款，合伙经营或创办企业的，可以提高贷款额度，并由财政据实全额贴息。

（3）一次性创业补贴。对首次成功创业并带动其他劳动者就业，正常经营6个月以上，依法申报纳税的高校毕业生（在校及毕业2年内），可享受一次性创业补贴。

（4）带动就业补贴。高校毕业生（在校及毕业2年内）初创主体需吸纳其他劳动者就业并与之签订1年以上期限劳动合同，并按规定为其缴纳社会保险费的，可按实际带动就业人数享受创业带动就业补贴。

（5）场地租金补贴。高校毕业生（在校及毕业2年内）初次创业租用各类创业孵化基地（含大学生创业园、农民工返乡创业园及众创空间等新型孵化机构），可享受不超过3年的创业场地租金补贴。

（6）项目补助。毕业5年内的高校毕业生（含留学回国）或在校生在江苏省行政区域范围内已经实施的创业项目，入选为江苏省大学生优秀创业项目的，给予最高10万元的一次性创业项目奖励。

（7）社保补贴。对在市场监管部门首次注册登记起3年内的创业者，企业注销后登记失业并以个人身份缴纳社会保险费6个月以上的，可按其实际纳税总额的50%、最高不超过1万元的标准，给予一次性补贴，用于个人缴纳的社会保险费。

（8）培训补贴。高校毕业生（含毕业前2年的在校大学生），参加经当地人社部门认定的创业培训项目（包括创业培训、实训等）并取得合格证书的，按规定给予创业培训补贴。

（9）弹性学制。建立并实行灵活的学习制度，可放宽学生修业年限、保留学籍休学创新创业；建立创新创业学分积累与转换制度，探索将学生开展自主创业等情况折算成学分。

（10）免费服务。有创业意愿的高校毕业生，可免费获得公共就业和人才服务机构提供的创业指导服务，包括政策咨询、信息服务、项目开发、风险评估、开业指导、融资服务、跟踪扶持等"一条龙"创业服务。允许包括专科生在内的高校毕业生在创业地办理落户手续。

（五）重庆

重庆市在《关于印发〈促进高校毕业生等青年就业创业工作方案〉的通知》（渝就业发〔2023〕2号）中，有关高校毕业生等青年创业服务的支持政策如下。

（1）实施创业培训"马兰花计划"，针对不同创业阶段的创业青年全覆盖开展GYB、SYB、IYB创业培训，让每一位准备创业和正在创业的高校毕业生等青年的创业意识和创业能力得到提升。

（2）各区县收集辖区内的创业者需求，按月组织创业项目展示、创业路演观摩、创业园区参观等活动，发挥全市1300余名导师作用，定期开展创业导师面对面、企业家座谈、创业沙龙等互动交流，为有需求的青年创业者提供全覆盖创业服务，促进发展壮大。

（3）推进"商业+政策"组合贷款模式，高校毕业生等青年申请创业担保贷款额度的上限从个人20万元/人、小微企业300万元/户提高到50万元/人、500万元/户。引入信用担保机制，对10万元以下的优质创业项目免除反担保要求。开发创业担保贷款"云平台"，推动实现创业担保贷款"一键办"。

（4）组织参加中国国际"互联网+"大学生创新创业大赛、"渝创渝新"创业创新大赛、"大创慧谷"大学生创业创新赛等活动，提供项目与资金、技术、市场对接渠道。实施"渝创渝新"大学生创业启航计划、加速计划和"优创优帮"大学生创业扶持计划，每年遴选优质高校毕业生创业项目150个左右给予2万~5万元资助，为优质项目提供导师帮扶和立项资金支持服务，加速项目成长和成果落地转化。实施"优创优帮"名师导航计划，共享校内外创业平台资源和专家库资源，创业导师和毕业生人数比达到1∶1000。建设10个高校创业导师名家工作室，建立校内外优秀创业导师与高校结对帮扶机制。

（5）统筹全市创业孵化基地等创业载体资源，为有创业意愿的高校毕业生等青年提供10000个免费创业工位；大学科技园、创业园等校内孵化平台面向在校大学生免费开放；政府投资开发的孵化器等创业载体应安排不低于30%的场地免费提供给高校毕业生使用。持续推进"大创谷"建设，加速集聚高校创新优势资源，设置软件和信息服务业导师服务站，重点支持高校毕业生等青年围绕"满天星"计划进行创新创业，提供场租水电减免、办公装修、网络通信、创业培训、事务代理、融资对接等"一条龙"创业孵化服务。建立数字经济产业园等园区和大学生创业园、创业孵化基地合作机制，搭建优秀青年创业者与上下游企业的合作交流平台。

（6）加快推进"大学生创新创业一件事一次办"应用场景建设，2023年7月底前完成应用推广。

课堂活动

双创政策调研与分析

兵马未动，粮草先行。大学生想创业，政策支持必须要了解清楚。请以小组（每组4~6人）为单位，通过登录查询、线上咨询、信息搜索等方式对当地及各大高校的大学生双创扶持政策进行调研，分析其对大学生创新创业能够带来哪些帮助与支持。学生自行通过各种途径搜集当地及各大高校的双创扶持政策，并且分析其中有哪些政策能使大学生创业群体受益，这些政策分别能够帮助大学生创业者应对哪些方面的问题（如资金、场地、人工等），最后以小组为单位总结出对大学生创业最有帮助的政策，并在课堂上做交流分享。注意：省、市、县各级人民政府都有相关政策出台，要注意搜集尽可能多的双创政策信息；在分享大学生双创政策时，一定要明确政策的出处、时间、范围、有效期等，以避免对政策的误解误读。

云课堂

大学生返乡创业当起"新农人"

学习任务

任务三 创业与职业生涯规划

任务布置

（1）认知创业与专业、就业之间的关系以及对大学生职业生涯发展的意义；

（2）调研所在省市高校的大学生创业现状、大学生的创业倾向；

（3）结合课堂讨论、课后任务，进行创业素质自检，预判自身是否适合创业。

任务准备

（1）分小组制订调研方案，调研所在省（直辖市）的大学生创业现状及创业倾向；

（2）提前收集大学生成功创业的案例，分析创业对职业生涯发展的作用；

（3）提前准备调查问卷等资料，联系调研对象，准备实施调研计划。

任务实施

（1）通过案例导入，讲述创业与专业、就业的关系以及对大学生职业生涯发展的意义；

（2）开展课堂讨论，围绕主题"创业与大学生职业生涯发展"，以小组为单位进行阐述；

（3）结合课前调研、课堂研讨，开展报告分享，教师对各小组情况做点评，并作总结。

情景导入

"人如果没有梦想的话，那跟咸鱼有什么区别？"这是喜剧大师周星驰在电影《少林足球》中的经典台词，也是大学生创业者王锐旭掷地有声的创业口号。九尾科技CEO王锐旭是第26届"中国青年五四奖章"获得者之一，这位潮汕"90后"企业家，曾是一名叛逆少年，依靠自律戒掉网瘾考上了大学。上大学后，他当过保安、兼职模特经纪人，也摆过地摊儿，正是这些在大学四处做兼职的经历，使他渐渐萌生了创业的想法，也为他之后创立的平台奠定了基础。为改变兼职市场乱象，他组建了魔灯传媒（兼职猫的前身），后经过不断地升级迭代，创办了面向大学生找兼职的移动互联网平台——兼职猫，成立了广州九尾信息科技有限公司（简称"九尾科技"），荣获 "创新创业领军人才""广东省优秀企业家""中国青年科技创新者""中国青年五四奖章"获得者等荣誉称号。如今，兼职猫日均提供岗位约45万个，为147万家企业和4400万名用户提供灵活就业服务。

思考：你所知道的大学生创业成功案例有哪些？它们对社会经济发展和个人职业生涯规划发展起到了什么样的作用？

任务分析

一、大学生自主创业的意义

（一）自主创业有助于实现经济高速增长

创业是科学技术的孵化器，人类每一项新的技术发明，几乎都是首先在创业过程中得到应用的。创业企业是国家新的税源所在，每出现一个新的企业，就会使国家增加征税对象，创业企业在创造经济效益的同时也增加了国家的税收，支持了社会经济的发展，可以说，创业企业越多，创造的产值越高，国家经济增长的速度就越快。因此，大学生自主创业能有效地推动社会生产力发展，实现经济高速增长。

（二）自主创业有助于创造新的就业机会

就业问题历来是一个社会稳定与否的重要因素。而在提供就业机会方面，创业企业的贡献无疑是重大的。大学生自主创业有利于缓解就业压力，能为更多的毕业生提供新的就业岗位，从根本上解决毕业生就业难的问题。因为一人创业成功可以带动至少十人就业。同时，自主创业还会增加中小企业数量，开创新的产业领域，能为经济发展注入动力。

（三）自主创业有助于实现个人自我价值

创业是青年就业的有效方式，也是实现自我价值的有效途径。大学毕业生通过自主创业，可以把自己的兴趣与职业紧密结合，做自己最感兴趣、最愿意做和自己认为最值得做的事情，在五彩缤纷的社会舞台中大显身手，最大限度地发挥自己的才能，并获得合理的报酬。因此，创业可以使大学生施展自身才华，发挥个人潜能，实现自我价值。

二、创业与大学生专业、就业的关系

（一）创业结合专业

1.专业是创业的依托

高等教育是以专业教育为主的教育，大学生创业如果能够结合所学专业，将有利于创业实践。大学生创业最好还是从熟悉的行业做起，创业者把自己在大学期间接受的专业教育直接应用于自己的创业实践中，可以提高成功的概率。对于任何一个专业的大学生来说，充分利用自身在学校期间所积累的能力优势、人脉资源等，在一些资金需求不大、项目周期不长、人手配备要求不高的项目上开展自己的事业是非常重要的。大学生在选择创业项目时应结合自身特点，尽可能地结合专业谨慎地选择创业项目。

2.机遇是创业成功的关键

创业的成功取决于主客观诸多方面的因素，创业者所学的专业仅仅是诸多因素中的一个。一个人创业的最佳状况就是自己的眼光、胆略、专业等主观因素和天时、地利、人和等客观因素的完美结合。创业实践中，机遇和环境因素的作用不亚于专业因素，也是非常重要的。蒂蒙斯曾说过："绝好的机遇有一种我称之为非常令人宽慰的经济特点：附加值。但是，识别真正机遇的关键要素是日久天长的经验积累所生成的直觉。当机遇的大门渐渐打开时，发现潜在机遇、把握时机抓住机遇的能力和感觉非常关键。"

(二) 创业带动就业

1.创业带动就业，实现岗位倍增

近年来，我国政府出台了许多政策鼓励大学生创新创业，促进经济发展和就业增长。这些政策可以有效地鼓励创新创业，引导越来越多的年轻人投身于创新创业热潮中，发挥创业带动就业的倍增效应，激发市场活力和创造力。

2.创业带动就业，实现经济发展

创业是就业之源，对于稳定和扩大就业具有重要意义。要想发挥大众创业、万众创新对稳就业的支撑作用，就要坚持就业优先战略和积极就业政策，放宽政策、放开市场、放活主体，充分发挥市场主体承载数亿人就业创业的基础性作用，健全灵活就业劳动用工和社会保障政策，激励更多中小微企业、个体工商户等吸纳就业，在创新支持创业、创业带动就业的良性互动中，使有梦想、有意愿、有能力的大学生实现更高质量创业就业。

3.创业带动就业，实现社会进步

创业可以让大学生实现财务自由，摆脱传统的工作方式，拥有更多的时间和更大的自由度，而且如果创业成功，可以获得更高的收益和回报，从而更好地实现其财务目标。创业不仅可以为大学生自己创造价值，还可以为社会创造价值。大学生创业可以带动就业，促进经济发展，推动社会进步。

三、创业与大学生职业生涯发展的关系

职业生涯规划是指一个人对其一生中所有与职业相关的活动与任务的计划或预期性安排。它涉及两个方面的内容：第一，个人对人生理想、职业价值观、兴趣爱好、个性特征、能力状况等方面的认识；第二，个人对其一生中职业发展、职位变迁以及工作理想实现过程的设计。

(一) 创业是大学生职业选择的一种方式

传统上，人们选择从事职业通常是在已有企业或组织中找到一份工作，成为其中的一员。而创业则是选择自己创建和经营一个企业或事业，以实现自己的人生目标和职业发展。创业的方式为个人提供了更大的自主性和自由度，可以根据自己的兴趣、能力和创意来打造自己的事业。从一定程度上来讲，当大学生选择了创业这个职业之后，就成为一名创业者，就需要自我管理、自我决策、自我规划，提高自我创业能力。原则上说，就应该把握三个主要内容，自己能够做什么，社会需要什么，自己拥有什么资源。

(二) 创业可以提高个人技能水平

创业会面临巨大的挑战和风险，需要承担更多的责任和决策，但同时也有机会获得更大的回报和成就感。通过创业，大学生可以获得更多的实践经验和专业知识，这些经验和知识可以帮助他们在职业生涯中更好地应对挑战和机遇。同时，创业者需要掌握许多技能，例如市场营销、财务管理、人力资源管理等，这些技能可以帮助他们在职业生涯中更好地发挥自己的能力。创业者也需要与各种人打交道，包括客户、供应商、投资者、员工等，这些人脉资源可以帮助他们在职业生涯中更好地发展自己的事业。

(三) 创业可以促进个人职业生涯发展

创业是一种活动，也是一个过程。创业并不是简单地开办一家企业，让生活更好，它

更是一个人实现人生价值，完成人生使命的过程，而这一过程存在于生涯发展中。每个人都想创造出巨大的价值，许多人选择通过创业来实现这一目的。职业生涯发展的意义在于生存发展，实现个人价值，而创业对于一个人的职业生涯来说是一次质的飞跃。

课堂活动

分析创业与大学生职业生涯发展之间的关系

随着我国"双创"战略的提出，当代青年生逢其时，机遇在前。开启"创时代"，越来越多的大学生创业者正陆续加入其中，奋力跑出创新创业的"加速度"，第27届"中国青年五四奖章"获得者邓小燕便是新时代踊跃投身创新创业大潮中的一分子。

出生于1989年的邓小燕大学毕业后，在沿海城市有了一份收入不菲的工作。然而，家乡的发展滞后让她难以释怀。"'东宝贡米'品质上佳，家乡又有深厚的农耕文化底蕴，用现在的话说叫'自带流量和光环'，何不把它好好做起来呢？"几年后，邓小燕毅然辞去工作，回乡创业。第一年，她选用的高产"越年再生稻"惨遭"滑铁卢"，试种的100亩（1亩=666.67平方米）以失败告终。不服输的邓小燕四处考察学习，邀请科研院所专家选育优良品种，实地指导科学种植。她"告别化妆品，脱掉高跟鞋"，头戴草帽、卷起裤脚，扎进田间地头，变成彻彻底底的"新农人"。第二年，邓小燕采用先进覆膜育秧技术试种的良种水稻大获丰收，卖出了好价钱，越来越多的村民主动加入。她又以核心产区为示范，严格按照有机标准生产，成立农业公司，创建自有品牌，通过直播带货促进销售，以统一生产计划、生产资料、技术培训、技术规程、品牌包装和保护价回收的"五统一保"方式运作，走上规模化种植优质水稻之路。

8年间，她带领村民种植优质水稻超过1万亩，覆盖8镇19村，带动2000多名群众年均增收1.2万元。2020年，邓小燕被乡亲们选为东宝镇双西村党支部委员、村委会委员。在家乡这片热土上，邓小燕实现了自身价值。她先后当选第十一届"全国农村青年致富带头人""四川省脱贫攻坚先进个人""四川省优秀共产党员""四川省三八红旗手""感动广元十大人物"，2023年又荣获"中国青年五四奖章"。面对越来越多的荣誉，邓小燕信仰如磐、初心依旧。"我最大的愿望就是让家乡越来越美好，让大家都过上好日子！"在她的影响下，越来越多的年轻人回到家乡，其团队30位成员都是"90后"。"我们愿意扎根田间地头，帮助乡亲实实在在地增收致富奔小康。这里有风吹稻浪的浪漫，也有脚踩泥土、挥汗如雨的付出，是我们奋斗的地方……"

（资料来源："中国青年五四奖章"获得者邓小燕："燕儿"归来稻更香［N］.新华社，2023-05-16.有修改）

请以小组（每组4~6人）为单位，结合以上大学生创业案例，并围绕主题"创业与大学生职业生涯发展"开展讨论。同时，请各小组结合本小节课前调研，以小组为单位依次陈述自己小组关于"创业对大学生职业生涯发展的意义"这一研讨结果，并在课堂上做交流分享，最后由老师点评并总结。

云课堂

创业者写给创业者的一封信

实践与提升

创业能力测试

测评说明：

1. 当你想要拥有一个自己的公司时，有必要先进行这个测试，它可以帮助你判断是否适合创业？你具有多少创业者潜力？当然，这个测试结果也仅供参考，因为决定一个人创业能否成功要受很多因素的制约。

2. 本测试根据一系列陈述句组成。请认真阅读题目，根据你的实际情况来选择最符合你的描述。

3. 在选择时，请根据你的第一印象回答，不要过多考虑，请在符合你的情况的括号里画"√"。

创业能力测试表

序号	内容	结果
1	是否曾经为了某个理想而设下两年以上的长期计划，并且按计划进行直到完成？	
2	在学校和家庭生活中，你是否在没有师长和亲友的督促下自动完成分派的任务？	
3	你是否喜欢独自完成工作，并做得很好？	
4	当你与朋友在一起时，你的朋友是否常寻求你的指导和建议？你是否曾被推举为领导者？	
5	在你以往的经历里，有没有赚钱的经验？你喜欢储蓄吗？	
6	你是否能够专注地做自己感兴趣的事连续10小时以上？	
7	你是否习惯保存重要资料，并且井井有条地整理，以备需要时可以随意提取查阅？	
8	在平时生活中，你是否热衷于社会服务工作？你关心别人的需要吗？	
9	你是否喜欢音乐、艺术、体育以及其他各种活动？	
10	在此之前，你是否带动其他人员，完成过一项由你领导的大型活动或任务？	
11	你喜欢在竞争中生存吗？	
12	当你在别人管理下工作时，发现其管理方法不当，你是否会想出适当的管理方式并建议改进？	
13	当需要别人的帮助时，你是否能充满自信地提出要求，并且能说服别人来帮助你？	
14	在筹款或者义卖时，你是否充满自信而不害羞？	

续表

序号	内容	结果
15	当要完成一项重要工作时，你是否总是给自己留出足够的时间仔细完成，而绝不让时间虚度，在匆忙中草率完成？	
16	参加重要聚会时，你是否会准时赴约？	
17	是否有能力安排一个恰当的环境，使你在工作中能不受干扰，有效地专心工作？	
18	你交往的朋友中，是否有许多有成就、有智慧、有眼光、有远见、老成稳重型的人？	
19	你在学校或团体中，被认为是受欢迎的人吗？	
20	你自认是理财高手吗？	
21	你是否可以为了赚钱而牺牲自己的娱乐？	
22	你是否总是独自挑起责任的担子，彻底了解工作目标并认真地执行工作？	
23	在工作中，你是否有足够的信心和耐力？	
24	你能否在很短的时间内，结交许多新朋友？	

评分标准：答"是"得1分；答"否"不得分。统计所得分数。

测评结果分析：

如果得1~5分，说明目前不适合创业，应当训练自己为别人工作，并学习技术和专业。

如果得6~10分，说明需要在别人指导下去创业，才会有成功的机会。

如果得11~15分，说明适合自己创业，但必须在所有"否"的答案中，分析出自己的问题并加以纠正改进。

如果得16~20分，说明非常适合创业，足以使你从小事业开始，并从妥善处理中获得经验，成为成功的创业者。

如果得21~24分，说明有无限潜能，只要把握时机和运气，可能将是未来的商业巨子。

创业者素质测试

测评说明：

创业，从大体上来说其实也是一种职业，当然也有适合或不适合的人群。因而，我们就不难理解为什么有些人可以轻松地创业成功，而有些人不行。下面就来做做题，看看你是否有那些创业者应有的素质吧！

本考卷为开卷考试，没有时间限制，还可以定期反复测试。

1.你在哪一种条件下，会决定创业（　　　）。

A.等有了一定工作经验以后　　　B.等有了一定经济实力以后

C.等找到天使或创业投资以后　　　D.现在就创业，尽管自己口袋里没有几个钱

E.一边工作一边琢磨，等想法成熟就创业

2.你认为创业成功的关键是（　　　）。

A.资金实力　　　　　　　　B.好创意

C.优秀团队　　　　　　　　D.政府资源和社会关系

E.专利技术

21

3.以下哪项是创业公司生存的必要因素？（　　　）

A.高度的灵活性　　　　　　　B.严格的成本控制

C.可复制性　　　　　　　　　D.可扩展性

E.健康的现金流

4.开始创业后你立刻做的第一件事情是（　　　）。

A.找钱、找创业投资　　　　　B.撰写商业计划书

C.物色创业伙伴　　　　　　　D.着手研发产品

E.选择办公地点

5.创业公司应该（　　　）。

A.低调埋头苦干　　　　　　　B.努力到处自我宣传

C.看情况顺其自然　　　　　　D.借别人的优势进行联合推广

6.招聘员工时最重要的是（　　　）。

A.学历高低　　　　　　　　　B.朋友推荐

C.成本高低　　　　　　　　　D.工作经验

7.产品进入市场的最佳策略是（　　　）。

A.价格低廉　　　　　　　　　B.广告投入

C.口碑营销　　　　　　　　　D.品质过硬

8.和投资人交流最有效的方式是（　　　）。

A.出色的现场PPT演示　　　　B.详细的商业计划书和财务预测

C.样品当场测试　　　　　　　D.有朋友的介绍和引荐

E.通过财务顾问的代理

9.选择投资人的关键因素是（　　　）。

A.对方是一个知名投资机构　　B.投资方和团队不设对赌条款

C.谁估值高就拿谁的钱　　　　D.谁出钱快就拿谁的钱

E.只要能融到钱，谁都一样

10.你认为以下哪一项是创业投资决策中最重要的因素？（　　　）

A.商业模式　　　　　　　　　B.定位

C.团队　　　　　　　　　　　D.现金流

E.销售合约

11.从哪句话里可以知道创业投资其实对你的公司并没有实际兴趣？（　　　）

A."我们有兴趣，但是最近太忙，做不了此项目。"

B."你们的项目还偏早一些，我们还要观察一段时间。"

C."你们如果找到领投的创业投资，我们可以考虑跟投一些。"

D."我们对这个行业不熟悉，不敢投。"

E.上面任何一句话。

12.创业团队拥有51%的股份就绝对控制了公司吗？（　　　）

A.正确　　　　　　　　　　　B.错误

13.创业公司的CEO，首要的工作责任是（　　　）。

A.制订公司的远景规划　　　　B.销售、销售、销售

C.人性化的管理　　　　　　　D.领导研发团队

E.引进资金

14.凝聚创业团队的最好办法是（　　　）。

A.期权　　　　　　　　　　　B.公司文化

C.CEO的魅力　　　　　　　　D.工资和福利

E.团队的激情

15.创业公司的财务预测中最重要的是（　　　）。

A.销售增长　　　　　　　　　B.利润

C.成本分析　　　　　　　　　D.资产负债表

16.创业公司的日常运营中，以下工作最重要的是（　　　）。

A.会议记录的及时存档　　　　B.业绩指标的合理安排和及时跟踪

C.团队的经常性培训　　　　　D.奖惩制度

E.管理流程的ISO9000认证

17.创业公司的日常运营中，最棘手的问题是（　　　）。

A.人的管理　　　　　　　　　B.销售增长

C.研发的速度　　　　　　　　D.资金到位情况

E.扩张力度

18.创业公司产品市场推广效果的衡量标准是（　　　）。

A.广告投入量和覆盖面　　　　B.营销推广的精准程度

C.产品出色的品质保证　　　　D.广告投入和产出比例

E.产品价格的打折力度　　　　F.品牌的市场渗透率

19.防止竞争的最有效手段是（　　　）。

A.专利　　　　　　　　　　　B.产品包装

C.质量检查　　　　　　　　　D.不断研发新产品

E.比竞争对手更快地占领市场

20.创业公司的第一个大客户竟然是个土财主，你会（　　　）。

A.一视同仁地对他提供你公司的标准服务

B.指导他如何积极配合你的工作

C.修理他，给他一点颜色看看是为了他的提高

D.提供全面服务+免费成长辅导

21.你认为创业公司中的最大风险是（　　　）。

A.市场的变化　　　　　　　　B.融资的成败

C.产品研发的速度　　　　　　D.CEO的个人能力和素质

E.决策机制的合理性

22.当创业公司账上的现金低于三个月的时候，应该采取哪项措施？（　　　）

A.立刻启动股权融资

B.通知现有公司股东追加投资

C.立刻大幅削减运营成本，包括裁员

D.打电话给银行请求贷款

E.把自己的存折和密码交给公司会计

23.创始人之间发生矛盾时，你会（　　　）。

A.坚持原则，据理力争　　　　B.决定离开，另起炉灶

C.委曲求全，弃异求同　　　　D.引入新人，控制局势

24.投资创业公司的理想退出方式是（　　　）。

A.上市　　　　　　　　　　　B.被收购

C.团队回购　　　　　　　　　D.高额分红

E.以上都是

测评结果分析（每答对一题得1分）：

1.D	2.C	3.E	4.D	5.B	6.D	7.D	8.C
9.E	10.C	11.E	12.B	13.B	14.B	15.A	16.B
17.A	18.D	19.E	20.D	21.D	22.C	23.C	24.E

（1）如果你的得分是1~8分：还不具备创业的基本知识，不要贸然创业；

（2）如果你的得分是9~16分：游走在创业的梦想和现实之间，继续提升打磨；

（3）如果你的得分是17~24分：已经做好了创业的基本准备，大胆往前走。

学生成长卡

请根据模块中三个任务单元的基础知识，结合资料收集、课堂活动、小组研讨中的任务完成情况等，进行个人自评、小组互评及教师评价。总分100分，其中学生自评占20%，小组互评占30%，教师评价占50%。

学生自评表

班级：	姓名：　　　　　　　　　学号：		
评价项目	评价标准	分值	得分
学习态度	能准时参加全部课程，按时提交作业，及时查阅教师上传的学习材料	10	
专业知识	能正确认知大学生创业环境与经济社会现状，主动学习掌握国家对大学生创业的扶持政策；能正确看待创业与大学生专业、就业的关系，理解创业对大学生职业生涯规划的意义和作用	20	
研讨精神	积极参加讨论，对小组成员的发言能提出合理的分析和见解	10	
团队协作	能很好地融入小组讨论，共同推进学习、调研进程	10	
沟通交流	能够清晰准确地表达自己的观点，与他人交流时态度语气恰当，思路清晰	10	

续表

评价项目	评价标准	分值	得分
人文素养	能够主动查询大学生创业成功的案例并进行分析	10	
信息素养	会检索有关创业政策的相关文献，并能够主动阅读学习	10	
实践应用	能正确理解创业与职业生涯规划、人生发展的关系，以及创业在当今时代背景下的意义和价值，能够正确认识并理性对待创业	20	
合计		100	

学生互评表

评价项目	分值	等级								评价对象（组别）					
										1	2	3	4	5	6
概念清晰	10	优	10	良	9	中	7	差	6						
团队合作	10	优	10	良	9	中	7	差	6						
组织有序	10	优	10	良	9	中	7	差	6						
工作质量	20	优	20	良	18	中	14	差	12						
工作效率	10	优	10	良	9	中	7	差	6						
工作完整	10	优	10	良	9	中	7	差	6						
工作规范	10	优	10	良	9	中	7	差	6						
成果展示	20	优	20	良	18	中	14	差	12						
合计	100														

教师评价表

班级：		姓名：	学号：		
评价项目		评价标准		分值	得分
考勤		无迟到、早退、旷课现象		5	
专业知识	创新创业与经济社会发展	能够正确认知创新创业与经济社会发展之间的关系		10	
		积极参与小组研讨，掌握资料查阅的方法		10	
		能够根据所收集资料，正确认知当前社会经济环境，了解创业在中国所经历的几个阶段，并对创新创业现状进行分析		10	
	创新创业政策学习	通过查阅资料、访谈调研等，了解大学生创新创业扶持政策		10	
		积极参与小组研讨，了解创新创业政策的查阅方法和调研路径		10	
		在分小组汇报中，能够陈述"大学生双创扶持政策"主题调研成果，思路清晰，表述准确		10	

续表

评价项目		评价标准	分值	得分
	创业与职业生涯规划	能够认知创业与专业、就业之间的关系以及对大学生职业生涯发展的意义	10	
		积极参与小组研讨，能够陈述"创业与大学生职业生涯发展"主题报告，思路清晰，观点正确	10	
		能够根据课后创业能力测试表、创业者素质测试问卷，完成相关测试，进行创业素质自检，正确认识并理性对待创业	10	
综合表现		课堂表现好，积极参与讨论和学习，学习效果好	5	
合计			100	
综合评价		学生自评（20%）　　小组互评（30%）　　教师评价（50%）	综合得分	

模块二
激发创业热情

知识目标

1. 了解创业精神的内涵；
2. 掌握创业者必备的创业精神；
3. 了解胡润Under30s中国创业先锋创业的历程；
4. 了解高校毕业生创业先进事迹，学习创业的精神。

能力目标

1. 能合理分析中国创业先锋所处的创业环境；
2. 能确定中国创业先锋创业的项目；
3. 会选择合适的项目经营地点；
4. 能设计出适合自己创业项目的名称与标志。

素质目标

1. 以社会主义核心价值观为指导，具备创业意识；
2. 具有较强的创业精神；
3. 能从身边的典型案例分析创业成功的关键因素；
4. 具有团队合作精神和纪律意识。

引言

　　创业就是寻找机会、整合资源，从而创造财富。创业本身是一种艰辛持久的历程，需要创业者具备创新的意识，不断创造条件，寻找商机，在这个过程中，考验的是创业者的精神、意志和坚持不懈的努力。

知识图谱

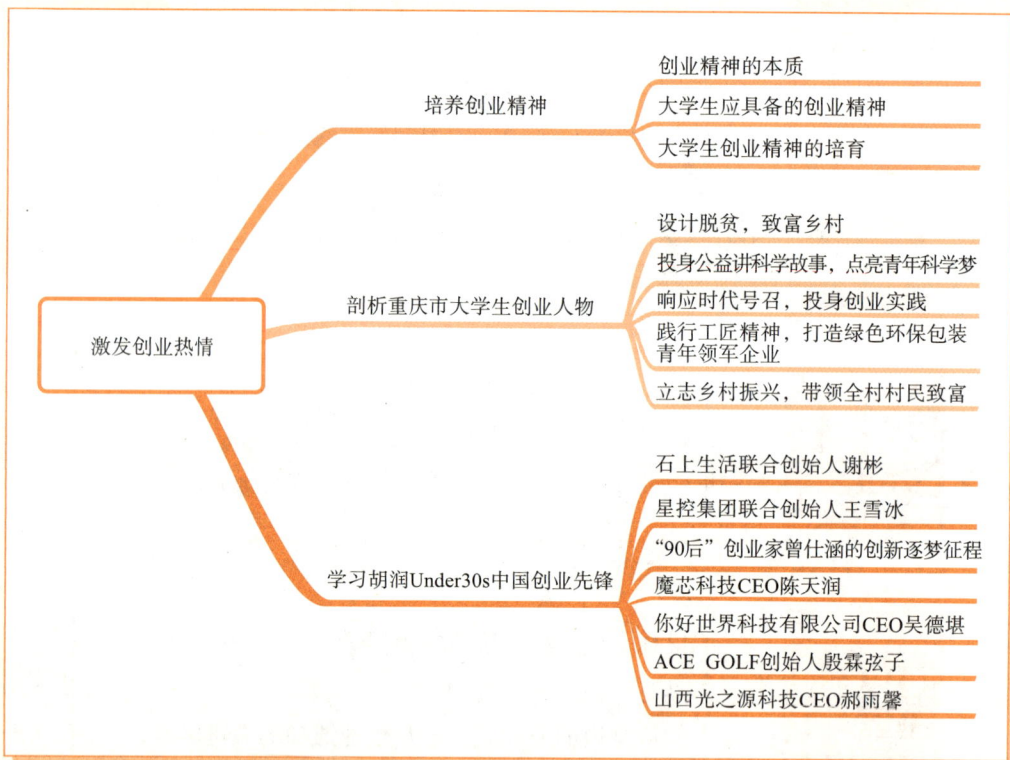

学习任务

任务一　培养创业精神

任务布置

(1) 了解什么是创业精神；
(2) 作为一个创业者需要具备哪些精神；
(3) 如何让自己具备创业者的优秀品质。

任务准备

(1) 组建学习讨论小组，明确查阅任务，提前准备好查阅工具、书籍、报纸等资料；
(2) 根据所收集的资料，了解创业成功者典型案例，并加以简单分析；
(3) 根据所收集的资料，运用SWOT分析法，对自己做出客观的分析。

任务实施

(1) 提前准备好查阅工具、书籍、报纸等资料；
(2) 分小组汇报调研资料的相关情况，分别就创业者应具备的精神进行阐述；
(3) 教师根据汇报情况，进行点评和总结。

情景导入

创业是一种劳动方式，是一种需要运用其掌握的专业知识、技术创造更多财富、价值，实现某种自我追求或目标的过程，以实现创业者的理想。所谓个体的创业精神，指的是以个人力量，在个人愿景引导下，从事创新活动，进而创造一个新企业；创业精神既是一种追求商业机会的行为，又是创业者必备的优秀品质。

任务分析

一、创业精神的本质

创业精神指创业者在主观世界层面上具有的综合品质，包括创新的思想、观念，创业的热情和坚韧不拔的毅力等。包含三个重要内涵：第一，具有创新创业的思维。在基本的认知层面基础上对从事创业活动具有强大的驱动力，能形成从事创业活动的意愿。第二，对机会的追求。在分析现有社会及商业环境的情况下，发掘潜在的商业机会并为之付诸商业行动。第三，具有坚定不移的毅力。在确定创业项目的基础上，持之以恒，不断寻找新趋势，不断地创新、不断地推出新的商业模式，不断提升商业价值。

二、大学生应具备的创业精神

(一) 坚忍精神

成功创业的人都具有一个共同的特点：意志坚强、坚忍执着。只要认定自己的创业道路是正确的，就会以顽强的毅力一直走下去，哪怕前进的道路上布满荆棘也不达目的不罢休。坚忍顽强是成功者的素质，这种素质就是通常人们所说的毅力。缺少这种素质，即使你有再美好的创业计划，有再好的创业条件也会与成功无缘。设定创业目标，只是迈向成功创业的第一步。这个道理每一个创业者都懂，而且都会那样去做。事实上，在现实生活中，绝大多数的创业者在他迈向创业第一步时，都是非常出色的。但是接下来再往前走的时候，有些人就开始退却了，失去了创业初始时的那种激情。可见，创业并非易事，会遇到种种想象不到的困难，不能急于求成，而要抓住创业实践机会，不断磨炼自己。

(二) 团队精神

团队精神即团队成员关于团队意识和与团队有关的一种心理状态，是团队成员对团队以及团队事务的一系列态度的综合，包括对团队正确的认识、对团队的积极情感和积极反应意向三种心理成分，简单来说就是大局意识、协作精神和服务意识的集中体现。团队精神的核心是协同合作，最高境界是全体成员的向心力、凝聚力，反映的是个体利益和整体利益的统一，进而保证团队的高效运转。由于创业已经不再是一种个体行为，强强合作、取长补短组成团队而进行创业已成为趋势，因此团队所具有的支撑力可以使创业活动具有生命力，并推动创业不断地发展壮大。

(三) 冒险精神

冒险精神就是我们常说的勇敢、当机立断的精神，是创业者必备的精神。创业往往是风险与机会并存。创业者必须善于发现新生事物并对新生事物有强烈的探求欲，必须敢于冒险，为自己设立目标之后，即使没有十足把握，也应该果断尝试，勇于进取。可见，创业需要胆量，需要冒险，冒险精神是创业精神的一个重要组成部分。市场上不可能存在万事俱备的商机，创业者要看准机会，大胆尝试，才能获得成功。相反，如果过于谨慎，在商机面前犹豫不决，往往容易失去商机。

(四) 自信精神

自信精神源于对自己所从事事业的信念，坚信自己的创业之路能够成功。创业不是两到三年就能够完成的，有些大学生在创业五年后没有起色就要放弃，却不知百年老企的成长经历了几代人的努力。世界零售业的巨头、财富500强的沃尔玛，也是从乡村小店起家并经历了几代人的努力。创业者首先应坚信自己能够面对和有能力克服所遇到的挑战，并清醒地认识到创业中将会遇到的各种问题，且自信完全有能力把握和解决这些问题。根据心理学家罗特的研究，认为自己的成功主要取决于自身工作努力的人持有"内部控制式理念"，认为自己的生活、事业的成败主要由命运控制的人，持有"外在控制式理念"。研究表明，企业家比一般人持有更高的内部控制式理念。

三、大学生创业精神的培育

(一) 学习创新创业教育课程

通过学习创新创业教育相关课程，树立创业理想，增强自己的创业意识，积极参加大学生创新创业大赛，掌握创业具备的综合能力，主要包括对事务的决策能力、主动工作能力、识别和把握机会的能力、人际交往能力、协调解决问题的能力以及承受挫折的能力。

（二）开展创业实践锻炼

通过学习创新创业教育相关课程，明确创业的目的和意义，从而将创业理想化为自觉的行动，积极主动地投身于创业实践；可以通过创业典型教育激发自己的创业欲望，让自己创业有动力，学习有典型，追赶有目标。如果条件允许，可以在校期间挖掘一些创业项目入驻学校众创空间，还可以结合自己的专业，深入校企合作的企业进行岗位实习，在实习中了解企业运作情况，学习行业知识，建立客户资源，学习开拓市场等。

（三）善于学习成功经验

成功的创业者都是有独立思考能力、有独立人格、有独立思想、有胆有识的人，他们立足现实又不满足于现实，敢于根据现实情况挑战自我、实施创新，就是这种求新求变的思维，促使他们在创业的道路上取得成功。因此，大学生应该对成功者的创业经验多加学习。

（四）克服故步自封心理

创新是创业的精髓，也是创业精神的重要内涵。只有克服故步自封的消极心理，才能开启创新的脚步，进而才能培养创业精神。有很多人有创业的需要，但迟迟不肯开启创业的步伐，究其原因，故步自封的心理影响不可忽视。

课堂活动

创业是一个充满成就感、诱惑力的词语，但并非每一个人都适合创业。美国健康维护组织（HMU）设计出了一份问卷，可使创业者在做出决策前对自己有一个初步了解。以下各题均有四个答案：A.是；B.多数；C.很少；D.从不。请选择符合你实际情况的答案填写在括号内。

1.在急需做出决策的时候，你是否在想："再让我考虑一下吧？"（　　　）

2.你是否为自己的优柔寡断找借口："是得好好慎重考虑，怎么能轻易下结论呢？"（　　　）

3.你是否为避免冒犯某个或者某几个有相当实力的客户而有意回避一些关键性的问题甚至表现得曲意逢迎呢？（　　　）

4.你已经有了很多写报告用的参考资料，但仍责令下属部门继续提供？（　　　）

5.你处理往来函件时，是否读完就扔进文件筐，不采取任何措施？（　　　）

6.你是否无论遇到什么紧急任务，都先处理琐碎的日常事务？（　　　）

7.你在面临巨大的压力时才肯承担重任吗？（　　　）

8.你是否无力抵御或预防妨碍你完成重要任务的干扰与危机？（　　　）

9.你在决定重要的行动计划时常忽视其后果吗？（　　　）

10.当你需要做出可能不得人心的决策时，是否找借口逃避而不敢面对？（　　　）

11.你是否总是在快下班时才发现有要紧事没办，只好晚上回家加班？（　　　）

12.你是否因不愿承担艰巨任务而寻找各种借口？（　　　）

13.你是否常来不及躲避或预防困难情形的发生？（   ）

14.你总是拐弯抹角地宣布可能得罪他人的决定？（   ）

15.你喜欢让别人替你做自己不愿做的事吗？（   ）

诊断结果（分值计算：A.4分；B.3分；C.2分；D.1分）：

说明：50~60分：你的个人素质与创业者相差甚远；40~49分：你不算勤勉，应彻底改变拖沓、效率低的缺点，否则创业只是一句空话；30~39分：大多数情况下充满自信，但有时犹豫不决，不过没关系，有时候犹豫是成熟、稳重和深思熟虑的表现；15~29分：你是一个高效率的决策者和管理者，更是一个成功的创业者，具有良好的心理素质和坚韧不拔的毅力。

云课堂

大学生创新创业案例分析

学习任务

任务二　剖析重庆市大学生创业人物

任务布置

（1）阅读重庆市大学生创新创业典型案例；

（2）分析创业者所具备的创业品质。

任务准备

（1）根据提供的典型案例，分析大学生创新创业应具备的主要思维；

（2）通过查阅网络、书刊等方式收集有关创业能力的相关资料。

任务实施

（1）实施分组调研，以"大学生最主要的创业精神是什么"为主题，开展分组调研，提炼出关键词；

（2）分小组汇报调研情况，由小组代表以"如果我要创业，如何提高自己的能力"为题展开汇报；

（3）教师根据汇报情况，对每一小组的汇报情况做点评，并作总结。

情景导入

前一任务我们做了一个小测验来判断自己是否适合创业，今天我们将引入身边同学创业的案例，看看他们是如何进行创业的，看看他们创业成功的秘诀在哪里，从他们身上我们能学到什么？

任务分析

一、设计脱贫，致富乡村

荆治豪，四川美术学院设计艺术学院的一名研究生。他的身份既是学生，同时也是扶贫路上文化创意与品牌衍生方向的一位设计师。他通过设计介入扶贫实践项目，策划了"万春村腊肉"的品牌形象，投产落地后销售额从几十万元猛增到如今的1000余万元。现如今，他从一名预备党员转正为正式党员，希望未来能以党员身份利用设计帮助更多农产品走出深山脱贫致富。

（一）初识结缘

2018年的秋天，荆治豪跟随导师来到重庆巫溪县天元乡万春村进行下乡调研，这是他第一次深入基层亲身参与扶贫工作，遇到的困难远比想象中的多且复杂。巫溪县天元乡万春村距离重庆主城区有300多千米，从四川美术学院大学城校区开车10多个小时才能到达。这里冬天道路结冰，夏天山洪滑坡，交通不便，劳动力流失严重，家户养殖、种植分散，难以形成集约化规模，种种现状都制约了天元乡摆脱贫困，当时的状况可谓是百业萧条、百废待兴。

（二）亲历实践

2019年，学校又组织创业大学生再次赶赴天元乡万春村进行设计扶贫。学校派驻到该村担任扶贫工作队的老师给同学们详细讲解了天元乡万春村的历史、产业脱贫的现状，分析了消费者及消费需求，鼓励大家加强行业分析，发挥四川美术学院的学科专业优势，通过设计为万春腊肉提供品牌打造、包装设计和营销服务，凭借设计扶贫、产业引领，帮助天元乡万春村脱贫致富。

返回学校之后，团队成员就在学校创业导师的指导下启动制订万春村腊货品牌包装设计方案，设计的理念是让更多消费者体验到万春村的好山、好水、好猪肉。针对销售旺季春节前的这段时间，团队还设计了一个万春村腊肉年货大礼盒，内含腊肉、香肠、猪蹄、排骨系列小包装。年底"万春村牌"腊货成功上市，销售额猛增700多万元。通过分红，全村大部分人口摆脱了严重贫困。荆治豪说："我第一次体验到通过设计能帮助一个村庄、一户户人家摆脱贫困。"他认为虽然在扶贫工作中他做出的贡献微不足道，但对他个人而言却具有深远的影响。"修身齐家治国平天下"的火苗在他内心燃烧了起来，荆治豪希望能以更规范的行为和觉悟要求自己，在这之后他就向学校提交了入党申请书，成为一名光荣的入党积极分子。

（三）迎来曙光

2020年，新冠疫情在中华大地肆虐，新年伊始，不闻鞭炮阵阵，却见战鼓频催，也给万春村的腊肉发展带来了"危"与"机"，猪肉价格波动让整个市场危机四伏，而万春村的腊肉由于从生产到销售已非常成熟，即使受到猪肉价格波动的影响，也仍以过硬的品牌和产品质量挺过了"危险"，迎来了"机遇"，销售额一路水涨船高，再创奇迹，突破了千万元大关。一幅富饶美丽的乡村画卷在此缓缓展开。荆治豪返校后参加学校就业指导中心开展的创新创业实验班，认真学习并深刻体会了《毛泽东选集》中的创业精神、思维方法和时代精神，认识到我们就是扶贫工作中的"星星之火"，在党的带领下深入基层，去振兴乡村，从而形成燎原之势，运用所学得的知识守正出奇，创新制胜，以新模式、新方法带领更多民众脱贫致富。

荆治豪挥别赠予他庞大知识宝藏的校园，但相信通过设计扶贫项目为他积累了经验的同时也给了他更多的信心，让梦想瓜熟蒂落，支撑他未来通过设计影响更多的人，不忘初心、牢记使命，回馈这片滋养他成长蜕变的土地。

二、投身公益讲科学故事，点亮青年科学梦

李力，2013年6月参加工作，2010年5月加入中国共产党，现任重庆云威科技有限公司CEO、国际ISO未来网络技术标准组成员、全国青年联合会委员、中国青年创业导师、共青团重庆市委员会委员、重庆市云计算和大数据产业协会标准化技术委员会秘书长、重庆市渝中区政协委员。

（一）为"科技创新"开拓数字化发展的新空间

李力运用AI+VR技术加速数字化与重庆农产品相结合，打造"重庆元素"数字文创品牌团队，采用短视频直播带货的模式，与农村合作社、农林牧渔业相关企业合作，让技术和资金走进农村，通过宣传推广让农产品走出大山。作为科技青年，李力致力于不断探索互联网技术与扶贫工程的深度融合，通过智能电商扶贫模式，帮助中小企业和农民增收，助推重庆产业发展。

自2019年4月以来，李力带领青年团队编剧、拍摄和剪辑制作了"重庆美食"系列与"文化旅游"系列近1000部作品，在短视频平台中阅读观看量超过1.5亿人次。并于2019年12月开启短视频直播带货，从下乡选品、产品包装到线上直播全过程倾力完成，以产业扶贫助力农民增收。

（二）为"讲好故事"探索了创新文化传播的方式

李力同志充分把握三千年江州城、八百年重庆府、一百年解放碑浓郁的重庆历史文化和新时代中国特色社会主义事业的发展大势，力求讲好中国故事，弘扬中国文化。他运用VR技术，在设计开发文创产品中，带着感情、带着责任、带着担当，将讲好中国故事的时代命题和青年使命，融入产品推广和社会传播中，彰显了一个青年爱国的朴素情怀。2018年8月，自主研发的以重庆母城文化为主题的智慧旅游科技项目"飞越解放碑VR"在全国首个智博会上首发，3天里近万名观众体验，媒体报道30余篇，在2018年团中央主办的"创青春"全国大学生创业大赛中荣获重庆市历史上首个实践组全国金奖；在此基础上已形成了十余项系列产品，颇受社会好评，其中《1919百年记忆》受到央视《记住乡愁》

纪录片的专题报道。

（三）　为"重庆制造"插上了智能化经济腾飞的翅膀

用"互联网+"助推制造业升级，以大数据、智能化支撑企业转型。自2015年起，李力同志就运用大数据技术、移动电子商务业务，研发和运营移动电子商务平台"云威大数据"，为重庆传统企业做"互联网+"电子商务推广服务。截至目前，重庆所有区县的16大行业、1万余家企业因此在技术升级、产品销售和企业转型中获益。

同时，李力带领青年研发团队，自主研发"云威VR智能产品"，于2017年4月成功实现了商业化，在美国消费电子展览会（CES）、德国汉诺威工业博览会等国际知名展会上发布，销往北上广深等全国各地和欧美市场。2017年获得了吴文俊人工智能科学技术奖，成为全国唯一在校青年团队的获奖者。

为破解重庆市传统产业数字化转型，提升大数据产业智能化应用水平，李力带领青年创新团队研发的"云威榜-重庆互联网大数据平台"，向社会无偿提供发布"云威榜-行业大数据报告"1000余期，在重庆市以大数据智能化为引领的创新驱动战略行动计划中，提供了技术支撑。因成效突出，该平台入选《人民日报》、腾讯《2017年度中国"互联网+"十大优秀案例》。

李力同志创新创业事迹和对创新驱动发展的贡献先后得到了央视《经济半小时》、《走遍中国》、凤凰卫视、台湾东森电视台、中国青年网等三十余家主流媒体的深度报道。

三、响应时代号召，投身创业实践

杨燕丽，重庆工商职业学院2021届毕业生，她是一位热爱生活、敢于拼搏的青年，在校期间通过参加各类创新创业大赛，树立了创业意识，培养了创新精神，更提高了自己的综合能力及素养，为今后的发展道路奠定了基础。毕业后她又创立重庆拟象数字科技有限公司，始终扎根专业，开拓进取，为实现自己的理想而不懈奋斗。

（一）　响应创业号召，勇担时代重任

杨燕丽在校期间积极投身创新创业实践，充分发挥青年的创造力、想象力，彰显了青年一代敢想敢做的精神面貌。"挖掘本土文化、根植巴渝特色、创作精品形象"是她在创新创业过程中一直秉承的基本理念。2018年12月，该同学加入学校工作室参与"方呆呆"创新创业项目，成为"方呆呆本土文化原创卡通形象IP引领者"项目负责人。2019年，在她的带领和团队成员的共同努力下，该项目先后荣获重庆市第五届"互联网+"大学生创新创业大赛金奖、重庆市第三届"渝创渝新"中华职业教育创新创业大赛一等奖、第五届中国"互联网+"大学生创新创业大赛全国铜奖。

现如今，"方呆呆本土文化原创卡通形象"已经成为知名的原创IP和经典形象标识。2022年8月带领学弟学妹们研发的"非拟莫属——一站式元宇宙虚拟人直播间运营服务提供商"项目，在第八届中国国际"互联网+"大学生创新创业大赛荣获重庆赛区金奖、全国铜奖。

（二）　夯实职业技能，传承工匠精神

干一行、爱一行，专一行、精一行。杨燕丽长期以来不断钻研职业技术技能，在竞赛、工作中传承执着专注、精益求精、一丝不苟、追求卓越的工匠精神。2018年入学以

后，她除了在专业学习上严格要求自己外，还积极利用课外时间学习3D数字艺术领域的各项技术技能，熟练掌握了该领域各项技术能力。2020年，先后荣获第46届世界技能大赛3D数字游戏艺术项目重庆市选拔赛第一名、第一届国际数字技能锦标赛·云决赛3D数字游戏艺术项目三等奖和最佳Concept设计奖，同年代表重庆市参加中华人民共和国第一届职业技能大赛3D数字游戏艺术项目竞赛，成功入选国家集训队，获得中华人民共和国第一届职业技能大赛3D数字游戏艺术项目优胜奖，被授予"全国技术能手"称号。2023年指导学校选手获得第47届世界技能大赛3D数字游戏艺术项目重庆赛区第一名。

（三）践行青春使命，诠释青年担当

2018年入校以后，她刻苦学习，提升专业能力，在校期间品学兼优，获"军训优秀学员"，多次荣获校级学业奖学金和市级"三好学生"等荣誉称号；还积极参与各项社会志愿服务，先后参加学院"四点半"社区志愿服务活动、敬老院志愿者服务活动。2020年新冠疫情期间，她还利用专业特长绘制了原创防范病毒48字原则漫画在学校公众号、官网发布。该作品生动形象的艺术性表达，得到了同学、老师们的广泛好评和进一步传播。

杨燕丽曾这样说："只有通过自己的双手的不懈努力，梦想才能在指尖绽放光芒！"她坚信，所有的困难都是青年成长、成才的磨刀石，无数创新创业人背后都有着敢于拼搏、勇于奋斗的灵魂。

四、践行工匠精神，打造绿色环保包装青年领军企业

陈科霖，自2016年开始创业，先后自主研发环保包裹、环保降解材料，创立重庆芏科科技有限公司、重庆最简包装科技有限公司，合作商家达到106家，年产值3000万元，带动40余名大学生创业就业，先后获得"全国践行工匠精神先进个人""全国大学生就业创业人物""大学生创新创业之星""重庆市向上向善好青年""第八届中国国际互联网+大学生创新创业大赛全国总决赛金奖"等荣誉。他的创业事迹曾被人民网、《人民日报》、《中国青年报》、《中国教育报》、新华网等权威主流媒体报道300余次。

（一）起自贫寒，自立自强

陈科霖来自重庆的乡村，自幼家庭贫困，父母在建筑工地上做泥水匠，两岁时便成了留守儿童，一直跟随外婆长大。从高中起读书的费用全靠自己赚取。在校期间，利用课余时间勤工俭学，带领同学组建团队，不断进行创业探索。怀着自食其力的决心，陈科霖开始思考：如何靠创业来维持自己的学业与生活。他开始联合学校创业团队、召集有创业意向的同学建立了自己的创业团队，大家一起为梦想打拼。2016年6月21日，重庆芏科科技有限公司正式成立。面对没有资金、没有技术团队、没有办公地点等难题，寝室成为他们的第一个办公场所，两台笔记本电脑是公司唯一的办公用具。经过近7年来的不懈奋斗，公司团队也由最初的"三人行"，发展成为拥有30人的大学生团队，实现了自立自强。

（二）聚焦环保，勇于创新

在创业实践中，陈科霖注意到，在我国，每年要使用超过1000亿个快递包装箱，打包所使用的胶带可绕地球1000圈，因此包装废弃物已成为中国最严重的污染源之一，环保包装势在必行。而传统包装生产周期长，拆解困难，抗压能力差，污染大，已经无法满足当前中国环保需求，快递包装"绿色化"迫在眉睫！基于此，陈科霖的创业逐步聚焦于环保

纸箱产业，自主研发了三项核心技术：一是首创全生物降解拉条，实现三步打包一步拆解，胶带零残留。打包速度快三倍，拆开不会损坏快递包裹，换上备用拉条还可以重复使用3~4次；二是独创高承重扣压纸箱，可承重100千克，打包速度将提升三倍，且打包和拆箱也十分方便；三是原创新型保温技术，在达到98%的保温效果、80%的保鲜效果的基础上节约95%的仓储体积，100%环保可降解。基于三个核心技术，陈科霖的公司能够为用户提升80%的效率，节约20%的成本。在商业模式上，陈科霖的公司已布局了电商包装、生鲜定制、工业定制三大链条，供邮政、京东、盒马等顶级用户使用，实现了一张订单，全国交货。截至2022年，该公司已实现年营收3100万元，增长30%，连续两届成为全国邮政技能大赛唯一指定包装供应商。该项目也在2022年11月获得了第八届中国国际"互联网+"大学生创新创业大赛全国总决赛金奖。

（三）感恩奉献，不忘初心

在创业道路上，陈科霖的奋斗历程始终与学校的思政教育同频共振、同向同行。其母校重庆城市管理职业学院全力支持陈科霖创业。在重庆芝科科技有限公司发展壮大以后，陈科霖时刻不忘自己的党员身份，在与学校深入开展专业共建、人才共育的基础上，动员和组织毕业生党员成立了党支部，带领学弟学妹们了解国情、服务乡村、创新创业，助力学校营造良好的创业氛围和双创教育体系，相关案例入选教育部2021年校企合作实践案例。2022年，陈科霖也在母校设立了"芝科奖学金"，引导更多的学弟学妹们刻苦学习、积极进取，为自己争取到更加美好的明天。同时，陈科霖也实现了从学生到创业者到创业导师的身份转变，目前担任重庆多所高校创新创业导师，服务同学超过20000人，成为智慧巴蜀最年轻的专家团专家，教育成果在世界青年大会上得到了团中央的肯定。

白手起家，创业六年，不忘初心，继续追梦，陈科霖与他的创业伙伴们将继续用行动让环境变得更美好。

五、立志乡村振兴，带领全村村民致富

刘青松，男，1995年3月生，中共党员，大学本科学历，重庆长寿人，第20届重庆市学生联合会驻会执行主席，2018届重庆市长寿区龙河镇西部计划志愿者，2020年被长寿区委、区政府评为"乡村振兴先进个人"。2016年毕业于重庆工商职业学院建筑工程技术专业，现任长寿区龙河镇保合村党支部书记、村委会主任。

虽然是一名年纪轻轻的"95后"村书记，但是他作为全村的领头雁、带头人，凭借其勤奋好学的干劲、冲劲，以独特的青年治村思维赢得了广大村民的赞赏和拥护，成了小有名气的大家口中的网红书记、"胖娃"书记。

（一）工作情况

刘青松同志于2018年8月成为重庆市长寿区西部计划志愿者，2018年8—11月被借调到重庆市志愿服务工作指导中心筹备智博会志愿服务工作。2018年11月回到长寿区，被分配到龙河镇人民政府经发办具体从事脱贫攻坚工作。其间龙河镇乡村振兴先行先试长寿慢城建设工作开展得如火如荼，刘青松同志被抽调到工作组专门负责协调慢城一期建设工程群众矛盾纠纷调解工作。2019年11月起被任命担任重庆市长寿区龙河镇保合村党支部书记。自担任保合村党支部书记起，刘青松同志作为致富带头人，利用村级现有资源实现村集体

经济破零收入尴尬局面，截至目前保合村集体经济收益达30余万元。因农文旅项目融合发展，长寿慢城及乡村振兴先行先试点主要位于保合村，保合村与长寿区城乡统筹开发有限公司、杭州和途信息科技有限公司于2019年6月联合组建了国有企业混合制的长寿区保合文化旅游有限公司，负责运营长寿慢城，刘青松同志代表村集体经济担任该公司董事，于2020年4月因具体工作需要兼职担任公司副总经理，具体负责慢城区域物业管理工作及本地村民积极参与兴办民宿、餐饮等相关工作。

（二）乡村振兴具体所做工作及成效

慢城建设初期，因发展需要，通过"下村访、外出找"给在家居住村民及外出务工村民（重庆本地）做思想工作，做群众的"宣传员"，成功鼓励16户村民将闲置农房进行出租，用于支持慢城招商引资打造业态。成功租赁农房后，与乡村振兴工作招商组一同做商家张记水滑肉、大胡子烧烤等工作，成功将其引进。群众和商家的支持，为丰富慢城业态奠定了基础，同时入驻的餐饮通过协调为本地村民解决就业20余人。

通过村级组织开展相关经营培训、带领群众外出参观学习和保合文化旅游有限公司专业指导，现本地村民自主兴办民宿、餐饮、手工制作共计21家，进一步丰富了慢城业态，增强了游客体验感。

大力发展村集体经济。自任职村党支部书记以来，刘青松同志先是利用村集体经济现有合作社经营范围，为合作社寻找业务，实现集体经济增收；后结合村里现有资源及发展需要多元化多模式创建村集体控股公司，实现"由小到大""由细到广"的多元化村集体经济发展。

课堂活动

1.总结以上案例中创业者所具备的创业精神和品质有哪些。

2.正确认识自己。

认真填写"正确认识自己分析表"，同时让了解你的家人和同学也给你写一份，互相打分，看看你的自我认识和你在他人眼里的印象是否一致？这样会帮助你正确地认识自己。表中：5—非常符合；4—比较符合；3—一般；2—比较不符合；1—非常不符合。

正确认识自己分析表

姓名：　　　　　　　　　　　日期：

项目	详细内容	符合程度
优点		5 4 3 2 1
缺点		5 4 3 2 1
综合评价		5 4 3 2 1

3.创业者思考评估。

你想在未来如何描述你的一生？你将来要成为什么样的人？认真填写"创业者思考表"。

创业者思考表

姓名：　　　　　　　　　　　　　　　日期：

描述一下现在的你	满意度 满意A 一般B 不满意C
描述一下未来的你	自信度 自信A 一般B 不自信C

学习任务

任务三　学习胡润Under30s中国创业先锋

任务布置

（1）阅读胡润Under30s中国创业先锋典型案例；

（2）分析创业先锋创业成功的主要原因。

任务准备

（1）根据提供的创业典型案例，深入了解创业者创业历程；

（2）通过查阅网络、书刊等方式收集创业者其他相关资料。

任务实施

（1）分小组汇报调研情况，由小组代表陈述"创业精神"主题调研成果；

（2）教师根据汇报情况，对每一小组的调研情况做点评，并作总结。

情景导入

成功的创业者很多都是草根出身，靠的都是专业的知识和持之以恒的毅力。创业确实是一件极具挑战的事，不是人人都能成功，但是也不是望尘莫及。一个有理想的创业者，需要不断学习创业知识，树立创业精神，弥补自身的短板，勇于创新、敢于实践。

任务分析

一、石上生活联合创始人谢彬：系统赋能，打造内容电商商业闭环

（一）人物简介

石上生活创立了"社群电商＋直播/短视频＋女性教育"三位一体的新型商业模式，通过打造商业闭环，形成飞轮效应。目前石上生活拥有超500万名用户，合作国内外消费品牌近万个。

公司致力于整合生态资源，实现多方共赢。在此，消费者能以低成本过上高品质的生活，拥有品位、光芒和理想；创业者能实现综合赋能、流量变现，拥有能量、实力和结果；品牌方能收获精准曝光、高效推广，拥有流量、渠道和资源。

（二）独家专访

胡润百富：是什么原因让您打算创业？

谢彬：我们公司叫石上生活，简称"石上"，取自王维古诗，"明月松间照，清泉石上流"，希望大家在繁杂中，依然可以过上向往的生活。所以大家常说一句话，叫石上生活，带你过向往的生活。我们是一群非常热爱生活的年轻人，创立了"社群电商＋直播/短视频＋个人成长"三位一体的新型商业模式，把社群、直播、短视频和女性教育这几个既是风口，更是我们最喜欢做的事结合在一起，打造成商业闭环。具体来说，短视频和直播是我们个人成长板块的内容承载者和传播者，同时我们又通过个人成长板块的输出和学员的力量一起来为短视频和直播板块提供优质内容。社群电商可以让个人成长内容进行更高效的商业变现，而个人成长内容会为社群电商进行引流、转化和留存，大幅提升了用户黏性和复购率。同时，我们也通过短视频+直播为社群带来公域流量，这些流量又能够通过社群电商进行高效变现。三个核心板块互相促进，形成飞轮效应。我们的公司很年轻，创业不到两年，团队也很年轻，基本都是"95后"，甚至有些骨干是"00后"，但是成长很快。目前在深圳粤海街道有2500平方米的办公室，有数百名员工，也收获了"2021中国经济新模式十大创新企业""2021中国最佳商业模式创新奖""电子商务诚信交易试点示范企业""优秀助农企业"等多个奖项，成为新零售赛道的一匹黑马。

我自己是在孕期决定创业的。怀孕这件事让我突然意识到，生命是如此珍贵，生命只有一次，它应该充分地燃烧起来，用最酣畅淋漓的方式，以我最怦然心动的样子。同时，我非常喜欢一句话，叫"以生命影响生命"，我想我必须要亲自去创造一些真正有价值的东西，来深刻影响一些人，才不枉此生。最后，我做了人生截至目前最勇敢的决定，我选择了同时开始孕育我儿子和石上这两个生命。

胡润百富：您觉得自己所创立的企业，在同行业竞争中优势何在？

谢彬：其实我平时很少关注同行，也很少考虑"竞争"这个问题。有限的游戏目的在于打败同行，赢得竞争的胜利，但我更希望可以创造出自己独一无二的东西，让这个游戏成为一个无限游戏。比起"know your game,win your game"，我更喜欢"creat a new game"，我们的确也做了一些不一样的东西。比如电商最核心的选品，石上自创了"一验二测三评四审五报"的选品体系，并有一套数据后台，记录整理着大量的用户数据和消费

数据。所以选品从"眼球经济"转向了"眼神经济"，通过结合自身对用户非常细致的了解，每个产品都会打几十个品牌样品，在层层严苛的测试后，只精选出一款最适合用户的产品进行上架。所以，我们的用户常说"闭眼入"。除了强大的产品供应链，石上还有一套"直播+短视频+直播+社群"四位一体的内容供应链，我们跳脱出传统图文时代的营销模式，重创了短视频、直播、社群等新型营销方式，大幅提升了交易效率和信任构建速度。"产品+内容"两条供应链就是双倍的战斗力，让我们成为"内容电商""兴趣电商"，同时也提高了在市场上的话语权和实力。对于合作的品牌，我们并不是单纯的上架卖货，而是会反向赋能品牌，为品牌输出大量优质内容等，并通过"天罗地网"和诸多的KOL进行传播。我希望可以有效助力优秀的新消费品牌和民族品牌崛起。在产品和品牌相关内容以外，石上生活还提供大量女性教育、个人成长的内容和服务。这是一个倒金字塔的完整教育体系，涉及美商、财商、爱商、情商等多个板块，并且所有教育课程都是免费的。所以我们不仅是电商平台、内容平台，更是一个教育平台。我相信小德是"扶你起来"（给一笔捐款），中德是"教你如何站起来"（上一节课），而大德是"给你铺好路，牵你走上它，并有一群人陪你一起在这条路上披荆斩棘"（长期陪伴式赋能）。我们选择的教育方式就是长期陪伴式赋能，这也是一种与众不同的教育方式。

胡润百富：我们注意到您是商科背景，也从事过教育行业，这些经历是如何赋能现在的企业的？

谢彬：在我看来，世界是无界的，各个行业、工作、专业之间，其实并没有什么真正的界限，都可以被跨越和被连接。过去所有的积累都是助我一臂之力的堡垒，不该成为桎梏。

表面上看，我一直在跨界，但其实内心有一个非常坚定的心锚，非常清楚自己要成为一个什么样的人，我也持续打磨最核心的能力，这些"核"从未改变。我是一名ACCA国际注册会计师会员，但这并不意味着现在不做会计就是一种浪费。因为学习商业，我对商业的敏锐度很高，对资源使用率和资源整合也很擅长，所以在现在的创业项目里，我时刻在用"万物非我所有，但是万物为我所用"的心态做事，我们公司也一直在打造"品牌方、消费者和平台"多赢的生态模式。这些都是过去的专业给予的，刻在骨子里的思维方式和能力。我过去从事过国际财经证书讲师，这大大锻炼了逻辑思维能力、表达能力和沟通能力，也让我拥有强大的内容输出能力和同理心，这是现在工作非常核心的一项基本能力。我喜欢一个词叫"守正用奇"，并一直追求以更创新的模式做正心正念的事业，用更新潮的形态发挥过去的专业和经历优势，但它们的根从不曾改变，更不曾失去。

胡润百富：怎么看待目前所在行业的趋势？

谢彬：第一个趋势是"去中心化"，未来是去中心化的时代，电商行业也正经历从只有"淘宝""京东"大动脉输送价值的时代，转向由无数"毛细血管"输送价值的时代，电商平台的形态越来越多。这也响应了国家共同富裕的号召，我们公司内部也采取了去中心化社群运营模式和扁平化组织管理。第二个趋势是从"物以类聚"转向"人以群分"。过去是"产能为王"的时代，对应的商业逻辑是"物以类聚"，大家都在不断扩充产能。但现在是一个"用户为王"的时代，对应的商业逻辑是"人以群分"，大家需要的不只是产能、流量，而是真正高度信任你的"心智流量"，所以内容价值、情绪价值、美学价值越来越重要。只要价值足够，一个高黏性的人群就能延展出无数的商业形态和商业可能。第三个趋势是数据赋能和科技赋能的比重加大。单纯比运营、比勤奋已经远远不够了，大数据和科技的重要性会越来越强。数据就是未来的石油，谁能更精准地读懂用户数据、用科技更快地满足用户需求，谁就会真正拥有这些用户。第四个趋势是从单点优势转向系统赋能。单点优势很容易被超越和突破，但是如果依靠一整个系统取胜，其他人就很难模仿和超越。例如，石上的竞争力来自选品体系+内容体系+教育体系+直播体系+视频体系的一套组合拳，每个部分都有完整系统，同时每个系统都像齿轮一样咬合得非常紧密和顺畅，可以为用户提供一整套服务。创业者永远都在看见未来、布局未来，甚至创造未来。

胡润百富：作为创业者，您觉得需要具备哪种精神？对想创业的年轻人有何建议？

谢彬：我觉得创业者最重要的是拥有向阳而生的坚韧和向下扎根的耐心。创业者很像竹子，有"任尔东西南北风"的坚韧，不管遇到多少挑战和困难、面临多少诱惑和利益、每天暴露在多大的不确定性下、经历多少挫折和打击，都不能倒下，甚至没有多少脆弱的时间，都得坚韧不拔地继续挺立着，向阳而生。因为你的背后还有团队、用户，他们始终在看着你，依赖着你。创业者还需要在快节奏里依然不断向下扎根的耐心。一根竹子，只有花了3~5年扎根，它长到地面部分时，才会非常迅速并能抵御风雨、坚韧不拔。如果创业者和企业根基不深，只顾着长外表光鲜的叶子，那么即使树冠很大，一场行业的风雨吹过，就会倒下不起。只有扎根很深的个人和企业才有可能穿越周期，抵达繁星。如果年轻人想创业，我觉得最重要的是忘记风口，选择热爱。创业需要大量的耐心和付出，做热爱的工作，才会觉得过程本身就有意义，不会害怕太多的不确定性。自驱力来自热爱而不是恐惧时，心力才能长久续航。其次是坚守自我。要尊重所有声音，但只能成为自己。在每天巨量的信息里要忘记风口、快钱、捷径，坚守初心，方得始终。忘掉所有的目光，想要的一切才终会乘风而至。

二、星控集团联合创始人王雪冰：在无人自助零售行业中开展一场"效率革命"

（一）人物简介

星控集团是一家无人自助店连锁品牌，以"无人新零售"概念和商业模式构建出一站式综合服务运营平台，引领行业标准化建设。星控集团全方位赋能无人新零售行业新基建，旗下拥有无人自助店连锁品牌星控便利、无人新零售服务平台星本源App，致力于引导无人自助零售行业开展一场"效率革命"。同时，星控集团布局无人自助售药机，开辟线上问诊，借力资本市场，快速并购整合行业，成功占据了无人智慧药房、无人自助售药机等市场大部分份额，成为行业头部企业之一。此外，星控集团依托超级IP——阿里巴巴电池充电器，构建了阿里巴巴共享充电宝、阿里巴巴移动充电桩、阿里巴巴两轮充电桩、阿里巴巴智慧储能等新能源生态智慧一体化平台，成为资本市场令人瞩目的行业新势力、新势能。

（二）独家专访

胡润百富：是什么原因让您打算创业？

王雪冰：创业根源来自偶像崇拜。一是因为军人家庭出身，必须巾帼不让须眉，天生自带使命感。我从小就崇拜开国领袖毛主席，爱读毛主席诗词并倒背如流，梦想能像他那样开天辟地做出一番惊天伟业。二是因为我很早就去新加坡留学学习商科，巴菲特先生是我母校校董之一，也是我的另一位偶像。我想像他那样为个人和社会创造财富，实现自我价值和理想，能够引领一个行业的发展。这两位榜样教会我在人生的漫漫长路中，挫折在所难免，要学会理性面对危机，在充满挑战的环境中飞跃，沉得住气，方能崛起！在未来的人生道路上，我更会坚持做好自己，但行好事，莫问前程。

胡润百富：您觉得自己所创立的企业，在同行业竞争中优势何在？

王雪冰：我们现在所有的同行业者是没有具体标准的，我们是这个行业的领跑者，我们致力于建立行业标准，让行业降本增效，提高这个行业的效率革命。星控集团希望以整个全新的架构，对行业进行一次赋能和改革，以平台化和行业新基建的思维为行业带来一次效率革命。传统模式的无人自助设备运营模式主要依赖传统中小型运营商，这些小型运营商要单独对接品牌商、点位商、服务商，运营压力大，而且不同运营商持有的硬件规格不同，相互之间难以兼容，这导致了维护成本高，转卖难度大。并且，对点位资源的争夺容易引发高成本的恶性竞争，补货运维服务也不完善。我们的竞争力在于平台化的思维，为了帮助小型运营商和整个无人零售行业降本增效，打造了无人自助设备运营一站式服务平台——"星本源"App。星本源设立运营服务和技术支持，建立统一的"星店"客服体系、物流服务、硬件维修站点，并提供软硬件交互系统、运营管理系统、交易服务系统、支付与结算管理系统等，一个聚合了品牌商、点位商、运营商、服务商的平台，让所有从业者都能轻松进来，降低成本，提高效率。

胡润百富：在创业的这段时间，您觉得您做过最勇敢或最冒险的一件事是什么？

王雪冰：最勇敢和最冒险的一件事莫过于创办星控，创业九死一生，需要无比强大的精神内核和坚持到底的决心，呕心沥血地去做才能成为这条道路上的开拓者和引领者。

胡润百富：Under30s企业在发展的不同阶段，需关注哪些要素，才能保证企业可持续发展？

王雪冰：一是组织系统，平衡好组织架构，提高人的效率；二是人才机制，不断引入优秀的人才，提高造血能力；三是优良的产品，好的产品是企业存续发展的关键；四是行业动态，要时刻关注行业动态，形成独有竞争优势，立于不败之地；五是世界格局，要站在国际化的角度反观行业海内外发展情况，抓住时代脉搏，引领行业潮流。

我认为其中最重要的一点是价值观，树立企业核心价值观，不忘初心、牢记使命，正心正念，正行正果，守正出奇，行稳致远，永远跟党走，紧跟主旋律！

胡润百富：您如何看待目前所在行业的发展情况？对于未来有何新期待？

王雪冰：我们为行业提出了标准化和平台化整合，像菜鸟整合了所有的快递做共享服务，我们构建了新行业共享补货小哥，带动产业链发展，并加入了新技术，比如移动支付、人工智能、大数据等的应用，基于"互联网+物联网+无人科技"的全新应用，构建围绕"人机交互、数字化"生态产业链之上的全新体验式新型经济模式，为智慧无人自助、智慧新能源的应用带来全新应用场景和解决方案。过去三年的疫情让我学会什么叫知止不殆，我们现在要稳下心做好内功，把项目做到真正盈利。以前做企业习惯扩规模，现在我们要学会保利润。同时疫情也让我们发现了整个物流运输配送及社区服务站点的不完善。疫情中，对无接触配送和应急保障物资的需求等，让我们看到无人自助站点的必要性。对比日本1亿多人口600多万台设备，美国2亿多人口700多万台设备，我们14亿人口不到100万台的设备。当前市场仍然处于蓝海，前景广阔，中国制造和无人支付的技术已经很成熟了，所以我们还会继续大力建设中国无人新零售的基础建设工程，更加务实，把握本质，遵循规则，聚焦关键。

胡润百富：作为创业者，您觉得需要具备哪种精神？对新创业的年轻人有何建议？

王雪冰：首先作为中华儿女、华夏子孙，要有民族情怀，为中华崛起而做企业，在面对相对落后的市场竞争环境，以及西方欧美发达主义国家的卡脖子技术封锁和人才封锁时，选择顺应民族的利益发展，才能获得更加广泛的支持。

还要有耐力，即便面临生死，依然向死而生，无所畏惧，坚持向前。

创业非常艰辛，对人的各方面要求很高，年轻人创业要大胆创新，敢于开拓，做好吃苦耐劳的准备，意志坚定，不怕失败，敢作敢当，遵纪守法。

三、"90后"创业家曾仕涵的创新逐梦征程

（一）人物简介

20岁开始白手创业，历经三起两落，从负债千万元到营收过亿元，从3个人到如今几百人的精英团队……作为"90后"连续创业者的曾仕涵与同龄人相比，已经历过诸多的人生起伏。

2018年，曾仕涵跨界进入直播电商行业，投资创办播财传媒，成为国内首批MCN直播电商机构之一，累计培养主播达人1000余位。曾仕涵心系教育，潜心研究总结、自主研发实战、落地培训体系，开展教育讲座500余场，受训企业家学员达10余万人次。他用实际行动向人们证明了：一切皆有可能！

（二）独家专访

胡润百富：请谈谈是什么原因让您打算创业？

曾仕涵：我出身农村，没有背景，学历也不高，在北大青鸟学IT软件开发，18岁就到上海工作，20岁南下广东开始创业至今，先后经历三段创业，是一位互联网行业的创业老兵，也算是一位"90后"连续创业者。从PC互联网时代到移动互联网时代，再到今天的AI与人工智能时代，我是一位见证者，也是一位参与者，一直对探索新事物时刻保持着兴奋和好奇，所以每个创业项目也都能成功踩到风口期，更懂得如何顺应趋势借助互联网来经营和传播自己公司的产品和服务。目前我们公司主要从事直播电商、软件科技、教育与知识付费三大板块。整合品牌产品供应链近万款，累计培养签约主播1000余位，自主研发多款行业领先营销工具软件系统，获得近百项著作权。累计开展培训讲座500余场，培训企业近10万家。从单一互联网科技起步，经过多年的发展，公司构建了"榜样哲学+产融结合"的商业体系；打造战略投资+财务投资多轮业务协同驱动的创新商业模式。我为什么创业呢？现在回想起创业初衷其实很简单，那就是出人头地、证明自己。因为出身农村，在没有家庭背景和高学历的情况下，只有通过创业这条路才能改变命运、实现梦想，成为家族的骄傲和榜样。经过多年创业，现在更多是找到自己的人生定位和社会价值，通

过自己的力量去帮助更多人共同成长、彼此成就。

胡润百富：随着中国内容产业的蓬勃发展，短视频与直播赛道也在不断壮大，您认为自己所创立企业的核心竞争力是什么？在同行业竞争中优势何在？

曾仕涵：我觉得我们企业在同行中的核心优势有两个：一是保持对市场的敏感度，不断要求自己创新迭代，以"求变"应"万变"，在诸多变量中找准自己的定位，提前布局、主动出击；二是在业务层面打通了属于我们自己的闭环模式，"源头产品供应链资源—主播的培养和孵化—企业直播培训与咨询—工具软件服务"，这种闭环模式不仅可以开源节流、降本增效，还将核心能力进行平台化重塑，赋能给产业链上的各个参与者，有效地构建了企业护城河。在行业当下竞争及内卷的环境下，只是单一的优势是很难持续发展的，要借助模式创新和技术创新把每项业务和每个环节做到极致，激发生态闭环的协作能力实现品效合一，打造企业自身的护城河，才能拥有核心竞争力。

胡润百富：我们了解到您在创业时曾负债千万元，是什么信念支撑您从低谷走到现在？

曾仕涵：2011—2013年，我抓住了百度竞价和第一波互联网广告的红利，赚到了第一桶金上千万元。但那时候太年轻，20岁出头，也没有风险意识。2014年，我看股市到了牛市，身边朋友都在炒股。因为贪婪，从未进入过股市的我把所有钱全部投进了股市，刚开始几个月确实也赚了不少，但在2015年6月却遇到了百年一遇的股灾，那年中国股民人均亏损50万元。这也导致我所有积蓄全部亏损，还负债千万元。2015—2016年，我经历了近两年的人生低谷期，经常被人逼债，压力非常大。但我相信我一定可以东山再起，我相信一切皆有可能！就是这样的信念支撑着我！在2017年我找到了合作伙伴和投资人，再次创业，一步步成长到现在。经历股灾给我最大的成长和收获就是让我内心不再浮躁，从贪婪与投机的心态转变为坚守长期价值的投资心态。踏实经营好企业和自己，专注做好自己最擅长的事。

胡润百富：您认为Under30s企业在发展的不同阶段，需要关注哪些要素，才能保证企业可持续发展？

曾仕涵：对于Under30s企业，我个人认为企业在初期创业阶段主要是创业者的初心和信心很重要；其次初期一定要把重点放在营销上，营销是产品变现的重要转化环节，拥有现金流对于企业活下来很重要。创业中期，当企业拥有充足的现金流后要关注中层团队的培养，组织架构和薪酬绩效的完善优化。当企业发展到一定规模和体量，需关注流程管理与系统管理、商业模式的优化。同时要不断学习，提升自己在营销管理、商业模式、投资融资、股权财税等多方面的认知和能力。每一个阶段所追求的点不一样，也不要一上来就追求大而全，刚开始先做小而美的企业，回归做生意的本质，跑通商业模式。等有大量现金储备之后再有计划有节奏地慢慢扩大，稳中求进、步步为营才能保证企业可持续发展。

胡润百富：从移动互联网发展至今，短视频、直播风潮迭起，网络红利也在快速交替，直播电商行业总体向好，但竞争压力加剧。请问您怎么看待目前行业的发展现状？对行业发展有何期待？

曾仕涵：随着越来越多的品牌玩家和个人玩家的入驻，直播电商竞争越来越激烈，平台红利慢慢被消耗，各大MCN机构逐渐出现渠道成本大于产品成本、获客成本居高不下的情况。未来直播赛道拼的是专业度、供应链、投入产出比，即谁能用最低的成本产出最高的利润。目前来看，靠内容驱动的个人IP具备低成本、强黏性、高转化等优点，而且可以裂变出多种商业模式。穿越平台周期，所有的行业都值得用直播再做一遍，直播电商将成为企业和个体的标配，很多人也逐渐意识到它的重要性，但"如何做好"还有很长的路要走。我们希望用一套成熟通用的直播电商方法论去赋能大家做好各自的业务，共同促进直播行业的良性发展。

胡润百富：作为一位"90后"创业者，同时还经常受邀到各大教育机构演讲分享，您是如何看待或如何平衡创业者与老师这两个角色的？

曾仕涵：创业是自我修炼与成长最好的通道，把自己的经验和方法论不断地总结与分享出来，帮助别人的同时也能让自己更快地成长与进步。因为我自己也是通过不断向更优秀的老师学习一步步成长起来的。

我非常热爱分享，也非常热爱教育行业。过去几年，我累计演讲超过500场，培训过近10万家企业。创业本身就是最好的老师，讲我所做、做我所讲，就是最好的精神与传承。

胡润百富：您已经创业十年了，请分享下您的一些创业经验。

曾仕涵：我个人觉得创业成功需要经历三个过程。第一个过程是要找到榜样，找到自己行业或其他行业做得最好的创业者或企业。我在刚开始创业的时候就是找到了我们行业当中做得最好的榜样，因为只有找到榜样，才会有方向和目标。股神巴菲特先生说："告诉我你的榜样是谁，我就知道你未来会成为什么样的人。"这就是榜样的重要性！

第二个过程是要和榜样学习。创业成功的核心不是自我摸索，而是直接向榜样请教或学习。因为自我摸索的成本太高，关键浪费的最大的成本不是金钱成本，而是时间成本。在过去10年的创业过程中，我累计向各行业近100位名家、名师学习过。因为我们创业者要想成功，在创业初期和发展过程中，必须要不断地提升自己的认知，提升自己在营销、经营管理、渠道获客、商业模式、投资融资、股权财税等多方面的认知水平。

第三个过程是和榜样合作。当你自己成长到一定的程度，做到一定的成果时，你就有了自己的价值，这样你就有了和榜样合作的机会。如果有可能，一定要和比你厉害的人合作交流，这样你才能快速地学习和成长。在过去10年，我和多位行业的榜样人物都有过合作，和他们合作的过程中，让我学习到他们对战略和趋势的判断、商业运作及为人处世的过人之处，也让我自己快速地成长。

胡润百富：你是如何定位自己人生的，你人生不同阶段的梦想或使命是什么？

曾仕涵：我为我自己的人生设计了三个阶段。第一阶段是一位创业者，我希望通过创业不断提升和修炼自己，让自己或企业能够成为行业中的榜样，同时帮助更多同人成长，这也是我现阶段正在努力实现的事情。第二阶段是成为一位创业者的导师，能够把自己的经验和方法分享传播。这也是我目前正在做的事情。很多的中小企业家因为我们的培训，找到了自己正确的方向和方法，提升了自己的认知，花最少的学习成本就可以降低创业的风险。我觉得这是我最有意义和价值的事情。第三阶段是在我退休后，我希望回到老家农村，希望有机会当一位村长或校长，为村民和孩子尽一份力。

胡润百富：作为创业者，您认为需要具备哪种精神？对新创业的年轻人有何建议？

曾仕涵：我认为作为创业者必须具备正念利他、永不抱怨的精神品质，创业者的初心和发心很重要，只有怀着正念利他之心创业，才能打造好的产品。在创业过程中，会遇到各种挑战，要有永不抱怨的精神和永不放弃的信念才可能创业成功。

对于新创业的年轻人，我建议在创业初期一定要对自己有正确的评估，比如兴趣特长、资源禀赋、资金实力、行业认知、风险承受能力等，有了清晰的认识后可以先轻资产、低成本创业，聚焦一项事业做深做透，严格把控公司现金流，实现业务盈利之后不断优化商业模式。有时候创业"慢就是快"，不必过度追求规模和速度，坚持长期主义，好好修炼内功，稳中求进。

四、魔芯科技CEO陈天润：变革传统3D打印，赋能创意自由

（一）人物简介

魔芯科技由浙江大学直博生陈天润等人于2021年6月创立，作为一家消费级3D打印的研发商和供应商，魔芯科技致力于探索前沿的三维AIGC算法，提供AI建模与3D打印的软硬件和技术支持。魔芯科技具有完善的产研体系，自主研发的消费级3D打印机领域产品，已成功销往美国、日本等20余个国家和地区。截至目前，魔芯科技团队规模已超百人，核心科研人员主要来自浙江大学，曾就职于多家世界500强高科技企业，包括深耕3D打印机行业数十年的研发专家及多家科技公司联合创始人。团队在视觉三维算法等领域有丰富积累，在CVPR、ICCV、3DV等国际顶级会议发表了多篇论文，拥有20余项核心专利技术，研发人员占公司总员工人数比重超过30%。

（二）独家专访

胡润百富：是什么原因让您打算创业？

陈天润：我第一次接触3D打印机是在2016年，当时觉得3D打印可以把一个模型"变"成一个实物挺酷的，所以从那时起就开始深入了解3D打印这个领域，也变成了一个3D打印的爱好者。后来因为在大学研究的也是3D打印相关方向，我萌生了"想做创意工具"的想法，希望可以用技术把传统3D打印做得更好一些，便开启了创业之路。

胡润百富：您认为自己所创立的企业，在同行业竞争中优势何在？

陈天润：三维AIGC建模技术是我们的一大核心优势。短期来看，我们用三维AIGC算法，帮助用户迅速建模，降低用户的使用门槛，让消费者能实现创意自由，真正实现零门槛使用3D打印。长期来看，因为降低了用户的使用门槛，能让更多的人接触3D打印技术，就会有更多的人加入，成为3D打印的用户，在某种程度上，能助力整个3D打印行业的市场普及。而技术的升级，也会带动行业的整体发展。未来，公司会持续深耕三维AIGC算法技术，提供AI建模与3D打印一体化的解决方案。在硬件上，除了消费级3D打印机的产品迭代，以AIGC技术为核心，延伸布局相关的产品。

胡润百富：在创业的这段时间，您觉得您做过最勇敢或最冒险的一件事是什么？

陈天润：传统3D打印机的使用门槛比较高，用户不仅需要学会建模，还要懂组装调平等。我们希望做"人人都能用的3D打印机"，所以我们运用了AI技术智能连接3D打印

机，让用户既能自由选择App模型库上的海量模型，还能运用多种AI建模等，大大地降低了3D打印机的使用门槛，让普通消费者可以自由地创造出自己的想象。为了完成这件事，我们需要攻克非常多的技术难题。这件事我们还持续在做，也会坚持做下去，我们希望让更多的人能使用上3D打印技术，帮助大家实现创意。

胡润百富：您认为Under30s企业在发展的不同阶段，需要关注哪些要素，才能保证企业可持续发展？

陈天润：当前公司刚成立两周年，需要在技术研发与产品创新上持续发力，提升产品竞争力，才能在市场中脱颖而出，保障企业的稳步经营。另外，魔芯科技现在正启动A轮融资，在资金投入、人才引进上也是关键。

胡润百富：您怎么看待目前所在行业的发展情况？对于未来有何期待？

陈天润：根据Research and Markets的研究，到2027年，3D打印市场预计将达到440亿美元以上。随着技术升级，桌面消费级的3D打印机市场需求在未来几年将会逐步攀升。而目前3D打印这个行业，还未出现一家行业巨头。加上近期AIGC成大热门，Apple在WWDC 2023发布颠覆性产品Apple Vision Pro，也将引领我们进入空间计算时代，而这些刚好涉及AIGC三维模型领域，我们公司也刚好有这方面的能力。所以对我们来说，AIGC 3D建模及3D打印赛道蕴藏的巨大市场空间，是一个非常好的机会。疫情后，现在全球各大展会、线下活动恢复如常，我们可以带着最新的产品、技术到全球各地，在线下与行业合作伙伴、媒体、消费者等交流体验，除了能让目标用户更了解我们的产品，也能从线下这种近距离的体验中得到更直接的产品体验反馈，帮助我们内部做产品的迭代优化。

胡润百富：您认为创业者需要具备哪种精神？对新创业的年轻人有何建议？

陈天润：勇敢"造"梦。如果有梦想，那就勇敢去追梦。有梦不难，要大胆去做，也要有执行动手能力，不畏惧，咬紧牙关，去解决问题。创业不是一个人就能完成的事情，需要很多人加入，一起去完成这件事。当然，除了发挥自己的专业所长，可能还需要不断延伸，去学习、拓宽自己的知识面，才能更好地把企业做起来。

五、你好世界科技有限公司CEO吴德堪：让科技重复工作，让人类回归生活

（一）人物简介

2022年创立的你好世界（Hello World）科技有限公司，是一个致力于发展全球人工智能技术的平台，推进人类迈入技术平权时代，把高科技带给普通人，让科技重复工作，让人类回归生活。相信人工智能技术的发展不但不会取代人，反而会让更多普通人拥有更多的机会成为设计师、程序员、建筑师等。

19岁白手起家的创业者，学生时代开始创业并融资100万元，两年内把公司市值做到10亿元。24岁转型成为中国最年轻的天使投资人，26岁成立人工智能科技公司。在发展事业的过程中，吴德堪注重社会责任，曾向河南暴雨灾区捐赠100万元人民币和3500箱物资，帮助灾区同胞重建家园。

（二）独家专访

胡润百富：您从19岁就开始了您的创业生涯，创业时长已接近8年，请您分享一下您的创业初衷，是什么促使您不断再创业，成为一个连续创业者？

吴德堪：当你遇到一些问题，而对解决问题充满热情，不断地想去改变现状，对所做的事情满怀热爱，回过神来的时候，已经是一名创业者了。

胡润百富：在人工智能日益普遍的当下，你好世界（Hello World）科技有限公司作为一个"将高科技带给普通人，让科技重复工作，让人类回归生活"的全球人工智能技术平台，它与其他人工智能公司相比的特色或差异化定位在哪里？

吴德堪：科技的最终目的一定是让人类的生活变得更好，我们更希望让科技去辅佐人类的生活，而不是让人类去臣服于技术。很少有人意识到，世界上有一种不公平叫作掌握技术的不公平，Hello World致力于发展全球人工智能技术平台，希望去消弭人与人之间使用技术的差距，推进人类迈入技术平权时代。

胡润百富：从创业者到天使投资人并投资十几家新兴科技企业，是什么促使您完成了这样一次华丽转身？

吴德堪：首先，我相信推动世界发展的是一批不满足于现状的人，他们敢于打破常规、敢于尝试。在我19岁的时候，我有幸遇到了我的第一位投资人，当时的我几乎什么都没有，只有我的一个想法，并且相信它一定会实现。投资人给了我机会，但很显然第一次失败了，在经历很多次低谷之后，不断找投资再创业，这个过程让我相信作为一名普通人也是能用自己的努力去改变一些事情的。我有这样被激励过，所以也愿意为其他创业者做一名引路人。

胡润百富：在面对日新月异的全球化产业升级，如ChatGPT的出现，将如何突破当下追寻下一步发展，公司已经做了或未来会做哪些升级？

吴德堪：我们即将迎来人类历史上的一次很大的变革。对于公司来说，这样的变革是难以想象的，这是一个全人类迎接的时代，只能说我们做好了准备，那就是全面地相信这是人类文明的一次重大进步，以变化去应对变化。我们希望参与、推进并加速人工智能这个时代，让人工智能回归到人类本身的衣食住行，用新的科技让生活变得更好。

胡润百富：在创业过程中必然会遇到许多矛盾与困难，是什么支撑您走过瓶颈期、渡过难关？

吴德堪：我经历过无数次的失败，比如第一次创业的失败，做的产品几乎没有受众，初创团队的离开，以及合伙人的质疑，几乎做的每一件事都遇到了瓶颈。但是，不要害怕失败，因为当你意识到人类只是地球的很小一部分，再上升至太阳系和宇宙，人类变得更加渺小和微不足道时，你会发现没有什么好失去的。所有伟大的事情都由人类创造，他们一开始也都是平凡的人，因此坚定信念、不停止脚步就是最重要的。

胡润百富：作为创业后浪，当下的创业环境与20世纪70年代、80年代大不相同，您认为与上一辈相比有哪些差异，并需要做出怎样的努力？

吴德堪：首先，我们要意识到近30年和过去30年的创业环境发生了翻天覆地的变化，我们这代人是幸运的，我们出生在一个和平的年代，一个科技和经济都高速发展的时代。我们能够获取的资源，远远比上一代企业家能够获取的更多，但我们要回过头看看上一辈人的闯劲和创业精神，这是值得我们尊敬和学习的。同时，我们也有我们这代人的挑战和课题，这是由科技的发展带来的，是由全球化的链接带来的，是由不同文化的碰撞带来的，我们要有自己的创新精神，在科技带来的巨大鸿沟下，不断地去缩小差距，去走出自己的路。

六、ACE GOLF创始人殷霖弦子：让高尔夫成为风靡全国的全民运动风口

（一）人物简介

ACE GOLF是一家集专业高尔夫教学、高尔夫国际留学游学、高尔夫休闲娱乐以及高尔夫周边产品售卖于一体的综合高尔夫运动品牌。ACE GOLF面向中国全民消费市场，致力于高尔夫运动的大众化、时尚化、生活方式化，倾心打造繁华都市中央的休憩绿洲，引领新中产零压运动新风尚，让高尔夫成为风靡全国的全民运动风口。

（二）独家专访

胡润百富：是什么原因让您打算创业？

殷霖弦子：我自己是高尔夫爱好者，从2016年开始打高尔夫，高尔夫在早些年确实是一个相对来说门槛比较高的运动，很多人都会认为高尔夫是一种商务社交的运动，大多数是一些老板和高管在玩。

2020年，新冠疫情暴发期间很多室内运动场所都被迫停业，只有高尔夫球场可以正常经营，这直接导致了大量运动爱好者涌向高尔夫球场，高尔夫运动首次在国内出现了一个流行的小高潮。然而由于国家政策的影响，2016—2020年，中国关停了三分之一的球场和练习场，2020年打球人群突然增加之后，很多球场出现了供不应求的状况。与此同时，一种全新的高尔夫体验模式也随之而来，那就是室内高尔夫。室内高尔夫的模式在韩国市场非常成熟，韩国5000多万人口中有500万人在打高尔夫，而这500多万高尔夫人群里面有60%的人都是在打室内高尔夫。韩国的消费市场趋势在中国有非常大的参考价值。当我发现室内高尔夫在韩国已经非常普遍且成熟，而中国的高尔夫市场才刚刚起步时，我看到了巨大的发展空间。2020年，我从英国读完MBA回国，并且在深圳最大的一家高尔夫球场工作、调研市场近一年后，更加坚定了我要进行高尔夫创业的想法。

胡润百富：您认为自己所在的企业，在同行业竞争中优势何在？

殷霖弦子：中国高尔夫市场还属于刚刚起步的阶段，现阶段高尔夫行业从业人员的整体受教育程度普遍偏低，中国高尔夫行业还属于草莽发展阶段——没有规则、没有体系、没有标准、没有品牌，当然也没有行业标杆。因此在这样一个赛道，我们有非常大的发展空间，同时也会有非常多的挑战。我们的优势核心在于整个创始团队全部毕业于国际知名院校，且曾经都就职于500强企业，运营负责人为知名上市公司CEO，我们借鉴成功企业的管理运营模式以及品牌打造模式来重塑中国高尔夫文化理念和氛围。同时我们的销售管理团队全部来自国内外知名教育企业，我们具备一线管理经验，也熟知连锁门店的发展路径，也可以开辟出高尔夫+教育的全新赛道。

胡润百富：在创业的这段时间，您觉得您做过最勇敢或最冒险的一件事是什么？

殷霖弦子：我是在疫情期间创业，当我决定创业时，我没有找任何投资人，也没有找任何合伙人。因为在疫情期间消费类赛道非常不被看好，同时高尔夫这个赛道又是一个非常新的赛道，之前没有任何市场经验可以被借鉴。当我和一些朋友或者前辈说起想做高尔夫创业时，所有人都是不认可的，因为有非常多的不确定性，而且投资金额非常大。但当

时我非常笃定，也不太想被外界的声音干扰，所以就一个人拿着所有的积蓄开始创业。所有的选址、装修、品牌定位、产品制定、团队招募、培训、预售都是自己独立完成。随着项目完工接近尾声，我自己也越来越有信心，才找投资人一起参与。

胡润百富：您认为Under30s企业在发展的不同阶段，需要关注哪些要素，才能保证企业可持续发展？

殷霖弦子：Under30s企业在创业初期最为关键的肯定是现金流管理，在初期业务体量还不算很大的情况下，一定要做好最坏的打算，把控好现金流。很多初创企业往往过于乐观，没有做好足够的资金储备，而这个时期企业的抗风险能力比较弱，很容易出现重大财务危机。发展中期，人才的招募就更为重要。有相同格局、不同能力的伙伴加入，对于一个企业的快速发展至关重要。

胡润百富：您怎么看待目前所在行业的发展情况？对未来有何期待？

殷霖弦子：高尔夫行业的发展是非常可观的，室内高尔夫模式的出现，大大降低了高尔夫这项运动的准入门槛，越来越多的中产开始参与进来，也有越来越多时尚的年轻人开始玩这项运动，高尔夫正在往大众化的趋势上发展，同时，国家也出了一系列政策鼓励高尔夫运动的大众化，因此市场潜力无限。疫情过后，旅游业快速回暖，同时也会拉动高尔夫旅游业的发展，有越来越多的资深高尔夫爱好者已经不满足于在国内打球，"全球高尔夫旅行+金融+地产+教育"的模式已现雏形。

胡润百富：您认为创业者需要具备哪种精神？对新创业的年轻人有何建议？

殷霖弦子：作为创业者，我认为最重要的是要有非常强的执行力，有了决定就要快速行动。拖延症可能会把我们的创业梦想拖入泥沼，同时也要具备足够强的抗压能力，创业会面临各种各样的挑战和压力，尤其是项目无法短期出成果或不被理解时，　定要具备扛住一切的能力。我给年轻创业者的建议就是一定要理智。在创业的热潮中，你可能会心潮澎湃，但跟风创业绝对不是一个明智的选择，一定要多方审视自己的能力和条件再做出决定。被大众认可和接受的项目不一定就是好项目，不被认可的也不一定就是差的项目，自己需要理智判断。

七、山西光之源科技CEO郝雨馨：新能源技术助力"碳中和"，为社会创造价值

（一）人物简介

山西光之源科技有限公司成立于2019年，是一家以从事电力、热力生产和供应为主的企业，也是一家专业从事太阳能光热新能源技术研发、推广的高新科技型企业。山西光之源科技每年产值2亿~3亿元，目前已与诸多大型企事业机构、民营企业、高等科研院校等达成战略合作。拥有三个研发中心，并与苏州理工大学、太原理工大学建立了高校研发中心并签署长期合作协议。此外，在江苏和太原分别设立了两个企业研发中心，在山西晋中、广东广州分别设有两个生产基地。

（二）独家专访

胡润百富：是什么原因让您打算创业？

郝雨馨：首先是因为受到父母的影响，我从小耳濡目染，在生意环境里熏陶，深深认可他们实业报国的理念，想用自己的绵薄之力报国。在我看来，创业开公司是创造就业岗

位、为社会纳税、促进社会经济发展，从而奉献社会的一种方式。

其次，我本科的专业是英语翻译，硕士期间跨专业在香港城市大学学习都市管理专业，研究方向为可持续能源与可持续城市发展方向。我认为这个专业更契合我此前对创业的思考，能够将研究生学习的部分理念运用到创业中。2019年硕士研究生毕业后，我在香港从事离岸金融信托行业，团队服务的客户都是一些巨头企业及企业家，看到他们的企业可以帮助众生，让家乡和社会变得更美好，这也更加激励我去创业，做一番利他的大事业。

最后，兴趣也是我创业的一小部分原因。我曾在华盛顿大学、哈佛大学、阿姆斯特丹大学交换，看到了国外的创业生态，觉得比较有意思。自己做企业，如果不觉得它令你有兴趣的话，是很难坚持下去的。

胡润百富：您认为自己所在的企业，在同行业竞争中优势何在？

郝雨馨：我认为首先是选择了一个比较好的科技赛道，新能源科技属于国家大力倡导的行业，有很多政策扶持，而绿色碟式太阳能可以帮助社会产业结构转型升级，为国家实现碳中和而助力。选对了行业，职业生涯就会更轻松。

其次还在于我们的技术研发迭代速度快，例如碟式太阳能清洁新能源技术在三年内就快速研发了四代产品。做生意必须要抢占市场先机，才有利于拔得头筹，第一个吃螃蟹的人一定会有市场份额。并且我们集自主研发、自动化以及生产、咨询、销售服务、项目落地、售后服务等各部分为全链条，对上下游产业链依赖性较小，行业门槛和壁垒都比较高。

最后，光之源采暖供热供水自动化机器生产成本低，性价比高，实用性强，技术稳定，具有非常好的推广前景。光之源产品采用斯特林单晶板光伏发电，不仅绿色环保、耐候性强、适用面积大、使用年限长，自动化程度也高。

胡润百富：在创业的这段时间，您觉得您做过最勇敢或最冒险的一件事是什么？

郝雨馨：我觉得最冒险的事就是创业本身。为了创业可能需要抛弃以前一直优渥舒适的条件，包括有光环的工作、奢华的居住享受、假期休闲、熟悉的环境、稳定的人际关系等，不得不时刻面对巨大的不确定性风险。这相当考验心态和人心。

胡润百富：您认为Under30s企业在发展的不同阶段，需要关注哪些要素，才能保证企业可持续发展？

郝雨馨：实现企业可持续发展需要方方面面都做到极致。例如，京东把配送速度做到极致，拼多多把低价做到极致，它们都成了伟大的企业。一个企业要实现可持续发展离不开战略设计、价值创造、产品战略、人才复制和组织发展、绩效管理、预算管理、营销体系搭建、财务管理以及风控与合规管理等多个方面。在企业初创期，我认为最重要的是战略定位，要有所为，有所不为，选定一个行业持续深耕非常关键；而在发展期，最关键的是要为客户提供核心价值，企业必须围绕用户价值进行创新，只有持续不断地创新，客户才会终生买单。

胡润百富：您怎么看待目前所在行业的发展情况？对于未来有何期待？

郝雨馨：光之源科技目前所处的行业属于新能源高科技领域，它的市场空间很大，前景广阔。新能源行业不仅顺应党的十八届五中全会将绿色发展作为新发展理念之一，也符合国家供给侧以及产业结构转型的大势所趋。

此外，根据可行性报告来看，碟式太阳能目前市场占有率还不足15%，市场需求在未来20年内也不会达到饱和，并且尚未出现"独角兽"，因此我认为行业未来不仅将大有可为，而且会结合自动化技术与网络营销，发展得更快。

胡润百富：您认为创业者需要具备哪种精神？对新创业的年轻人有何建议？

郝雨馨：我认为创业需要勇敢的心，既要有积极乐观坚强的心态，同时也要有韧性。创业路上会遇到数不清的挫折，如果遇到困难就放弃的话，肯定无法继续；如果没有积极乐观的心态，也会无法继续。简单面对、深入思考、执行力强，才会真正实现价值和理想。

课堂活动

1.思考以上案例创业成功的因素有哪些，请结合具体案例进行分析。

2.结合自己的兴趣和专业，探索自己的创业梦想。

（1）结合你的愿景和兴趣爱好，用150字简要阐述一下将来你想做什么。

（2）分析你的专业特长、精神品质，用150字简要阐述将来你能做什么。

云课堂

草根企业家王国宇的创业经

实践与提升

测测你的职业倾向

下面这组测试题是心理学家精心设计的问题。你只要对每道题选择"是"或者"不是"，再看看后面的分析，就可以知道自己的职业倾向和潜力在哪一方面了。这个测验的答案没有对与错之分，只是看你的职业倾向。

第一组：

（1）当你在看一本有关谋杀案的小说时，常常能在未看完之前便能猜出谁是凶手吗？

（2）你很少写错字、别字吗？

（3）你宁愿参加音乐会也不想待在家闲聊吗？

（4）墙上的画挂歪了，你会想着扶正吗？

（5）你宁愿读一些散文或小品而不想看小说吗？

（6）你常记得自己看过或听过的事吗？

（7）你宁愿少做几件事，但一定要做好，而不愿意多做几件事而马马虎虎地完成吗？

（8）你喜欢打牌或下棋吗？

（9）你对钱的使用与预算均有控制吗？

（10）你喜欢分析能使钟表、开关、马达发生效用的原因吗？

第二组：

（11）你喜欢改变一下日常生活中的一些习惯，使自己有一些充裕的时间吗？

（12）闲暇时，你喜欢参加一些运动而不愿意看书吗？

（13）对你来说，数学难不难？

（14）你是否喜欢和比你年轻的人在一起？

（15）你能列出5个你自认为够朋友的人吗？

（16）一般来说，对于你可办到的事，你是乐于帮助别人还是怕麻烦？

（17）你不喜欢太琐碎的工作吗？

（18）你看书看得快吗？

（19）你相信"小心谨慎，稳扎稳打"这句至理名言吗？

（20）你喜欢新朋友、新环境与新东西吗？

测试分析：

前10题是第一组，后10题是第二组，分别统计一下第一组与第二组各有几个"是"的答案，然后比较这两组答案。

如果你第一组中的"是"比第二组中多，那么表明你是个精细的人，适宜从事具有耐心、谨慎与研究的琐碎工作，如医生、律师、工程师、技术人员、科研人员等。如果你第二组的"是"比第一组的多，那么表明你是个广博的人，最大的长处是能成功地和人交往。适宜的工作有人事、司机、演员、推销员等。如果两组中的"是"大致相等，那就表明你不仅能处理琐碎的事，还能维持良好的人际关系。你适宜从事的工作有护士、教师、秘书、商人、美容师、艺术、讲师、培训师、政治家等。

温馨提示：

凡是测量都存在误差，勿盲信；出现不符情况，请重新审视自己或与他人沟通；性格、兴趣没有好坏，只有跟工作结合才有适合或不适合。

学生成长卡

激发创业热情任务评价表

评价项目	具体指标	小组自评	小组互评	教师评价	总评
培养创业精神	创业精神的本质				
	大学生应具备的创业精神				
	大学生创业精神的培育				
剖析重庆市大学生创业人物	阅读重庆市大学生创业典型案例				
	分析创业者所具备的创业品质				
学习胡润Under30s中国创业先锋	阅读胡润Under30s中国创业先锋典型案例				
	分析他们创业成功的原因				

模块三
培育创业能力

知识目标

1. 熟练运用学科知识能力；
2. 掌握通用的核心素质能力；
3. 了解企业职务能力的基本内涵，锤炼与优化企业职务能力；
4. 掌握创业能力的训练方法；
5. 分析和判断创业市场，识别创业机会。

能力目标

1. 能合理分析创业能力与职业能力的关系，能主动发挥学科能力的优势；
2. 会梳理各行业职业目标达到的指标结构，总结创业能力培育的方法；
3. 能根据创业机会的评价与判断，选择出优秀的创业项目。

素质目标

1. 以社会主义核心价值观为指导，具备导向意识；
2. 具有较强的职业能力素养和创业能力；
3. 能通达职业目标，发挥职业能力达到创业的水平；
4. 具有以创业为目标的职业能力规划。

引言

　　人的一生可以分为两个阶段，第一个阶段，是纯粹消耗财富的岁月；第二个阶段，是创造财富的阶段。每个人在第一个阶段，都是消耗着父母创造的财富，来不断培育未来创造财富的能力，直到某一个时点，能力足够强大，就进入可以创造财富的职业状态。贯穿这一过程的是能力成长，每个人从小到大，一切能力发展都是为了创造物质与精神财富。每个人凭借先天基因与后天训练都具备三百多种显性能力，包括视力听力、吃饭喝水、喝酒唱歌都有对应的能力，但在所有人类能力之中，能够为社会直接创造财富的能力，就是职业能力。而职业能力真正的范畴，包括三类重要能力，分别是：学科知识能力、核心通用能力、企业和行政职务能力。人类为世界创造财富的职业能力系统就是三种能力的组合。

知识图谱

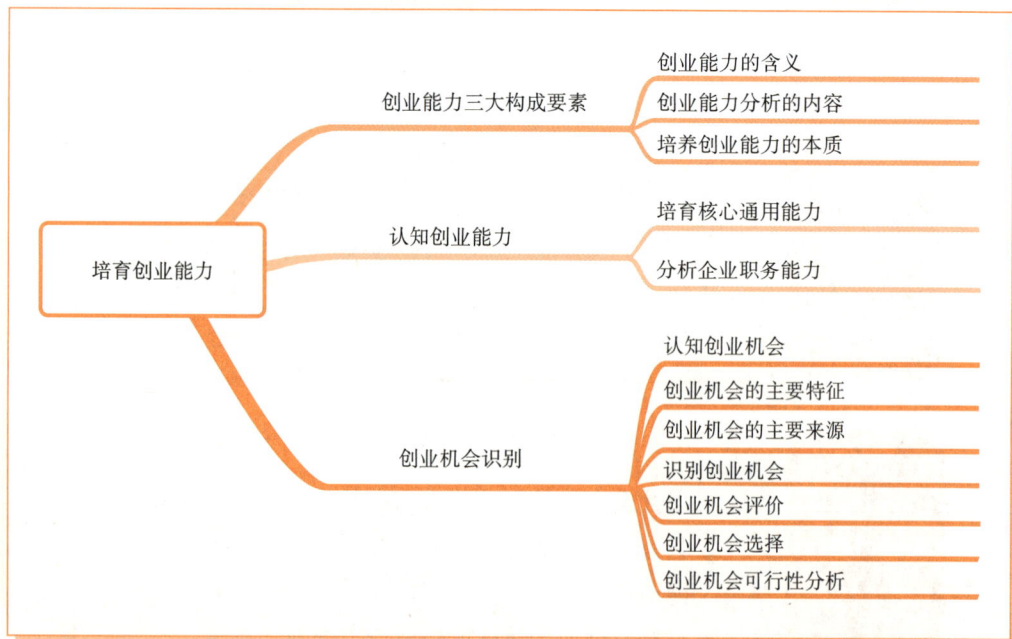

学习任务

任务一 创业能力三大构成要素

任务布置

（1）以划分的小组为单位进行讨论；

（2）通过查阅网络、书刊等方式分析创业能力的重要组成，并归纳和总结各项能力的特点有哪些；

（3）根据人类能力图谱原理，洞悉培育和锤炼创业能力的本质路径；

（4）运用问卷分析法，对询问的对象的创业能力做出全面的分析。

任务准备

（1）根据前期所收集的资料制作一份问卷；

（2）通过查阅网络、书刊等方式收集人类能力图谱的相关资料；

（3）录音笔、记录本、电脑等工具。

任务实施

创业能力来自创业者的种种锤炼，而创业资源则是创业者运用创业能力去吸引、采集、整合、争取的结果。说到底，创业核心资源，也是靠创业能力去获取。有足够强的创业能力，才能获取足够多、足够好的创业资源。所以，创业团队的创业能力，是核心之核心，重点之重点。推动原始商业创意，通达成功创业传奇的最核心要素，就是创业能力。如何才能有效完成创业关键任务？影响要素非常多，但起决定性作用的又是哪些最核心要素？

情景导入

每个人的一生都是通过能力去整合资源，完成任务，创造价值，从而获得回报。每个人从基因积聚能量开始，肉体与精神不断成长强大，在这一过程中发育了多种能力，这些能力有些是天赋的能力，有些是后天培养形成的能力，比如听力、视力、记忆力、想象力、味觉能力、计算能力、奔跑的能力、唱歌的能力等。所有能力中，有些只能应对简单的活动，而有些能力则是可以完成复杂任务，直接创造财富和高端价值的能力。

任务分析

一、创业能力的含义

创业能力就是指成功创业的能力或力量。尽管影响创业成功的因素很多，但根据假设，在市场环境一定的情况下，关键是看创业者资源的运作能力、创新能力、风险管理能力及创业企业运作的制度与文化环境建设能力，若创业者在这几方面具备好的条件，那他成功的可能性就大，也可以说该创业者的创业力大，究其实质就是职业能力的最强形式和最高境界。所以，我们先剖析一下职业能力的内涵。职业能力，就是人类创造财富的能力。当一个人的职业能力，处于初级和中级阶段时，他通常是运用职业能力帮企业在社会中创造财富，并获得报酬。当一个人的职业能力不断提升增强，达到高级阶段之后，他不仅可以在企业平台上创造财富，还创造一个企业的部分能力。但一个人独立具备创造一个完整企业的全部能力可能性很小，所以创业者需要组建一个核心团队（模块四将详细阐述创业团队建设），团队每个人都锤炼出一种足够优秀的、高阶段的职业能力，就具备了创造一个企业的完整职业能力。

所以，职业能力就是创业能力的关键，创业能力就是拥有足够优秀的高阶段职业能力。创业能力的发育过程，就是职业能力从无到有、从有到正常、从正常到优秀不断锤炼的过程。

二、创业能力分析的内容

（一）创业能力的构成

创业能力，是高级阶段的职业能力。所以，创业能力和职业能力一样，都是由学科知识能力、核心通用能力与企业职务能力三类构成的。因此，创业能力的实质就是学科知识能力、核心通用能力与企业职务能力，这三者组合水平的高低决定了创业能力的强弱。这三类能力的优秀程度与组合结构决定了创业能力最根本的层面。其中对创业影响最大的是核心通用能力与企业职务能力。

1.学科知识能力

学科知识能力，是指对哲学、法学、经济学、管理学、理学、工学等十余类基本科学知识的掌握与运用能力。从中小学的语文、数学、物理，到大学的绝大部分专业课程，都是学科知识能力的教育。

2.核心通用能力

核心通用能力是指心理素质、语言表达能力、人格魅力、执行能力和领导决策能力，是在任何领域从事任何职业都完全通用的核心素质能力。

3.企业职务能力

企业职务能力，则是指完成企业具体工作任务的能力。每个企业员工都是通过企业职务能力为企业创造财富，并获得一定比例的财富回报。企业职务能力是创造财富的终端工作程序，但真正驱动社会发展，为人类世界创造财富、快乐和幸福的能力，不仅仅是终端工作的内容。

（二）创业能力成长结构和教育路径

一个人从低阶段职业能力向高阶段创业能力进化的程度，决定了他创造社会价值的程度。创业能力的培养绝不是单一零碎的知识，而是多个维度、多个指标的全面的系统培育。所以，创业教育的重要目的就是要帮助大学生在学习期间寻找属于他的最优学习路径。为什么要寻找最优学习路径？就是人在不同时段，学习各种各样的知识，提升自己的综合能力。

三、培养创业能力的本质

人生进入创造财富的职业状态，这是绝大多数人的必然归宿，因为可以纯粹消耗财富度过一生的人，毕竟是极少数。可能很多人认为，职业发展有无限可能，但这是一个错误的认知，人生职业发展的目标其实是有限的。因为只有不到5%的人，进入政府机构和科研单位，95%以上的人，必然进入商界，商界是由95个行业所交织缠绕而成的经济系统，也就是人类社会的财富创造系统。

一个行业就是生产同类产品的所有企业聚合而成的企业群。一个人进入商界，他一定是进入95个行业中的其中一个，因为整个商界的所有行业，一共分为95个。每一个行业，就是一类企业。每一类企业都只有产品研发、生产服务、市场营销、人力资源、资本财务、综合行政等6类职能部门。而每一类职能部门的人员级别，根据人员的能力与权力大小，分为多个职务级别。比如华为有24个职务级别，百度有12个职务级别，联想有9个职务级别，但这些是最大的企业，所有企业综合平均下来，大约有7个职务级别。根据"2023年全新行业企业分类标准"并通过全面调研，我们将整个商界共划分为95类企业，每类企业有6类职能部门，每类部门又有7个级别，由此得出每个人进入商界以及在商界的发展共有95×6×7=3990个职业发展目标。貌似无限广阔的商界职业发展，科学量化分析之后，其实就只有3990个职业目标。人的一生就是向着某一个职业目标不断提升能力、不断奋斗的征途和旅程。

一个人只有达到更高的职业目标，才会获得更大物质与精神回报。要通达更高的职业目标，就需要更强的能力。当职业能力达到某个职业目标的水平要求时，我们就能通达这个职业目标；当职业能力达到创业的水平要求时，我们就具备了创业能力，就可以开启创业天地。

现在，我们就用人类能力图谱原理，分析从职业能力到创业能力，从职业发展到创业发展的过程。职业发展有3990个职业目标，每个职业目标都由三个维度确定：行业类别、职能部门、职务级别。

下面我们根据这个原理来分析两个案例。

【案例1】

张某，他的职业目标是房地产行业，市场营销部门，主管级别。那么，要实现这个职业目标，他必须锤炼出应有的职业能力体系。根据前面分析的人类能力图谱，职业能力体系由学科知识能力、核心通用能力和企业职务能力构成，而学科知识能力由13种分项能力构成，核心通用能力由5种分项能力构成，企业职务能力由6种分项能力构成。所有职业目标需要的最佳能力体系都是由这24种分项能力中的部分能力所构成的能力体系，每种分项能力有11个等级，最低0级，最高10级。

人类能力图谱

职业目标	行业类别	职能部门	职务类别
	房地产行业	市场营销部门	主管
学科知识能力	13种分项能力：哲学、经济学、理学、教育学、文学、农学、军事学、法学、管理学、工学、历史学、艺术学、医学		
核心通用能力	5种分项能力：心理素质、思维能力、语言表达能力、人格魅力、执行能力、领导决策能力		
企业职务能力	6种分项能力：产品研究、生产服务、市场营销、资本财务、人力资源、综合行政		

备注：每种分项能力有11个等级，最低0级，最高10级。

根据人类能力图谱，假设李某是房地产行业市场营销部主管，这个职业目标所需具备的最佳能力体系分析如下：

（一）学科知识能力

（1）市场营销职务属于主管级别工作，市场营销属于管理学范畴，并且是管理层主管级别，所以他在管理学学科知识能力上应该达到5级水平。

（2）由于市场营销过程需要有效把握客户心理，所以心理学学科知识能力应该达到3级水平。

（3）由于是房地产行业，所以他还需要对建筑学学科知识有初步的了解，应该达到2级水平。

（4）由于房地产的营销过程是一个经济交易过程，所以掌握一些初步的经济学知识，会更有利于提升绩效，他的经济学学科知识能力如果达到2级水平就更好了。

（5）由于有些客户在选购房地产产品时会考虑风水、国学、哲理等因素，而这些知识都属于哲学学科知识，所以，他如果在哲学学科知识能力上能达到1~2级水平，将更有利于开展业务。

综上所述，如果要实现房地产行业市场营销部主管的职业目标，他在学科知识能力维度上应该达到的最佳指标结构是：管理学5级，心理学3级，建筑学2级，经济学2级，哲学1级。

（二）核心通用能力

（1）由于在房地产市场营销工作中必须要直面客户，接受客户的无数质疑、挑剔，甚至更大的刺激，所以心理能量需要达到5级。

（2）由于市场营销主管与客户接触比较多，其主要任务是通过接触与沟通，说服客户购买，这对语言表达能力和人格魅力要求较高，所以，其语言表达能力和人格魅力都应该达到6级以上水平。

（3）主管级管理层在总共7级的职务梯级上处于3级水准，这个等级的人员需要比普通员工有更强的执行能力，其执行能力应该达到5级水平。

（4）主管级所领导的员工还比较少，所以领导能力只需要达到4级水平。

综上所述，如果要实现房地产行业市场营销部主管的职业目标，他在核心通用能力指标方面应该达到的最佳结构是：心理能量5级，语言表达能力6级，人格魅力6级，执行能力5级，领导能力4级。

（三）企业职务能力

根据房地产行业市场营销部主管这个职务，企业职务能力应该达到的最佳指标是市场营销职务能力6级水平。

（四）总结

一个人要想实现房地产行业市场营销主管的职业目标，他应该达到的最佳能力指标结构如下：

（1）在企业职务能力维度：市场营销职务能力6级水平。

（2）在核心通用能力维度：心理能量5级，语言表达能力6级，人格魅力6级，执行能力5级，领导能力4级。

（3）在学科知识能力维度：管理学5级，心理学3级，建筑学2级，经济学2级，哲学1级。

以上三类能力、11种分项能力及其等级所形成的能力指标结构，就是房地产行业市场营销主管这一职业目标对应的人类能力图谱。这个能力指标结构就是应该达到的最佳能力结构，一个人的能力越接近这个最佳结构，他实现对应职业目标的可能性就越大。

人类能力图谱

职业目标	行业类别		职能部门	职务类别
	房地产行业		市场营销部门	主管
学科知识能力	1.管理学	（5）级		
	2.心理学	（3）级		
	3.建筑学	（2）级		
	4.经济学	（2）级		
	5.哲学	（1）级		
核心通用能力	1.心理能量	（5）级		
	2.语言表达能力	（6）级		
	3.人格魅力	（6）级		
	4.执行能力	（5）级		
	5.领导能力	（4）级		
企业职务能力	市场营销职务能力	（6）级		

备注：每种分项能力有11个等级，最低0级，最高10级。

如果职业发展目标是创业，那么一个人无论多么优秀，都不可能独立实现这个目标，因为创造一个企业所需要的能力指标结构不是一个人可以锤炼到位的。创造一个企业需要发育的能力项目，是多个职业目标所需能力的组合，远大于任何一个职务，而且每一项能力指标要达到足够优秀的程度，才可能创造和维持一个企业。

创业必须是一个团队紧密协作，才能共同锤炼出企业所需要的完整能力指标。

【案例2】

现在，我们的职业目标是在计算机软件行业创业，那么，要想成功创造这个企业，并让它健康成长，就需要发展出这个企业的完整功能。一个人的职业发展只需要具备一个职业目标的合格能力。创业则需要一个团队锤炼出从产品研发、生产服务、市场营销到资本财务等多个职业目标的完整能力组合。而且团队的完整能力组合达到行业平均水平，企业才能基本生存；达到行业优秀水平，企业才能走向成功。

所以，当职业目标设定为计算机软件行业创业，根据人类能力图谱原理，团队在创业初期需要达到的能力指标结构如下：

1. 在企业职务能力维度

产品研发8级，生产服务7级，市场营销7级，人力资源6级，资本财务5级，综合行政4级。

2. 在核心通用能力维度

心理能量8级，语言能力7级，人格魅力6级，执行能力7级，领导能力7级。

3. 学科知识能力维度

计算机软件学7级，数学5级，系统工程学5级，管理学5级，营销学5级，财务学4级。

这就是以计算机软件行业创业为职业目标，核心团队成员在初创阶段所需具备的组合能力结构。越接近这个结构，成功概率就越高。

显而易见，作为职业发展的高级阶段，创业所需的能力项目是团队共同锤炼的完整能力组合。能力的强弱是创业成败的关键。创业是深度实战的过程，在三类能力中，核心通用能力和企业职务能力最为重要，对创业的影响权重超过90%。学科知识能力相对要求并不高，并且每个人从小学语文、数学，到大学专业知识，培育的都是学科知识能力，已有一定基础。所以，创业能力的培育主要是核心通用能力和企业职务能力的锤炼。

一切价值的创造与实现，都是能力与资源相融合的结果。因此，环环相扣、交织循环的四大步骤——锤炼能力、运用能力、融合资源和创造价值，贯穿驱动了跌宕起伏的创业征途。

课堂活动

刘某，他的职业目标是计算机软件行业，研发职能部门，高级程序专员。请根据人类能力图谱原理，针对他实现这一职业目标，分析需要达到的最佳能力指标结构在企业职务能力维度、核心通用能力维度、学科知识能力维度分别有哪些，以及对应的等级。

人类能力图谱

职业目标	行业类别		职能部门	职务类别
学科知识能力	1.	（　）级		
	2.	（　）级		
	3.	（　）级		
	4.	（　）级		
	5.	（　）级		
核心通用能力	1.	（　）级		
	2.	（　）级		
	3.	（　）级		
	4.	（　）级		
	5.	（　）级		
企业职务能力	1.	（　）级		
	2.	（　）级		
	3.	（　）级		
	4.	（　）级		
	5.	（　）级		

备注：每种分项能力有11个等级，最低0级，最高10级。

云课堂

培养高校学生创新创业能力的有效途径

实践与提升

创业能力模拟测试

测评说明：

1.大学生创业能力是创业能否成功的关键因素。结合所学知识及对创业能力的研究，分析大学生创业能力整合模型的内涵，以此提升大学生创业能力。

2.本测试为判断题。请认真阅读题目，根据对创业能力的理解来判断"√"或"×"。

判断题：

1.大学生选择创业项目时必须清楚"我想干什么"。　　　　　　　　　　（　　　）

2.在核算创业资金时应该为自己留出一定的费用。　　　　　　　　　　（　　　）

3.制造业对场所区域的要求低一些，现代服务业对所处的地理位置的要求高一些。

（　　）

4.自己经营的门店附近有同类生意，不论多少都是不行的。　　　　（　　）

5.环境布置可以营造良好的氛围，但是小店门前横着一条绿化带却可能是经营的障碍。

（　　）

6.某地域的租金比其他同类的高，这是不合理的，谁做谁都要亏。　　（　　）

7.大量研究表明，性格与成功的关系大于智商与成功的关系。　　　（　　）

8.一个优秀的企业家，只要能拼命地赚钱，别的都不重要。　　　　（　　）

9.提高创业者能力的途径是：一靠学习，二靠实践。　　　　　　　（　　）

10.小微企业为了迅速做大做强，就必须在短期内增加经营规模，扩大经营区域。

（　　）

11.许多人认为"先打工，后创业"的模式更容易积累创业经验、提高创业能力。

（　　）

12.为了能在选定的日期开业，有些准备工作来不及做，就放到以后再说吧。（　　）

13.俗话说冒险与利润一定是相对的，只要冒险一定能赚大钱。　　　（　　）

14.一切经济活动必须按照市场的需求，遵循市场经济规律进行。　　（　　）

15.在互联网、人工智能等现代市场经济条件下，客户需求呈现多元化的发展趋势。

（　　）

16.创业意向书的主要内容就是确定资金和经营场地规模。　　　　　（　　）

17.大学生创业者亲身到市场去实践是最可靠的方法。　　　　　　　（　　）

18.研发的新产品不能立即大批量生产和大面积投放市场，还应有个市场试销运作。

（　　）

19.产品的使用定位、外形定位、包装定位要根据企业要求和成本条件等因素来决定。

（　　）

20.产品的定位是多方面的，包括价格、功能、品牌和其他特征。　　（　　）

21.一般微小型企业不单单属于市场的追随者或者补缺者，也能成为市场的领导者。

（　　）

22.一般认为中小型企业可分为中型、小型和微型企业三种。其中微型企业职工人数在15人以下。　　　　　　　　　　　　　　　　　　　　　　　　　（　　）

23.对于连锁加盟，创业者要选择比较成熟的公司，至少要有两年的加盟史。（　　）

24.创业计划一旦制订，就要严格执行，在行动中不能更改。　　　　（　　）

25.市场分析主要了解消费者的情况，不需要了解竞争对手的情况。　（　　）

26.市场分析时地域的范围越大越好。　　　　　　　　　　　　　　（　　）

27.创业计划书是书面计划，无法预算好所用的人员、数量、岗位及薪酬。（　　）

28.企业及经营目标是根据创业者的愿望来制定的。　　　　　　　　（　　）

29.创业初期的资金少必然会造成企业流动资金的紧张。　　　　　　（　　）

30.员工工资和日常开支以及其他各项运营费用，至少要预估三个月的开支额。（　　）

31.固定资金比例占有越大，企业的财务风险越大。 （ ）

32.创业计划和融资计划书在内容、陈述角度及目的方面的不同，侧重面都会有很大区别。 （ ）

33.流动资金短缺是企业亏损的原因。 （ ）

34.银行贷款与否看的是现金流而不是盈利。 （ ）

35.盈利好不代表现金流好，盈利不好不代表现金流不好。 （ ）

36.外部环境的变化造成的风险就是非系统风险。 （ ）

37.交通便捷的地方客流量也一定大。 （ ）

38.文教区适合经营消费性商品。 （ ）

参考答案：1-5：×√√×√ 6-10：×√√√× 11-15：√×××√ 16-20：×√√×√
21-25：×师×√×× 26-30：××××√ 31-35：×××√√ 36-38：×××

学生成长卡

创业能力分析评价表

评价项目	具体指标	小组自评	小组互评	教师评价	总评
创业能力的含义	查阅资料并理解创业能力的内涵，对后期起到有效的分析作用				
创业能力的分析	资料收集的针对性，分析的准确性和深入性				
培养创业能力的本质	能准确分析并精确培养创业能力的本质，符合市场的要求				

学生自评表

班级：	姓名：	学号：	
评价项目	评价标准	分值	得分
学科知识能力	人类能力图谱分析	10	
核心通用能力	人类能力图谱分析	10	
企业职务能力	人类能力图谱分析	10	
实施路径	创业能力内涵分析	10	
职业目标	创业能力内涵分析	10	
分析能力	通过查阅资料及市场调研，敏锐洞察	15	
判断能力	能做到细心、严谨	15	
创新意识	材料及案例分析过程中有独到见解	10	
协调能力	与小组成员、同学之间能合作交流，协调工作	10	
合计		100	

学生互评表

评价项目	分值	等级								评价对象（组别）					
										1	2	3	4	5	6
概念清晰	10	优	10	良	9	中	7	差	6						
团队合作	10	优	10	良	9	中	7	差	6						
组织有序	10	优	10	良	9	中	7	差	6						
工作质量	20	优	20	良	18	中	14	差	12						
工作效率	10	优	10	良	9	中	7	差	6						
工作完整	10	优	10	良	9	中	7	差	6						
工作规范	10	优	10	良	9	中	7	差	6						
效果呈现	20	优	20	良	18	中	14	差	12						
合计	100														

教师评价表

班级：	姓名：		学号：	
评价项目		评价标准	分值	得分
考勤（10%）		无迟到、早退、旷课现象	10	
工作过程（60%）	创业能力的概念	1.创业机会的含义；2.准确判断	6	
	学科知识能力的内容	运用概念准确理解	6	
	核心通用能力的内容	运用概念准确理解	8	
	企业职务能力的内容	运用概念准确理解	8	
	创业能力的实施	运用原理准确分析	8	
	创业能力的本质	运用原理准确分析	8	
	人类能力图谱	运用原理准确分析	8	
	协调能力	能按计划完成工作任务	4	
	职业素质	与小组成员、同学之间能合作交流，协调工作	4	
项目成果（30%）	工作完整	能按时完成任务	10	
	工作规范	能按原理完成计算和案例分析	10	
	成果展示	能准确表述、汇报工作成果	10	
合计			100	
综合评价	学生自评（20%）	小组互评（30%）	教师评价（50%）	综合得分

学习任务

任务二　认知创业能力

任务布置

（1）以个人为单位进行模拟训练；

（2）通过查阅网络、书刊等方式分析创业能力的重要组成，并归纳和总结各项能力的特点有哪些；

（3）根据人类能力图谱原理，洞悉培育和锤炼创业能力的本质路径；

（4）运用问卷分析法，对询问对象的创业能力做出全面的分析。

任务准备

（1）根据前期所收集的资料制作一份问卷；

（2）通过查阅网络、书刊等方式收集人类能力图谱的相关资料；

（3）录音笔、记录本、电脑等工具。

任务实施

目前，我国就业形势严峻，大学生就业压力也越来越大，而高等院校的人才培养目标是培养技术技能人才，这为高等院校大学生的就业又提出了新的要求。新的要求推动我们在解决学生就业策略时必须要考虑学生的创业问题，有必要在学生中开展创业教育，培养毕业生的创业能力，以创业促就业，以新的途径积极应对当前严峻的就业形势。

情景导入

在整个创业过程中，团队构建非常重要，最佳团队构建路径是逐步完成三类团队的组建与进化。这三类团队分别是紧密协同团队、核心创业团队和完备职能团队，他们在创业的不同阶段，发挥着极其重要的作用。创业进程的第二阶段就是组建紧密协同团队，因为创业过程充满远超日常生活的繁多任务，只有团队模式才能有效完成。更重要的是，创业能力必须在团队环境下才可能迅速有效地发育与提升。紧密协同团队，有两方面的重要价值：一是凝聚有创业意愿的人，磨合情感与理想，成为未来正式创业团队的人员基础；二是初步锤炼核心通用能力。这两大目标主要通过四个高价值特训项目来实现，具体方式将在本课程详细讲解。

任务分析

一、培育核心通用能力

在紧密协同团队组建与磨合的特训中，团队成员的各项核心通用能力——从心灵能量到领导能力，都得到了初步的训练。但这只是预热训练，标准的核心能力特训将在创业进程的第三阶段开始。在这一阶段，团队将通过28个精细步骤的高频特训，迅速大幅度提升对创业极其重要的五项核心通用能力——心理能量、语言表达、人格魅力、执行能力和领导能力。这五项核心通用能力不仅对创业作用巨大，而且通用于人类发展的所有领域，包括政界、商界、学术界等。

性格核心通用能力的第一种，我们称之为心理能量。心理能量是由基因决定的人类意识中潜在的能量元素，是一切人类能力的本源。将心理能量注入某种能力的具体训练模式，持续足量的时间，就转化为具体的某种能力。心理能量不断强化，其转化形成的各类能力也随之强化。心理能量主要由性格特质和几种心理素质决定。关于性格这个概念，大家可能从小到大听过无数解释，但只知道性格决定命运，并没搞清楚性格究竟是什么东西。那么性格到底产生了什么作用呢？

性格就是你本能喜欢的事物、活动和环境。如果一个人在工作中面对的都是自己真心喜欢的事物，参与的都是自己喜欢的活动，那这个人一定会兴奋愉悦地在工作中取得更好的成绩。相反，如果一个人厌烦甚至痛恨自己的工作环境，那么不是他把工作废了，就是工作把他给废了。所以，创业者要尽可能喜欢创业过程的各种任务，否则创业很难成功。

其实性格本质上没有好坏之分，只有对于某类工作适不适合的区别。普通人一般只有一重性格，所以在万事万物之中，普通人天然最喜欢的只有少数的环境、事物和活动。所以只有当他们的人生恰好进入最喜欢的少数场景后才能获得兴奋愉悦的强大内力，才能更快地走向成功。但恰好能进入最喜欢的少数场景的概率很低，所以很多人一生工作都郁郁寡欢，更谈不上在工作中绽放强大的内心能量。很多杰出人士，尤其在商界和政界，他们在天然第一重性格的基础上，新生了第二、第三甚至第五重性格，每多一重性格，他成功的可能性就至少增加一倍，因为他所爱的事物活动更多了，他释放最大心灵能量的可能性就大多了，所以会更快更好地创造成就。乔布斯有三重性格，比尔·盖茨有四重性格，毛主席有五重性格。如果你有五重性格，真心博爱万事万物，那你干什么都能达到最高境界。

（一）心理素质

创业者必须对创业全程的事物环境有更多的热爱，所以要通过特定的模式，历练出更为广阔和更多层次的性格特质，才能凭借更大的激情穿越创业征途上的风雨荆棘。而心理能量的另一方面就是心理素质，是指一个人的勤奋程度、奉献意愿、意志力、非兴趣关注和责难承受力。通俗地讲，心理素质就是一个人在面临负面刺激和导致痛苦的事物时，心理与行为保持稳定的能力。

举个例子，根据心理学和生命科学最前沿的研究成果，普通人每年会出现820次左右的不良情绪，比如郁闷、不爽、急躁、愤怒、失望、绝望、想自杀、想杀人等不良情绪，一旦出现不良情绪，各种能力的发挥就会打折。如果在各种负面刺激之下，创业者A出现的不良情绪只有普通人的一半，那么A的心理素质系数就是2；而创业者B出现不良情绪是普通人的一倍，那么B的心理素质系数就是0.5。即使静态能力，也就是情绪正常情况下的能力，A只有B的60%，但由于实际发挥出来的能力等于静态能力乘以心理素质系数，所以

A的实际能力是0.6×2=1.2，而B的实际能力是1×0.5=0.5，结果是创业者A比B在实际中发挥的能力强很多。历史上由心理素质导致失败的案例不胜枚举。比如诸葛亮把东吴周瑜活活气死，就是心理素质惹的祸。所谓毅力，也只是心理素质的一类表现。

（二）语言表达能力

在充满机会，更充满艰险的创业征程上，性格特质给创业者爱的动力，心理素质让创业者抵抗恶的阻力，因此心灵能量是创业者乘风破浪的力量源点。

语言表达能力，这是创造人类财富的力量起点，更是贯穿各种创业能力生成和运用过程的链条。因为一个人80%以上的能力都需要通过语言能力来传递和展现。一个人与另一个人的思想连接与融合，才能创造更大价值。创业过程中，创业者需要更快、更好地与更多人的思想相连，才能不断拓展业务，而优秀的语言能力是推动创业各环节发展的重要力量。

优秀语言能力的内涵和标准超出了常人的原始认知，它包括三个分项能力，一个叫流畅表达能力，一个叫复杂逻辑阐述能力，一个叫持续质疑辩论能力。

（三）人格魅力

语言能力的根本价值在于流畅精准地传递和表达信息，而传递和表达信息的根本目的在于影响和吸引某个人或某群人，从而获得他们资源与力量的支持。让这一根本目的最终实现的能力，也是第三种核心通用能力——人格魅力。

人格魅力就是影响和吸引某个人或某群人，以获得他们资源支持的能力。人类因为最善于整合运用其他人的力量，所以成为地球上最强大的生命群体。有成就的人都是获得别人支持更多的人，因为他整合运用了更多人的资源和力量。那为什么他能获得别人更多的支持呢？答案很简单，因为他更讨人喜欢。在同等条件下，所有人都情不自禁，愿意将资源和力量更优先地给更喜欢的人。一个讨人喜欢的人总能更多更优先获得别人的支持，他做事当然就更快更顺，更容易做成了。几乎所有商界精英都具有优秀人格魅力，这一现象早已是人尽皆知的常识了，因为在创造与发展企业的过程中，创业者凝聚与整合外部资源的需求，是远大于常态的生活与工作的，所以必须要有足够优秀的人格魅力。

人格魅力貌似玄妙不可捉摸，但其本质作用过程是更加科学的四重连锁心理反应，是运用优秀的语言能力传递和表达四类具有强大影响力的特殊信息，从而逐步吸引他人思想的过程。异性之间的彼此吸引只是人格魅力的一个小小分支，作为创业者，我们需要迅速培育的是完全超越单纯肉体魅力的高层次人格魅力，因为这种力量能让顾客公众、异性同性都偏偏喜欢你。

（四）执行能力

语言能力的目的是传递和表达信息，人格魅力的目的是通过传递和表达强大影响力的信息来吸引整合他人的资源和力量。那么吸引整合他人的资源和力量的目的是什么呢？目的就是完成任务。人类活动分为创造价值和消耗价值两类，任务就是创造价值的活动。企业创造财富的过程就是由无数任务所构成的一个庞大复杂任务。在企业的创建和成长过程中，创业者需要的就是有效完成这些复杂任务的能力，也就是复杂任务执行能力。

完成任务的过程是由目标设定、目标分解、步骤制定、资源采集与投放、步骤实施与调整等几大阶段循环构成的。所谓复杂任务，就是步骤很多，所需资源的类型和数量也很多的任务。创业过程中各种任务的复杂程度，超过常规活动数倍甚至数十倍，所以创业者及其团队必须具备足够优秀的执行能力，才能在创业路上穿越千回百转的迷宫，解开千头万绪的难题，完成千奇百怪的复杂任务。

执行能力是指个人完成任务的能力，而不仅自己完成，还能带领团队完成更多任务的能力就是第四种高端能力——领导能力。只有执行能力的人，再强也只是寂寞高手，而具备优秀领导能力的人则是更高水平的将帅之才。

（五）领导决策能力

在创业最初期之后，领导能力对企业发展的价值将渐渐超越，最终远远超越执行能力。因为在创业最初期，由于各类资源都稀缺，企业人员也很少，所以几乎所有工作都集中在创始团队身上，创业者从战略、到秘书、到保安全部都得亲力亲为，无论低价值简单任务，还是高价值复杂任务，所以那个时期，创业者的执行能力极其重要。但当企业规模逐渐变大，创业者的复杂任务执行能力无论多强，都无法及时完成所有任务，因为个人时间有限，此时的发展需要由初始创业者将自身的执行能力传递给更多的团队成员，并帮助他们去完成更多的任务。所以创业者必须在自身锤炼出优秀执行能力的基础上，及时发育出复杂任务的领导能力，才能支持企业不断壮大。

领导能力主要由任务分配、任务指导、团队建构、团队激励、团队监督、资源协调等六种分项能力构成，创业者必须综合运用这六类分项能力，从而为企业注入强大的领导能力。

五类核心通用能力通用于人类从生活到工作各种领域的所有任务，而创业者直接需要完成的任务是创造和发展企业的任务，而将五类核心通用能力与具体企业任务内容相结合，以完成企业任务的能力，我们称之为企业职务能力。在核心通用能力锤炼达到一定程度之后，创业者就将开始培育与锤炼企业职务能力。

二、分析企业职务能力

企业职务能力共有六类，是为企业直接创造财富的最高端能力，是创业者所有能力的最终价值体现。企业职务能力的实质，是核心通用能力与商业知识、企业流程相结合所形成的高端能力。创业是在商业世界创造一个企业的伟大活动。我们所在的环境是商业系统，我们创造的对象是企业，因此，必须掌握一定量的商业与企业知识，精通商业与企业知识是培育企业职务能力的基础，真正的企业职务能力是需要运用特定模式，在模拟真实的商业场景中进行锤炼和优化。

之前，已经简单介绍了企业职务能力的基本内涵，但由于企业职务能力是创业成功的重中之重，所以，这里再补充几点。

我们每个人生存和发展的社会系统，是由经济基础和上层建筑两个层次构成的，真正原创能量驱动整个社会系统发展的是我们称为经济基础的经济系统。每一个人、一切社会组成元素存在与发展的能量都来自经济系统。如果把它用显性的方式展现出来，是一个由一百多条动脉所交织构成的立体网络。每条动脉我们称为一个行业。行业是什么？生产同类属性产品的企业群，就形成了一个行业。每一个行业由同类企业聚合而成，每一个企业就是一个能量细胞，它们创造能量驱动行业动脉，驱动经济系统，驱动整个社会。

如宝洁、高露洁这些生产日用精细化工品的企业，聚合形成了精细化工品行业；万科、华润地产和珠江地产这些买地造房然后拿去卖的企业聚合形成了房地产行业；微软、用友这些开发软件拿去卖的企业，我们称之为计算机软件服务行业。全球企业四亿多家，中国企业3000万家，从基业长青的世界500强到濒临破产的个体工商户，它们千奇百怪，千姿百态，但无论什么企业，它们都是构成行业和经济系统的基本单元，也是创造社会财富的根本源点，世界著名管理学大师德鲁克对企业赋予的定义是：追求和创造财富的组织。

所以在本质上，企业由两部分构成，一部分是创造财富的任务，另一部分是负责完成这些任务的人。而企业创造财富的任务，一共有六大类型，分别是产品研发、生产服务、市场营销、人力资源、资本财务和综合行政。六类任务和负责完成每一类任务的人分别匹配组合形成了六大职务部门，也就是产品研发部、生产服务部、市场营销部、人力资源部、资本财务部和综合行政部。企业和人体一样，都是组织。作为由细胞构成的创造生命的组织，人体有八大功能系统——神经系统、运动系统、消化系统、循环系统、呼吸系统、内分泌系统、泌尿系统和生殖系统等。而企业这个由人构成的创造财富的组织，具有六大职能系统。全球4亿多家企业，中国3000多万家企业，只要是人类的企业，实质层面就只有这六大职务部门。每个部门的人不断通过完成本部门的企业任务，使企业财富的创造得以生生不息、蒸蒸日上。每一类为企业创造财富的任务，就是一类企业职能任务，而完成企业六类职能任务的能力，我们称之为企业职务能力。

企业的生命力就是这六类企业职务能力以特定的结构与机制交织循环、整合作用所精妙构成的结果。企业职务能力是创造企业生命和财富的终极力量，如果一个人通过训练，培育出了企业六大职能部门中某一部门职务能力，或产品研发，或市场营销，或生产服务，或人力资源等分项能力，并达到优异程度，那么他可以去一个好公司，获得很好的就业岗位。但这个世界，任何人，很难独自一人培育出企业六大职务能力并达到优异水平，即使具备了优异的六大职务能力，由于个人时间与精力的有限性，绝不可能独自发挥全套能力。所以创业必须有团队，因为一个人具备一部分职务能力，多个人组合在一起才能构成完整的六大职务能力，这样才能形成创造企业生命的完整功能。而具备完整六大职务能力的团队，我们称为完备职能团队。

对于创业，企业职务能力至关重要，所以我们在未来专项课程模块中，将更深层地认知企业职务能力的精细构成。通过这一任务的学习与训练，我们对商业世界和企业体系将有更加深度的认知，企业职务能力也将大幅度提升。

云课堂

创业能力培训讲座

实践与提升

创业能力模拟测试

测评说明：

（1）大学生创业能力是创业能否成功的关键因素。结合本章所学知识及对创业能力的研究，分析大学生创业能力整合模型的内涵，以此提升大学生创业能力。

（2）本测试为单项选择题，请认真阅读题目，根据对创业能力的理解来选择正确的选项。

1.创业的首要条件是要有（　　）。

A.贵人的相助　　　　　　　　　B.强烈的欲望

C.充足的资金　　　　　　　　　D.平和的心态

2.不少成功的创业者和企业家往往都具有（　　）。

A.良好的教育条件　　　　　　　B.经商家庭的影响

C.广泛的社会人缘　　　　　　　D.对成功的强烈愿望

3.通常认为个人成功的程度与速度同个人这种渴望的强度与持久度（　　）。

A.有点关系　　　　　　　　　　B.没有关系

C.成正比　　　　　　　　　　　D.成反比

4.良好的开端是成功的一半，创业者所选的项目必须是（　　）。

A.最赚钱的　　　　　　　　　　B.前人成功的

C.朋友推荐的　　　　　　　　　D.适合自己的

5.选择项目要综合考虑个人能力等诸多要素，最好是（　　）。

A.利润不高不做　　　　　　　　B.不熟悉不做

C.投资大不做　　　　　　　　　D.风险大不做

6.下列说法不正确的是（　　）。

A. 创业者必须进行市场调查，善于发现和捕捉市场机会

B. 创业资金不是万能的，但没有资金是万万不能的

C. 创业要成功必须依靠国家政策支持

D. 创业构想要变为实践，必须具备相关知识技能

7.在创业实践中通常说的"白手起家"是指（　　）。

A.完全没有资金　　　　　　　　B.做无本生意

C.空麻袋下米　　　　　　　　　　　D.借助他人资金

8.考虑开业前亏损出现的经营困难，一般对资金预算应有（　　）的宽裕期。

A.1个月　　　　　　B.3个月　　　　　　C.6个月　　　　　　D.12个月

9.有关法律对创办独资企业的注册资金要求是（　　）。

A.不作规定　　　　　　　　　　　　B.不少于10万元

C.不少于1万元　　　　　　　　　　D.不少于50万元

10.创业贷款是属于筹措创业资金五个途径中的（　　）。

A.自有资本　　　　　　　　　　　　B.向人借贷

C.寻找合伙人　　　　　　　　　　　D.银行贷款　　　　　　　　E.风险投资基金

11.交通主干道上人与车的流量很大，应是开店经营的（　　）。

A.必选地段　　　　　　　　　　　　B.一般地段

C.稍差地段　　　　　　　　　　　　D.回避地段

12.饮食店附近不宜有（　　）。

A.垃圾站　　　　　　　　　　　　　B.公交车站

C.人行天桥　　　　　　　　　　　　D.变电站

13.增加交通便利除了公交轨道外还要有（　　）。

A.机场　　　　　　　　　　　　　　B.码头

C.长途汽车站　　　　　　　　　　　D.停车场

14.创业者良好的身体素质不仅是身体健康，还应该是（　　）。

A.体格强壮有力　　　　　　　　　　B.经常锻炼

C.身体健康不生病　　　　　　　　　D.精力旺盛、思维敏捷

15.作为心理素质之一的自我意识，可概括为（　　）。

A.以自我为中心　　　　　　　　　　B.强调自我感受

C.有自信心　　　　　　　　　　　　D.自以为是

16.下列哪种是创业者良好心理素质的表现？（　　）

A.不顺利时心浮气躁　　　　　　　　B.面对挫折百折不回

C.稍有吃亏耿耿于怀　　　　　　　　D.稍有成就得意忘形

17.下列说法不正确的是（　　）。

A.创业不可能一帆风顺

B.创业能为国家和社会做出贡献

C.创业有可观的收入

D.创业能实现自身价值

18.早期创业者的创业动机是（　　）。

A.个人事业发展　　　　　　　　　　B.解决生存问题

C.突出自我价值　　　　　　　　　　D.个人发家致富

19.现代青年（包括大学生、白领）的创业动机是（　　）。

A.找份自由的工作　　　　　　　　　B.喜欢自由自在

C.实现自我价值   D.可照顾家庭

20.创业行为对创业者可能带来的双重效应是（   ）。

A.功成与名就   B.身败与名裂

C.成功与失败   D.事业与亲情

21.创业在给你带来成功的喜悦的同时，必会带来（   ）。

A.长时间的辛勤工作   B.左邻右舍的议论

C.老朋友的疏远   D.上门要货的人增多

22.成功创业离不开正确决策，而正确决策的前提是（   ）。

A.闭门思考   B.市场调研

C.产生灵感   D.群策群力

23.管理大师汤姆·彼得斯认为："商业界变化无常，（   ）才是唯一的生存策略。"

A.以变应变   B.以不变应万变

C.紧跟他人   D.持续创新

24.只要存在（   ）就有商机，就有创业的机会。

A.尚未满足的需求   B.货币与商品的交换

C.经济发展，生活改善   D.好的商品和有钱的顾客

25.对小微企业来说，当前的市场竞争主要反映在（   ）。

A.产品比较   B.价格比拼

C.客户竞争   D.店铺抢租

26.对企业来说，市场就是（   ）。

A.顾客的需求   B.产品的需求

C.技术的开发   D.资金的需求

27.创业意向书是创业者为表达创业意愿，对创业项目写出的（   ）和（   ）。

A.具体规划，目标意向   B.初步设想，行动纲领

C.具体规划，行动纲领   D.初步设想，目标意向

28.市场调查为了获得各方面的决策依据，找到进入市场的办法，明确市场需求和（   ）。

A.促销方式   B.服务策略

C.宣传方式   D.竞争策略

29.抽样调查的取样一般在（   ）份，最小样本不少于（   ）份，其正确率可以保证（   ），问卷样本一般在（   ）分钟内答完。

A.400~500，250，90%，15   B.500~600，250，95%，15

C.450~600，300，95%，10   D.450~600，300，90%，10

30.目前没有业务来往但将来能成为客户的称为（   ）。

A.潜在客户   B.现实客户

C.长期客户   D.短期客户

参考答案： 1-5 BDCDB   6-10 CDBAD   11-15 DADDC   16-20 BCBCC

21-25 ABDAC   26-30 ADDBA

学生成长卡

寻找创业项目评价表

评价项目	具体指标	小组自评	小组互评	教师评价	总评
创业能力培训内容	资料收集的针对性，分析创业能力具体对应的培训内容				
核心通用能力的培育	能明确核心通用能力的内容并掌握培育方法				
企业职务能力的锤炼	能明确企业职务能力的内容以及优化相关能力				
创业教育的拓展研究	国外的创业教育现状，与国内不同的优劣势分析				

学生自评表

班级：		姓名：	学号：
评价项目	评价标准	分值	得分
心理能量	通用能力内涵分析	10	
语言表达	通用能力内涵分析	15	
人格魅力	通用能力内涵分析	15	
执行能力	通用能力内涵分析	15	
领导能力	通用能力内涵分析	15	
创造力	企业职务能力分析	15	
责任意识	企业职务能力分析	15	
合计		100	

学生互评表

评价项目	分值	等级								评价对象（组别）					
										1	2	3	4	5	6
概念清晰	10	优	10	良	9	中	7	差	6						
团队合作	10	优	10	良	9	中	7	差	6						
组织有序	10	优	10	良	9	中	7	差	6						
工作质量	20	优	20	良	18	中	14	差	12						
工作效率	10	优	10	良	9	中	7	差	6						

续表

评价项目	分值	等级								评价对象（组别）					
										1	2	3	4	5	6
工作完整	10	优	10	良	9	中	7	差	6						
工作规范	10	优	10	良	9	中	7	差	6						
效果呈现	20	优	20	良	18	中	14	差	12						
合计	100														

教师评价表

班级：		姓名：	学号：	
	评价项目	评价标准	分值	得分
	考勤（10%）	无迟到、早退、旷课现象	10	
工作过程（60%）	创业能力培育方法分析	1.创业能力分析；2.准确判断	6	
	学科知识能力的培育	运用概念准确理解	6	
	核心通用能力的培育	运用概念准确理解	8	
	企业职务能力的培育	运用概念准确理解	8	
	创业能力的实施路径	运用原理准确分析	8	
	创业能力综合提高	运用原理准确分析	8	
	变通能力	查阅资料，相互沟通	8	
	协调能力	能按计划完成工作任务	4	
	职业素质	与小组成员、同学之间能合作交流，协调工作	4	
项目成果（30%）	工作完整	能按时完成任务	10	
	工作规范	能按原理完成计算和案例分析	10	
	成果展示	能准确表述、汇报工作成果	10	
	合计		100	
综合评价	学生自评（20%）	小组互评（30%）	教师评价（50%）	综合得分

任务三 创业机会识别

任务布置

（1）对创业市场机会进行全面的分析并运用三度交集法则选择创业机会；

（2）通过对比方式了解近似企业深度调研的详细方法和步骤；

（3）大数据时代快速捕捉创业机会并对其进行全面评价。

任务准备

（1）根据前期所收集的资料制作企业调研总结资料；

（2）通过交流、探讨并制作案例PPT，展示收集各企业创业成功的典型案例；

（3）准备创业机会评价分析表。

任务实施

在现实生活中，适于创业的机会并不是很多，创业者需要借助"机会选择漏斗"，经过一层又一层筛选，在众多机会中筛选出真正适合自己的创业机会。

较好的创业机会一般具有五个特点：一是前五年的市场需求会稳步快速增长；二是创业者能够获得利用该机会所需的关键资源；三是创业者不会被锁定在"刚性的创业路径"上，而是可以中途调整创业的"技术路径"；四是创业者有可能创造新的市场需求；五是特定机会的商业风险是明朗的，但至少有部分创业者能够承受相应风险。然后要筛选出利己的创业机会，面对较好的创业机会我们能否获得自己缺少但他人控制的资源？当遇到竞争时，是否有能力与之抗衡？是否能承受利用该机会的各种风险？

情景导入

随着高校连年扩招，这几年毕业生人数仍有较大增长，面对工作岗位没有明显增加的现状，高校毕业生要同富有工作经验的下岗工人、劳动力价格低廉的农村富余人口进行竞争，就业形势不容乐观，就业压力仍然很大。

面对当前如此严峻的就业形势，国家有关部门虽然也在极力用各种方式来缓解就业压力，但是仍然不能满足需要。这便促使高校毕业生自己寻找更好的出路，那就是自主创业。人力资源和社会保障部也鼓励说：国家鼓励高校毕业生自主创业，并将为之创造一系列方便条件。所以，在这样的良好形势下，很多高校毕业生走上了创业的道路。

任务分析

一、认知创业机会

机会总是留给有准备的人，创业机会总是留给对市场变化有感知的人。因此，创业机会是指未被充分满足的市场需求，具有较强吸引力的、较为持久的、有利于创业的商业机会。创业者依据这样的机会可以为客户提供有价值的产品或服务，并同时使创业者自身获益。那么，寻找创业机会，就是寻找目前社会尚待解决的问题。问题越重要，所需的解决方案越急切，创新就越容易传播。问题越普遍，解决方案的商业价值就越高。问题越难，创新就越难被模仿和超越。于是，寻找创业机会的第一步是发现"问题"。这一步很多人都可以做到，而有的问题本身就是公众认知范围内所熟悉的"困难"，比如现阶段我国的老龄化问题、教育问题、医疗问题等。寻找创业机会的第二步是找到"解决问题的方法"并将有效的解决方案提供给用户（客户），这是极少数人能够做到的。

由此可见，绝大多数的创业机会来源于不断变化的市场需求，或是没有被充分满足的市场需求。创业机会是创业过程中的核心要素之一，是创业活动的起点。对于创业者而言，捕捉到这样的创业机会，创造或提供满足市场需求的服务（方案）是成功创业的关键。

创业机会属于更广义的商业机会范畴，不同于一般意义的商业机会，其独特性在于能经由重新组合资源来创造一种新的目的手段关系，具有创造超额经济利润的权利，而商业机会可能改善现有利润水平。

创业机会不同于创意，创意是具有一定创造性的想法或概念，它存在于人的头脑思维中。一个创意能否转化为创业机会还要看其在市场环境中是否有商业价值。创业机会不仅要有创新，要新颖，还要有现实意义；不仅要吸人眼球，为市场提供产品或服务，而且要具备盈利能力，实现价值变现。

二、创业机会的主要特征

（一）普遍性

凡是有市场、有经营的地方，客观上就存在着创业机会。创业机会普遍存在于各种经营活动过程之中。1990年出生的王锐旭读初中时，经商的父亲破产，原本富足的家庭变得一贫如洗。曾经沉迷网络的王锐旭，中考落榜后被母亲一巴掌打醒，从此专心学习，考上了当地重点高中，随后考入广州中医药大学。2011年的秋天，他和舍友一起在学校门口摆地摊，向每个路过的行人推销多肉植物的抗辐射作用，不一会儿摊前就聚集了一大批顾客。这个"90后"小伙就是目前国内领先的大学生兼职招聘平台兼职猫的创始人王锐旭。

（二）偶然性

创业机会的发现和捕捉带有很大的不确定性，任何创业机会的产生都有"意外"因素。2012年一个偶然的机会，田作林被邀请来到勃利县铁西葡萄园吃饭，席间，服务员端上一盘葡萄，他惊叹从未吃过这么好吃的葡萄，并对此产生了浓厚的兴趣。饭后，他在葡萄园里游逛，看着一片片绿油油的葡萄苗，心中开始幻想，如果自己能有这样一片庄园该有多好。有了想法之后，他便付诸行动，多次拜访铁西葡萄园的葡萄大王柴连友，说出了自己想种植葡萄和做延伸产业的想法。柴连友被他的诚意打动，亲自帮助田作林实地考察，确定种植地块。2014年5月25日，田作林的葡萄种植园被正式命名为"勃利县青山乡田园音乐葡萄种植专业合作社"，并开始对外营业。

（三）消逝性

创业机会存在于一定的时空范围之内，随着产生创业机会的客观条件的变化，创业机会就会相应地消逝和流失。当1亿像素时代来临，曾经遍布大街小巷的柯达胶卷慢慢淡出人们的视野。当大家人手一部智能手机时，拿着IC卡在街边找电话亭的记忆就像是上辈子的事。随后，柯达胶卷消失在老百姓的视野。无论是曾经被电影导演们奉若"殿堂级"的电影胶片，还是留在每个家庭相册里的照片底片，现在再说起柯达胶卷，谁都会长叹一口气，表示遗憾。

（四）价值性

只有满足用户需求或者符合创业者的商业模式才能够被认为是有价值的创业机会。浙江安吉县是习近平总书记"绿水青山就是金山银山"理念的诞生地。浙江省安吉县以绿色发展为引领、以农业产业为支撑、以美丽乡村为依托，探索三产联动、城乡融合、农民富裕、生态和谐的科学发展道路，打通了绿水青山和金山银山的转化通道，打造了宜居、宜业、宜游的美丽安吉。2020年，全县休闲农业与乡村旅游总产值达46.6亿元，游客接待人次1 056万元、营收21.48亿元。

（五）稀缺性

市场机会具有一定的稀缺性，只有少数人能够察觉并抓住机会。稀缺性的对立面是竞争的形成，主要体现在技术壁垒、地域竞争、从业数量等方面。稀缺性的好处是自带流量光环，以及能够口碑相传，滚雪球。如张天一的米粉店，米粉店本身不具备稀缺性，但优秀的北大法学硕士开米粉店就能形成稀缺性。

（六）时效性

市场机会存在于一定的时间和空间范围内，同时也具有一定的不稳定性，随着时间和空间的变化，市场机会也会发生变化。霍英东（著名爱国人士、香港知名实业家），出生于香港渔村的普通人家。13岁时考上香港著名中学黄仁书院，却因为太平洋战争被迫辍学。随后的几年时间里，霍英东靠打工为生，前后换了七份苦力活，手指也因此被压断。1945年日本战败，懂英语的他低价买入了一批日军撤退前遗留下的物资，如船只、发动机、水泵等。高价转卖后完成了资本的第一步积累，拿着赚来的钱，他成立船运公司。在抗美援朝时期，船运的药物和纱布直接挽救了大量志愿军的性命，有些西药甚至救回了一些元老们的生命。2002年非典暴发，他又向广州呼吸疾病研究所捐赠一千万元，配备了当时世界上最先进的设备。

（七）创新性

市场机会的出现往往是因为现有市场环境存在问题或者漏洞，因此，创新是利用市场机会的关键，创业者需要具备一定的创新能力。作为一家拥有庞大研发团队和实验室的企业，格力电器一直以来重视科技创新。它不仅在产品设计和制造方面下足功夫，还通过技术合作和自主研发等方式，不断提升自身技术实力和创新能力。其中，空调产品是格力电器的拳头产品之一，也是其科技创新的代表。格力空调率先推出了变频空调技术，将空调制冷制热的效率提高到了一个新的高度，得到了广大用户的认可。随后，格力又推出了智能空调、直流变频空调等一系列新产品，不断满足用户需求的多样性和智能化。此外，格力电器还在电子元器件、光电显示等领域开展了一系列技术合作和自主研发项目，涉及智能家居、无人机、新能源等多个领域。这些技术的应用，不仅为格力电器的产品提供了强有力的支撑，也推动了整个行业的技术进步和发展。

三、创业机会的主要来源

蒂蒙斯在《创业学》中讲道："当行业和市场存在变化着的环境、混乱、矛盾、落后与领先、知识和信息的鸿沟以及各种各样其他真空地带的时候，商业机会就开始酝酿并将产生。"机会永远都有，但它只青睐于有准备的头脑。

创业机会存在于何处呢？简言之，创业机会源于市场需求和变化之中，创业者要在这些市场需求和变化中去寻找适合自己的机会。

（一）问题需求

现有市场存在尚未满足或未完全满足的需求，这些未满足的需求即现实生活中待解决的问题。创业者可以对现有市场进行垂直细分，找到"市场空隙"，深入研究市场需求，解决实际问题，寻找到适合自身发展的创业机会。所有的伟大都起源于微小，要在"小"的事情上做到极致，做到第一。小，就是大；小，就是力量。例如国内最早的互联网等于雅虎，然后谷歌拆分了雅虎的搜索功能，后来Facebook拆分了谷歌的找人功能，随后Instagram拆分了Facebook的分享照片功能。

随着产业的发展，为了满足越来越多的需求，产品或者服务总是在不断地发生变化。于是更专精的产品或服务逐步出现或诞生出新的产品形态。总的来说，垂直细分的领域一直不断地被深度挖掘，这很符合市场的需求发展。如通过搜索引擎找餐厅的人可能会去大众点评；想找专业知识的人可能会去知乎；喜欢二次元的人可能会去B站。O2O模式的出现使滴滴打车和Uber拆分了出租车的调配、管理功能；美团、饿了么拆分了餐厅订餐和配送功能等。甚至每天吃什么的问题也被一款"回家吃饭"App承包。

1.现实与假设的不一致

不一致是指现状与理想状态，或客观现实与个人主观想象之间的差异，这会是创新的一个突破口。这些不一致包括产业与经济现状之间的不一致，产业的现实情况与理论假设之间存在的不一致，某个产品的迭代与客户的期望价值之间的不一致，程序的运行与内部逻辑的不一致等。

集装箱的首次出现就源于行业的假设与现实之间的不一致。20世纪50年代之前，航运业（水上运输行业）是主要的货运方式，因成本居高不下，一度濒临消亡。一直以来为降低航运成本，船主都争相购买更快的货船，雇佣更好的船员。直到货运集装箱的出现，航运总成本才下降了60%，该行业才起死回生。集装箱的发明者用简单的创新解决了现实和假设之间的不一致。当时航运业的重要假定是：效率来自更快的船和更努力的船员。而事实上，主要成本来自轮船在海港闲置、等待卸货再装货的过程中。

2.兴趣爱好

创业者自身的兴趣和爱好通常也是创业机会萌发的重要来源，做自己喜欢的事情才可以持久。所谓"隔行如隔山""熟能生巧"，一些创业者倾向于在自己喜欢的领域，利用自身的知识技能和特长，再结合互联网和人工智能，可能从中找到富有价值的创业机会。对于创业者而言，创业一定要追随自己的"内心"，创业的目的不是一定要做一家上市公司出来。

有兴趣而创业是一个较好的选择，创业的过程往往会非常痛苦，会经历各种各样的风险，兴趣则会让创业者充满激情，不断克服各种困难，直至创业成功。

3.意料之外，情理之中

说创业机会是意料之外的事，不如理解为做生活的"有心人"。1921年，患重感冒的亚历山大·弗莱明（Alexander Fleming）仍然坚持工作，在一个培养基中发现了溶菌现象，细究之下原来是鼻涕所致，由此他发现了溶菌酶。1928年7月的某一天，弗莱明将众多培养基未经清洗就摞在一起，放在试验台阳光照不到的位置就去休假了。度假归来，其前任助手普利斯来实验室串门，寒暄中问弗莱明最近在做什么，于是弗莱明顺手拿起顶层第一个培养基，准备给他解释时，发现培养基边缘有一块因溶菌而显示的白色，因此发现了青霉素，并于1929年6月发表了相关论文而获诺贝尔奖。正是弗莱明对科研工作态度严谨，使他善于对意外事件进行观察和思考，帮助其取得了事业上的辉煌成就。

（二）流程需要

流程需要与其他创业机会来源不同，它并不始于环境中（无论内部还是外部）的某一件事，而是始于需要完成的某项工作。它是以任务为中心，完善一个业务已存在的流程，替换薄弱的环节，或者用新的知识重新迭代一个旧流程等。

在新媒体兴起替代传统媒体的时段，很多企业都试图利用新媒体手段（企业公众号、视频号等）完成客户的引流，但很多创业者认为这是一项纯技术的活儿，自己完全不懂从何入手，很难亲自处理相关工作，于是新媒体代运营的业务就兴起了。

按照《中华人民共和国公司法》（以下简称《公司法》）的规定，创业者需要经过工商注册拿到营业执照才能合法开展公司经营。在2014年3月新《公司法》实施之前，公司注册的流程不仅烦琐还耗时长，给拟创业者带来很大烦扰。但持有营业执照是公司开业之前的必要前提，于是，有人看到了这个机遇，成立了代理注册公司，帮助创业者办理工商注册。企业开始生产经营之后，需要按规定进行会计核算、办理申报纳税事务，又因很多创业者不是会计专业科班出身，即便是相关专业的应届毕业生，也不一定能胜任会计一职，于是为初创企业开展会计代账业务也成了一个不错的创业机会。

在评估流程需要时，须考虑三个要求：是否清楚地了解该需要，所需的知识是否能够获得解决的办法，与操作者的期盼是否一致。以上三条都能够满足的流程需要一般来说都是不错的创业机会。

1.产业和市场结构的变化

通常由于客户的偏好、口味和价值的不断改变，产业和市场结构会随之发生变化。另外，特定产业的快速增长也是产业结构变化的可靠指标。

随着人民生活水平的不断提升，家用汽车在普通家庭基本得以普及，汽车对路面空间的占用造成了严重的道路拥堵和停车难问题，于是政府推出了限号、限行措施，创业者们看到了机会开始了共享停车位的业务。受国际原油市场价格的影响，汽车燃油油价一直居高不下，国内的老牌车企比亚迪、长城、奇瑞、东风等纷纷开始生产销售新能源汽车，同时也诞生了很多新的新能源车企，如小鹏、蔚来、华为等，就连马斯克生产的特斯拉也跑到我国来分一杯羹。

面对交通拥堵带来的打车难问题，创业者们发现了服务汽车产业的市场，于是打车软件滴滴打车、曹操出行、高德打车、招招出行等应运而生。同样面对交通拥堵带来的公共交通堵塞问题，2012年8月西安市政府开始做悬挂公交的论证，立体快巴在北京科普展当选《时代》周刊年度最佳发明。

要预见产业结构的变化，需要洞悉行业是否出现快速增长，市场领导者是否制定了不协调的市场细分战略，是否出现了技术趋同，业务是否有迅速变化等迹象。

2. 人口结构

人口结构，通常被定义为人口数量、规模、年龄结构、组合、就业情况、受教育状况以及收入情况。相比于其他来源，人口结构的变化是最可靠的一个来源。

我国人口老龄化的现象日益严重，2022年末，60岁及以上人口为28004万人，占19.8%，其中65岁及以上人口为20978万人，占14.9%。与2021年相比，60岁及以上人口增加1268万人，比重上升0.9%；65岁及以上人口增加922万人，比重上升0.7%。随着老龄化社会的到来，大量针对老年人群的服务将有更多需求，养老刚需消费市场在4万亿元以上。党的二十大报告指出，中国式现代化是人口规模巨大的现代化，要实施积极应对人口老龄化国家战略，深入实施人才强国战略。

老年代步车、多功能老年拐杖、智能养老设备、居家养老服务，以及相关养老的金融产品等将会成为逐渐受欢迎的产品。

3. 观念改变

观念是人对事情的主观与客观认识的系统化的集合体，会根据自身形成的观念进行各种活动。随着社会经济的发展，人们的观念也不断地发生变化，创业者需要有足够的知识认识到这种变化，从而获得更大的机遇。

进入21世纪，随着知识经济的到来和移动互联网的普及，大家更习惯利用碎片化的时间，从移动端获取信息，传统媒体的地位受到严重挑战。于是，很多媒体人便利用这个机会，辞职做起了自媒体。如曾担任《决战商场》《中国经营者》等节目主持人的罗振宇2008年从央视辞职创业，2012年底与独立新媒创始人申音合作打造了知识型视频脱口秀《罗辑思维》，半年时间就由一款互联网自媒体视频产品，逐渐延伸成长为全新的互联网社群品牌，仅2015年其售书收入已超过1亿元。

传统企业广东芬尼克兹节能设备有限公司创始人宗毅，与易宝支付联合创始人余晨一起发起"互联网大篷车"行动，用互联网思维武装传统企业，提出了"裂变式创业"思路，使企业在短期内获得了飞速发展。

观念转变的创新应从具体化开始，并从小规模开始，从一个小的细分市场进入，提供一个"爆款"产品，有利于对人们原有的观念形成强大的冲击，从而改变其消费习惯，快速赢得市场认可。

（三）新知识

创业就是要做一头站在风口上的猪，大家都希望自己有一天能飞起来。殊不知风口上的猪都是练过功的，在任何领域，任何人成功都需要一万个小时以上的苦练。科学技术不断创新，那些具有潜在价值的新技术的发展应用，能够改变人们的工作、学习和生活方式，进而带来新的市场需求，创造新的价值，带来新的创业机会。经济活动的多样化、个性化会不断发展推动市场需求的多样化，消费潮流和消费观念的不断变化同样带来巨大的商机。随着经济发展、制度变革、社会和人口结构变革、产业结构变革等都可能不断带来新的创业机会。

基于知识的创新是企业家精神的"超级巨星"，它可以得到关注，获得财富。尽管它难以管理、无法预见、花费较高，需要较长的生产准备时间，但是它引人注目、令人兴奋，目前多数组织在各种来源中依然首先强调新知识。而且在创造历史的创新中，这种创新机遇占有很重要的分量。2023年5月，比亚迪在全球市场上取得了显著的发展。作为中国领先的新能源汽车制造商，比亚迪积极推进技术升级和管理模式创新，从最早期的叠层电池技术到现在的"Blade"电池技术，公司不断研发和提升其动力电池技术，使其电动汽车的续航里程和充电时间得到了极大的改善。除此之外，比亚迪还通过智能互联等技术为消费者带来更加便捷和高效的用车体验，从而赢得了更多用户的认可。除技术创新之外，比亚迪还通过引入国际化团队和先进的管理模式，将优秀的制造工艺和质量控制应用到产品和服务上。秉承着"品质至上"的质量方针，比亚迪通过高标准的质量管理、全员参与的品质保证体系和针对性的质量分析，保证了产品出厂质量的稳定性和领先水平。

需要强调的是，知识创新不只是科技方面的创新，基于知识的社会创新有时候显得更加重要。大学生创业者在校期间应该认真学习专业知识，并能够将其吸收转化为内驱力，以便结合自身的体验和认知，基于新知识进行创新，为社会发展尽绵薄之力。

四、识别创业机会

从创业过程角度来说，创业机会识别是创业的起点，也是创业过程的重要环节，如这一环节出现偏差就会使创业活动轨迹产生偏离。需要从复杂多变的市场环境中识别出潜在的商业价值机会，并对它进行分析评估，形成可行的创业项目，进而创办企业，提供有价值的产品或服务。

从众多创意中识别出创业机会，需要具备一定的知识，了解相应的识别方法。识别和认识创业机会，需要观察社会发展趋势，解决现实问题，发现市场空隙，并且基于创业者的个性特征。

（一）观察社会发展趋势

顺应时代发展、引领时代潮流的创业项目容易成功。创业者应在众多的创新性想法中，从政治、经济、社会和科技的角度进行分析，选择符合发展趋势的创业机会。

对于那些依赖政府的支持性规定存在的企业，在规章制度发生变化后生存就会受到威胁，如烟草行业、白酒行业、高档酒店行业。创业者在进行机会识别时，要关注机会和政治制度的关系。

当然，政治形势的变化会带来很多创业机会。当全球政治不稳定时，国家就需要加强国防安全、信息安全等，对于企业而言，企业信息安全就显得尤为重要，这使数据更新、数据备份行业得到快速发展。毕业于清华大学的黄维学，在清华同方工作期间，意识到社会全面进入信息化时代后，随着用户的信息化程度提高对数据的依赖性增强，发现数据容灾备份、数据存储和安全市场的巨大需求和潜力，便成立了和力记易科技有限公司。公司致力于帮助客户实时备份重要数据，做到对历史数据的任意可追溯并确保业务连续性，从而全面确保数据和业务系统安全。

1.经济趋势

对于经济趋势的理解和观察，有助于确定创业机会的适宜领域或回避领域。当经济上行时，老百姓会增加消费支出，而经济下行时则会减少支出。如经济高速发展时可以从事奢侈品交易，而经济下行时化妆品的经营会取得不错的效果，出现所谓"口红效应"（指因经济萧条而导致口红热卖的一种有趣的经济现象，也叫"低价产品偏爱趋势"）。因此，面对经济的不同发展趋势，应该选择不同行业的创业机会。

经济因素的影响还涉及创业机会所提供的产品和服务的主要消费群体，应该考虑该群体的购买力。经济因素导致的另一个趋势是企业受到持续地降低成本的压力。了解经济趋势，有助于识别创业需要回避的领域。例如，由于受国内外市场需求明显下降、国际大宗商品价格持续下跌等影响，钢铁煤炭行业产能过剩矛盾凸显，于是，国家提出了供给侧结构性改革。而这势必会带来新型能源和清洁能源产业的发展，清洁能源领域就会有更多的创业机会。

2.社会趋势

社会趋势的发展会对大多数创业机会形成非常大的影响，所有产品或服务存在的原因，主要是解决社会大众的物质需求和精神需求。例如，各种外卖点餐软件的快速增长，不是因为老百姓喜欢快餐，喜欢在家吃外卖，而是在竞争日益激烈的情况下，工作太忙没有时间亲自做饭，或不会做饭；社交类软件的出现，也是基于人们忙碌之中交往的需求；Photoshop软件是一款设计软件，可以对拍摄的数码照片做后期处理（美白、变瘦、换景等功能），随着人们对美的追求，类似于这样的手机应用软件美图秀秀便诞生了，如今美颜相机成为手机的自带功能了。只要用心观察，善于分析社会趋势，就能够从若干创意中找到适合开发的机会。

3.科技趋势

科技趋势常常与社会、经济趋势等相结合，共同创造创业机会。对于科技趋势的预测和利用，可以用来满足人们日益提高的生活品质需求。

3D打印机是快速成型技术的一种，又称增材制造，它是一种以数字模型文件为基础，运用粉末状金属或塑料等可黏合材料，通过逐层打印的方式来构造物体的技术。常在模具制造、工业设计等领域被用于制造模型，后逐渐用于一些产品的直接制造，已经有使用这种技术打印而成的零部件。2014年4月，首批10幢应用3D打印技术建成的房屋在上海张江高新青浦园区正式交付使用，不仅大幅缩短了房屋的建筑周期，而且大大降低了房屋的建筑成本；2016年5月20日，清华大学长庚医院成功为骶1-2骨巨细胞瘤患者实施根治术，该手术精准化整块切除高位骶骨肿瘤，并植入3D打印个体化适型假体，重建脊柱骨盆稳定性，成功为患者保住下肢及二便功能，为世界首例。可见，随着科技的发展，技术变化可以使原来很多难以实施的项目变为现实。目前该技术在珠宝、鞋类、工业设计、建筑、工程和施工、汽车、航空航天、医疗、教育、地理信息系统、土木工程以及其他领域都有所应用。

（二）解决现实问题

创业机会除了可以顺应政治经济社会科技的趋势，还应该能够真正解决市场中消费者的需求，满足当前供给中的不足。

中国人民大学农业与农村发展学院博士、清华大学社会科学学院博士后石嫣在北京创办了"小毛驴市民农园"和"分享收获"，采用了CSA模式（社区支持农业），把有机蔬菜配送到消费者家里，取消中间商，让农民与消费者对接，共同承担风险，分享利益。中科大化学系的宁博，2013年回国后毅然走上了自主创业的道路，发明了懒人智能种菜机。这种种菜机占地面积仅约0.4平方米，每台机器有六层的种植空间，每天可以产出近半斤蔬菜，每种蔬菜的成熟期约两到三周，关键是这种种菜机还不用换水，深受青年人欢迎。海尔的土豆洗衣机也很好地解决了农民用洗衣机洗衣服的同时洗土豆的难题。

随着未来科技的不断创新、进步，人类生活水平的提高，"懒人经济""宅经济"崛起，流水线有工业机器人，端盘子有送菜机器人，现在连扫地都有了扫地机器人。

由此可见，从身边出发，关注日常的需求，从他人的抱怨中深入思考，就会发现很多不错的创业机会。可以借用并改编一句中国的老话，"怨兮机所存"，抱怨本身就是商机的隐身地。发现抱怨，解决抱怨中的问题是比较不错的识别商机的方法。

（三）发现市场空隙

许多新产品的出现，就是因为消费者需要但无法在特定市场买到或者市场根本不存在。此时，沮丧的消费者如果意识到其他人也深有同感时，市场空隙就会被识别出来。

"老爸评测"坚持以"让天下老百姓过上安全放心生活"为使命，以"成为民间认可的安全放心标志"为愿景，评测过程中保证评测中立，保证程序正义，保证结果可靠，真正做到对百姓负责，积极承担社会责任，促进消费行业向好发展。Keep的创始人王宁曾是一位身材肥胖的人，体重曾达到90千克。但在一次失恋后，他决心减肥，并在半年内成功减到了64千克。这一经历激发了他创办Keep的想法，并获得了投资。Keep以免费课程和健身社交为法宝，在短短100天内吸引了100万注册用户。随后，Keep陆续获得了来自软银愿景基金、高瓴资本、GGV纪源资本、腾讯等多个投资方的支持。

五、创业机会评价

成功地进行机会识别后，便进入机会的评价阶段。对创业者来说，一方面，市场机会的评价类似于投资项目的评估，这对投资能否取得收益无疑是十分重要的；另一方面，也帮助创业者从另一个角度分析其创意是否具有发展成为一个企业的实际价值。事实上，有60%~70%的创业计划在其最初阶段就被否决，就是因为这些计划不能满足创业投资者的评价准则。为了建立更完备的评价体系，将从以下几个方面对创业机会进行综合评价。

（一）行业与市场

一个满足客户需求并且具有较大潜力的企业所生产出来的产品，应该能让客户有更好的价值体验。对客户而言，他们能够从产品或服务的购买中得到利益，或可降低成本，或可获得较明显的、可衡量的和确定的价值。因此，有吸引力的市场机会应容易识别，且预期能带来持续收入。创业者应尽量避免进入竞争激烈的市场，一是风险太大，二是意味着较低的毛利和获利能力。

（二）经济因素

投资回报率在15%以上认为是必需的，那些投资回报率不到15%的企业是十分脆弱的。有着较少或中等程度的资本需要量的投资机会是有吸引力的，如果创业需要太多的资金，这样的机会就较为缺乏吸引力。考虑到初创企业的盈利能力，需要较多的研究开发资金显然不现实。

（三）收获条件

创业的目的主要有两种：一是作为一项事业经营下去；二是实现资本的保值增值。若有更好的机会，创业者一般会考虑将现有的企业出售。作为风险投资者，也要考虑在一定的时候将所投资金抽回。因此退出机制对于创业机会的评估也具有相当的重要性。资金的退出主要有企业被收购或出售、公开发行股票等各种途径。有吸引力的机会应该能够拥有或者想象出一种获利和退出机制，而没有一种退出机制的机会就没有太大吸引力。

（四）竞争优势

成本优势是竞争优势的主要来源之一。成本可分为固定成本和可变成本，从另一角度，又可分为生产成本、营销成本和销售成本等。较低的成本给企业带来较大的竞争优势，从而使相应的投资机会较有吸引力。一个新创企业如果不能取得和维持一个低成本生产者的地位，它的预期寿命就会大幅缩短。

若能对价格、成本和销售渠道等实施较强的或有力的控制，这样的机会就会有吸引力。这种控制与市场实力有关，是一种相对力量。拥有专利或具有某种独占性（局部垄断），就能将竞争者阻挡在市场之外。

（五）管理团队

一支强大的、拥有一些行业"超级明星"的管理队伍，对于机会的吸引力是非常重要的。这支队伍一般应该具有互补性和一致性的技能，以及在同样的技术、市场和服务领域具有赚钱和赔钱的经验。如果没有一个称职的管理团队，这种机会就是无吸引力的。

（六）致命缺陷

有吸引力的机会不应该有致命缺陷，一个或更多的致命缺陷使一个机会变得没有吸引力。通常，这些缺陷涉及上述种种指标中的一个或几个。在许多例子中，市场太小、市场竞争太激烈、进入市场的成本太高或不能以有竞争力的价格进行生产等，都可能是一种致命缺陷。

（七）创业者的个人标准

创业机会的选择应该是创业者自愿的结果。这涉及创业者的性格特征、能力本位和期望目标。

（八）战略性差异

在相对成熟的市场里，有吸引力的机会应避免产品或服务的同质化，要有创新思维。另外，具有灵活的适应能力，能快速调整生产和经营，也是有吸引力的机会特征之一。

六、创业机会选择

创业可以说是一种全身心的付出，很多事情需要亲力亲为，面对的是更多的不确定性和创业风险，既要关注创业过程，也要重视创业结果。因此对创业者来说，仅有利润回报是不够的。可以说，创业机会的选择是一种不确定条件下的多目标决策。创业者在进行机会选择时，应遵循以下原则。

（一）目标相符原则

目标相符是创业机会选择的首要准则。创业者的动机也许有很多，但在机会选择时，所选的机会应符合创业者的主要目标。创业的目标是什么？是做自己喜欢的事，个人成就需要，收入的增加，还是才能得到最大的发挥？创业者一般会从个人观点慎重思考选择什么样的创业机会。

（二）资源相配原则

资源相配在创业机会选择时也是需要重点考虑的。对创业者而言，并非所有的创业机会都可以选择，能够选择什么样的创业机会，在很大程度上，取决于创业者所拥有或可以利用的创业资源的数量和质量（是否能满足创业需要）。主要的创业资源有创业所需的人力资源、原材料的可获得性、一定的生产技术、足够的创业资本等。

（三）环境相适原则

环境是企业赖以生存的土壤。一般说来，创业者难以改变环境，只能适应环境。跨国公司进行海外扩张时，必须考虑当地的投资环境是否适合投资。创业环境影响创业机会的选择，主要影响因素有政府政策和规程、产业政策、税收、基础设施等方面。

创业机会还具有以下特点。

1.具有吸引力

虽然创业机会在市场中以各种形式存在，但是只有当创业者确认这个机会存在且有价值时，才能够获得利润，即会产生创业。

2.持久性

创业过程是动态和不连续的，它始于创业者的思想创意，其最终结果会受到很多内外部条件的制约，但创业机会则具有持久性。

3.适时性

创业机会产生于一个特定的时间，同时在特定的时间才有效。

4.可以识别

创业者对创业机会有一个识别的过程，影响识别效果的因素在后面论及。

所谓三度交集法则，是指当一个人选择未来事业发展领域时，必须综合考虑三个要素：兴趣度、擅长度和财富度。简单而言，社会经济系统有九十几个行业，每个行业都是可能选择的创业领域。在这么多行业中，创业者感兴趣的所有行业，我们称为高兴趣度行业集合；创业者天然擅长的所有行业，我们称为高擅长度行业集合；创业者认为可以获得足够多财富回报的所有行业，我们称为高财富度行业集合。这三个行业集合会有一个交集。在这个交集中，会有多个行业。交集中的每个行业，都是创业者及其团队既喜欢，又擅长，还坚信能赚大钱的行业。

行业集合

七、创业机会可行性分析

（一）市场调查

当确定了创业方向，就要进入近似企业深度调研环节。这一阶段的工作是根据自己的创业设想，有选择、有针对性地收集有关市场信息，尤其是同类产品、同类服务的市场信息，消费者需求偏好，你的竞争对手的市场状况，收益回报情况等信息。

创业团队进入某个行业领域，开创自己的企业，首先需要了解同行业的近似企业。因为这些企业既是创业者的重要学习与参照对象，又是未来的竞争对手，所以，必须对它们进行一定深度的调查研究。

（二）市场分析与研究

在市场信息收集过程中，已经对与创业相关的市场有了一定的了解，但你应对这些市场现象与信息作进一步的分析与研究。假如你设想创办一个花店，你已经了解到其他花店的经营情况、利润回报等信息，但这还不够，别人花店赚钱或亏本，并不决定你的花店也赚钱或亏本。更多的情况是，做同样的生意，有的人赚钱，有的人亏本。所以你要进一步分析别人赚钱的做法、亏本的原因，从而进一步明确你应该如何开展你花店的生意，进行你的创业选择。

我们调查的目标主要有两类：一类是行业中的龙头企业；一类是行业中的明星企业。龙头企业是一步步战胜所有对手，立于行业巅峰的企业，能打拼出这样的江湖地位，必定是身经百战、千锤百炼的结果。因此，这种企业的每一项职能都足够强大，它们多年培育的业务体系蕴涵了业内最多的能力。对龙头企业的深度调研，将迅速收获同行企业比较全面的运作经验。

在过去的30年时间里，大多数中国民营科技企业总是逃脱不了"各领风骚三五年"的宿命，我们也听到和看到太多关于中国民营企业崛起、衰落、倒闭的悲伤故事。但是华为技术有限公司却成功了！华为从2万元起家，从名不见经传的民营科技企业，发展成为世界500强和全球最大的通信设备制造商，创造了中国乃至世界企业发展史上的奇迹！

华为成功的秘密就是创新，创新无疑是提升企业竞争力的法宝，同时它也是一条充满了风险和挑战的成长之路。尤其在高新技术产业领域，创新被称为一个企业的生存之本和一个品牌的价值核心。

"不创新才是华为最大的风险。"华为总裁任正非的这句话道出了华为骨子里的创新精神。"回顾华为20多年的发展历程，我们体会到，没有创新，要在高科技行业中生存下去几乎是不可能的。在这个领域，没有喘气的机会，哪怕只落后一点点，就意味着逐渐死亡。"正是这种强烈的紧迫感驱使着华为持续创新。

华为虽然和许多民营企业一样从做"贸易"起步，但是华为没有像其他企业那样，继续沿着贸易的路线发展，而是踏踏实实地搞起了自主研发。华为把每年销售收入的10%投入研发，数十年如一日，近10年投入的研发费有1000多亿元人民币，在华为15万名员工中有近一半的人在搞技术研发。为了保持技术领先优势，华为在招揽人才时提供的薪资常常比很多外资企业还高。

华为的创新体现在企业的方方面面，在各个细节之中，但是华为不是为创新而创新，它打造的是一种相机而动、有的放矢的创新力，是以客户需求、市场趋势为导向，紧紧沿着技术市场化路线行进的创新，这是一种可以不断自我完善与超越的创新力，这样的创新能力才是企业可持续发展的基石。

而明星企业，则是快速超越行业内大多数企业，迅猛崛起的企业。此类企业，往往掌握了突破行业传统模式的某种创新商业模式或者核心技术，是行业内最具先进模式的企业。对它们的深度调研，将收获最有创意、最有潜力的行业前沿成果。下面我们来分析一下近年来比较凸显的企业。

2022中国战略性新兴产业领军企业100强中以新一代信息技术产业作为主要战略性新兴业务的企业有24家入围，入围企业数量排名第一，其中有5家企业实现收入超千亿元；以新材料产业作为主要战略性新兴业务的企业有21家入围，入围企业数量排名第二，其中有5家企业实现收入超千亿元；以新能源产业作为主要战略性新兴业务的企业有18家入围，入围企业数量排名第三，其中有3家企业实现收入超千亿元；以相关服务业作为主要战略性新兴业务的企业共有14家入围，入围企业数排名第四；以高端装备制造产业作为主要战略性新兴业务的企业共有11家入围，入围企业数排名第五；新能源汽车产业、生物产业、节能环保产业、数字创意产业入围企业数量分别为5家、3家、3家、1家。

2022中国战略性新兴产业领军企业100强

名次	企业名称	战略性新兴业务收入（万元）
1	中国移动通信集团有限公司	64627976
2	华为投资控股有限公司	63069840
3	联想控股股份有限公司	46531874
4	中国电信集团有限公司	34093370
5	中国联合网络通信集团有限公司	27684973
6	中国中车集团有限公司	22573175

续表

名次	企业名称	战略性新兴业务收入（万元）
7	中国航天科技集团有限公司	22229000
8	正威国际集团有限公司	21034824
9	广州医药集团有限公司	19651802
10	中国宝武钢铁集团有限公司	18661107
11	天能控股集团有限公司	17925186
12	浙江吉利控股集团有限公司	15988071
13	中国医药集团有限公司	14543378
14	包头钢铁（集团）有限责任公司	13041872
15	中国五矿集团有限公司	12502884
16	海信集团控股股份有限公司	12419624
17	河北新华联合冶金控股集团有限公司	12363819
18	中国石油天然气集团有限公司	12059154
19	卓尔控股有限公司	10776668
20	三一集团有限公司	10687339
21	成都兴城投资集团有限公司	10588568
22	超威电源集团有限公司	10453655
23	中国中信集团有限公司	10444328
24	国家电网有限公司	9713453
25	中国广核集团有限公司	9482998
26	中国铝业集团有限公司	9218328
27	协鑫集团有限公司	9128008
28	中国建材集团有限公司	9069454
29	深圳市投资控股有限公司	8926794
30	山东省国有资产投资控股有限公司	8636909
31	万向集团公司	8431943
32	隆基绿能科技股份有限公司	8093225
33	华勤技术股份有限公司	8092223
34	广东省广晟控股集团有限公司	8076321
35	荣耀终端有限公司	7935570
36	歌尔股份有限公司	7822141
37	陕西有色金属控股集团有限责任公司	7796011

续表

名次	企业名称	战略性新兴业务收入（万元）
38	鞍钢集团有限公司	7375159
39	徐工集团工程机械有限公司	7299117
40	中国能源建设集团有限公司	7238881
41	桐昆控股集团有限公司	7173979
42	山东能源集团有限公司	7114388
43	国家能源投资集团有限责任公司	6937066
44	中联重科股份有限公司	6713063
45	深圳海王集团股份有限公司	6673940
46	新凤鸣控股集团有限公司	6610812
47	上海钢联电子商务股份有限公司	6577462
48	中天科技集团有限公司	6356745
49	四川长虹电子控股集团有限公司	6294213
50	亨通集团有限公司	6150246
51	潍柴控股集团有限公司	6098474
52	中国通用技术（集团）控股有限责任公司	6041331
53	中国机械工业集团有限公司	5910804
54	研祥高科技控股集团有限公司	5834731
55	海尔集团公司	5679539
56	云南锡业集团（控股）有限责任公司	5404112
57	中国电力建设集团有限公司	5365179
58	闻泰科技股份有限公司	5272864
59	云账户技术（天津）有限公司	5252892
60	华峰集团有限公司	5207183
61	福建省电子信息（集团）有限责任公司	5196208
62	中国华电集团有限公司	5194785
63	美团公司	5028589
64	恒申控股集团有限公司	5011313
65	宏旺控股集团有限公司	5008617
66	广西北部湾国际港务集团有限公司	4908119
67	海亮集团有限公司	4848183
68	汇通达网络股份有限公司	4734948
69	深圳市信利康供应链管理有限公司	4685587

续表

名次	企业名称	战略性新兴业务收入（万元）
70	中国建筑股份有限公司	4662819
71	宁波金田投资控股有限公司	4538321
72	天合光能股份有限公司	4448039
73	新华三信息技术有限公司	4397298
74	新疆金风科技股份有限公司	4320366
75	广州工业投资控股集团有限公司	4220196
76	北京金隅集团股份有限公司	4159974
77	晶澳太阳能科技股份有限公司	4130175
78	创维集团有限公司	4118380
79	TCL实业控股股份有限公司	4110469
80	国家电力投资集团有限公司	4092044
81	江铃汽车集团有限公司	4070410
82	晶科能源控股有限公司	4056962
83	福建百宏聚纤科技实业有限公司	3998798
84	深圳传音控股股份有限公司	3929847
85	盛虹控股集团有限公司	3775987
86	广东省建筑工程集团控股有限公司	3771482
87	舜宇集团有限公司	3749685
88	欣旺达电子股份有限公司	3735872
89	国家开发投资集团有限公司	3642298
90	中国东方航空集团有限公司	3629404
91	中国第一汽车集团有限公司	3615311
92	正泰集团股份有限公司	3596201
93	招商银行股份有限公司	3585856
94	山东高速集团有限公司	3567758
95	中国航天科工集团有限公司	3456290
96	云南省交通投资建设集团有限公司	3367187
97	鹏鼎控股（深圳）股份有限公司	3331485
98	浙江大华技术股份有限公司	3283548
99	厦门钨业股份有限公司	3168393
100	新疆特变电工集团有限公司	3074858

注：数据来自2022中国战略性新兴产业领军企业100强。

（三）项目资金需求量分析

进行了市场研究后，应根据经营设想，分段测算项目所需的投资资金。一般来说，创业之初，资金非常短缺，所以应遵循精打细算的原则，但是对必需的资金不应打折扣，不能为减少投资而影响项目效益的发挥，这是得不偿失的。项目投资测算最好能做到滚动发布，用项目本身产生的投资效益不断完善配套资金，促进项目投资完善。

（四）项目盈利能力分析

对每一个项目的盈利能力进行规模分析，只有当项目的销售额在盈利平衡点之上，项目才能产生效益，因为固定资本并不因为销售额减少而减少。这样项目可行性分析的重要内容之一就是编制盈亏平衡分析表。

（五）市场不确定性分析

市场是千变万化的，项目可行性分析应充分估计未来的市场变化。当然，我们的经营设想本身就应该具有前瞻性，所以未来市场变化应有利于我们的项目向更好的方向发展。但是我们也应充分估计市场的不确定，也许它并不是按照我们的预期方向在变化，因为消费者的消费偏好是受很多因素影响而不断变化的，这就需要可行性报告对此做出估计，并提出相应的对策。

云课堂

创业机会识别的途径

实践与提升

根据所学的近似企业深度调研的详细方法和步骤，模拟创业前期的场景，深度评价创业机会的可行性，运用标准矩阵打分法，确认自己的创业项目优势，完善自己的企业规划。

大学生创业机会评价体系

创业项目名称：			
指标类别	具体指标	分值	得分
致命缺陷	不存在任何致命缺陷	10	
行业与市场	（1）顾客可以接受产品或服务，愿意为此付费； （2）市场容易识别，可以带来持续收入	10	
管理团队	创业者团队是优秀管理者的结合	10	
个人标准	个人目标与创业活动相符合	10	
竞争优势	固定成本和可变成本低	10	

续表

指标类别	具体指标	分值	得分
战略性差异	在客户服务管理方面有先进的服务或运营理念	10	
经济因素	（1）项目对资金的要求不是很大，能够获得融资； （2）能获得持久的税后利润，税后利润率要超过10%； （3）有良好的现金流，能占到销售额的20%甚至30%以上	10	
合计			

学生成长卡

寻找创业项目评价表

评价项目	具体指标	小组自评	小组互评	教师评价	总评
创业机会的评价	明白创业机会的含义，掌握创业机会的不同种类				
创业机会的识别	市场前景分析，创业机会识别的途径				
创业机会的评价	建立评价指标体系应该遵循的原则以及评价的方法				
创业机会的选择	创业机会可行性分析，通过市场评估标准最终选择创业项目				

学生自评表

班级：　　　　　　　姓名：　　　　　　　学号：

评价项目	评价标准	分值	得分
行业与市场	1.参考《投资项目的评估》要求；2.准确判断	9	
经济因素	1.参考《投资项目的评估》要求；2.准确判断	9	
收获条件	1.参考《投资项目的评估》要求；2.准确判断	9	
竞争优势	1.参考《投资项目的评估》要求；2.准确判断	9	
管理团队	1.参考《投资项目的评估》要求；2.准确判断	9	
致命缺陷	1.参考《投资项目的评估》要求；2.准确判断	9	
创业者的个人标准	1.参考《投资项目的评估》要求；2.准确判断	9	
战略性差异	1.参考《投资项目的评估》要求；2.准确判断	7	
市场调查	能按计划完成工作任务	6	
市场分析与研究	能按计划完成工作任务	6	
协调能力	与小组成员、同学之间能合作交流，协调工作	6	
职业素质	能做到细心、严谨	6	
创新意识	材料及案例分析过程中有独到见解	6	
合计		100	

学生互评表

评价项目	分值	等级								评价对象（组别）					
										1	2	3	4	5	6
概念清晰	10	优	10	良	9	中	7	差	6						
团队合作	10	优	10	良	9	中	7	差	6						
组织有序	10	优	10	良	9	中	7	差	6						
工作质量	20	优	20	良	18	中	14	差	12						
工作效率	10	优	10	良	9	中	7	差	6						
工作完整	10	优	10	良	9	中	7	差	6						
工作规范	10	优	10	良	9	中	7	差	6						
效果呈现	20	优	20	良	18	中	14	差	12						
合计	100														

教师评价表

班级：		姓名：	学号：		
	评价项目	评价标准		分值	得分
	考勤（10%）	无迟到、早退、旷课现象		10	
工作过程（60%）	创业市场机会的机遇分析	1.创业机会的含义；2.准确判断		6	
	创业机会的种类划分	1.市场调研；2.准确分析		6	
	创业机会识别的各项因素	运用原理准确分析		6	
	创业机会识别的各种途径	运用原理准确分析		6	
	创业机会的评价指标体系	运用原理准确分析		6	
	创业的培训方法	运用原理准确分析		6	
	创业机会选择的原则	运用原理准确分析		6	
	创业机会可行性分析	1.市场调研；2.准确分析		6	
	市场评估标准	态度端正，工作认真、主动		4	
	协调能力	能按计划完成工作任务		4	
	职业素质	与小组成员、同学之间能合作交流，协调工作		4	

续表

	评价项目	评价标准	分值	得分
项目成果（30%）	工作完整	能按时完成任务	10	
	工作规范	能按原理完成计算和案例分析	10	
	成果展示	能准确表述、汇报工作成果	10	
合计			100	
综合评价		学生自评（20%）	小组互评（30%）	教师评价（50%）	综合得分

模块四
塑造创业团队

知识目标

1. 认知创业团队及团队角色分工和关键要素；
2. 认知优秀创业团队的标准和要素；
3. 认知创业团队组建的原则和步骤。

能力目标

1. 学会组建优秀创业团队的方法和技巧；
2. 学会打造创业团队精神的方法和技巧；
3. 学会高效管理创业团队的方法和技巧。

素质目标

1. 提升学生组建管理创业团队的能力素质；
2. 提高学生创业团队的可持续发展素养。

引言

　　创业团队的重要性反映在团队人才组合的凝聚力上，强调团队的本身不只是人力资源的组合，而是意识形态的统一、激情感情的融合和思想理想的碰撞。成员与成员之间、成员与团队之间因为一个共同的信仰捆绑在一个共同的潜意识中："一荣俱荣，一损俱损""与团队同呼吸、共命运"。任何一个成功伟大的企业，其背后一定有一个坚不可摧的优秀团队，而且任何企业的成功和伟大都体现在团队的卓越和优秀之上。创业团队的重要性体现在企业的创新意识和创新能力上，创新决定企业的生命力，而人才决定企业的创新能力和技术水平，一个优秀的团队组合正是企业创新所必需的条件和动力，因为创新不只是一个点子或某个妙招，创新是一种持续的创造和努力，面对未来的竞争环境，只有对团队成员进行科学高效的磨合，才能成就更具竞争力的团队。

知识图谱

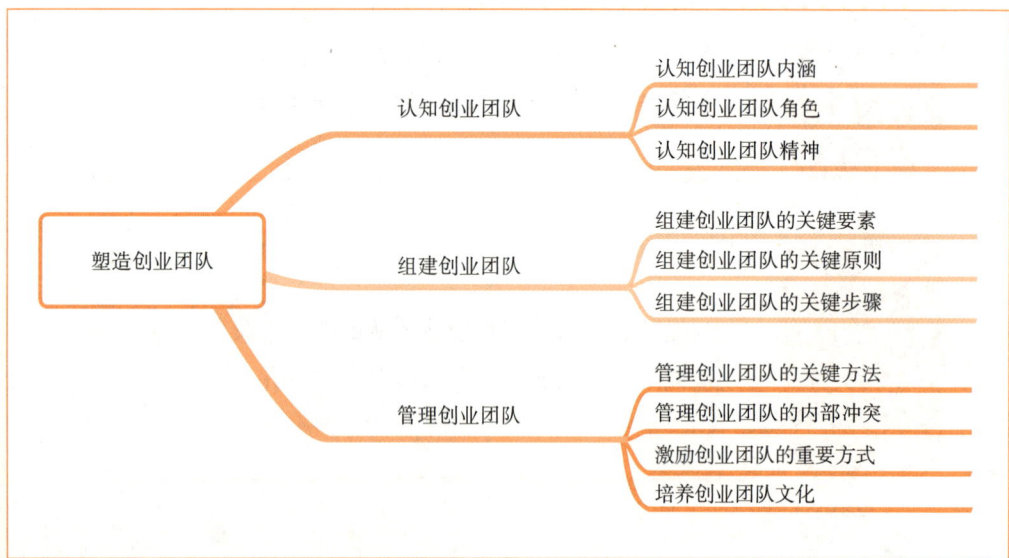

学习任务

任务一　认知创业团队

任务布置

（1）指导学生预习知识图谱及任务分析内容；

（2）指导学生提前了解本班级学生的基本信息和人物特点。

任务准备

（1）教师准备情景导入案例《中国合伙人》电影的视频资源；

（2）学生查阅整理熟悉创业团队的内涵要素。

任务实施

（1）通过情景导入讲述《中国合伙人》的故事；

（2）通过典型案例引导学生认知创业团队及精神；

（3）通过布置课后调研任务加强学生对创业团队的认识。

情景导入

《中国合伙人》的故事

　　《中国合伙人》电影的主人公程冬青，作为剧中创业的发起人，在团队和企业成长的过程中发挥了重要的作用。在剧中的历史背景下，程冬青毕业后计划出国深造，但屡次被大使馆拒绝，在积极准备出国的过程中他积累了英语备考经验，这个经验可认为是一种潜在的商业资源。在不断地摸索和实践中，程冬青将潜在的商业资源转变成英语培训项目。在项目运营过程中，逐渐寻找身边的团队合伙人，寻找与他目标接近的同学和朋友，有的是有留学经验的，有的是有教务经验的，有的是有教学技能的，他将身边的人力资源组织起来逐渐形成了初期的创业团队。团队中有人能上课，有人能做教学组织，其中有一位团队成员上课上得不太好，曾被学生轰下了讲台，因为出国留学除了要有应付考试的能力以外，还要求有如何应对签证的能力。而这位被轰下讲台的团队成员在应对签证官、面试官方面有丰富的实战经验，他便承担了出国咨询签证方面的工作。在公司最早的团队构架中，每个人发挥各自的能力为企业发展服务。后来团队逐渐形成了公司的架构，即治理结构。在这个治理结构形成过程中，程冬青要求一定要控股这个企业，就与其他几位股东商量，有一位股东反对得很厉害，但后来还是被他说服了，最终形成了一个以程冬青为主的股权架构控制这个企业。

思考：故事中的创业团队是如何组成的？这支创业团队有什么特点？团队在成长过程中遇到了什么问题？

任务分析

一、认知创业团队内涵

（一）创业团队的定义

路易斯认为团队是由一群认同并致力于达成共同目标的人所组成的，这一群人相处愉快并乐于工作在一起，共同为达成高品质的结果而努力。在这个定义中，路易斯强调了三个重点：共同目标、工作相处愉快和高品质的结果。

盖兹贝克和史密斯认为团队是由少数具有"技能互补"的人所组成的，他们认同于一个共同目标和一个能使他们彼此担负责任的程序。盖兹贝克和史密斯也提到了共同目标，并提到了成员"技能互补"和"分担责任"的观点，同时还指出团队是少数人的集合，保证相互交流的顺畅性，达成目标的一致性，比较容易形成凝聚力、忠诚感和相互信赖感。

因此，团队可以定义为是由少数具有"技能互补"的人所组成，他们认同于一个共同目标和一个能使他们彼此担负责任的程序，相处愉快，乐于共事，共同为达成高品质的目标而努力。团队就是合理利用每一个成员的知识和技能来协同工作，解决问题，达到共同目标的共同体。而创业团队，就是指在创业初期（包括企业成立前和成立早期），由一群才能互补、责任共担、愿为共同的创业目标而奋斗的人所组成的特殊群体。

综上所述，创业团队的概念可以有广义和狭义之分。狭义的创业团队指的是由两个以上人组成的，有着共同目标、共享创业收益、共担创业风险的创建新企业的群体。广义的创业团队则不仅包括狭义创业团队，还包括与创业过程有关的各种利益相关者，如风险投资家、专家顾问等。

一个好的创业团队对创业的成功起着举足轻重的作用。一个喜欢独立奋斗的创业者固然可以谋生，然而一个团队的营造者却能够创建出一个组织或一个公司，而且是一个能够创造重要价值并有收益选择权的公司。创业团队的凝聚力、合作精神、立足长远目标的敬业精神会帮助新创企业度过危难时刻，加快成长步伐。团队成员之间的互补、协调以及与创业者之间的补充和平衡，也可起到降低创业管理风险、提高管理水平的作用。

（二）创业团队的内涵

创业团队是由少数具有技能互补的创业者组成的团队，创业团队是为了实现共同的创业目标和一个能使他们彼此担负责任的事业，共同为达成高品质的结果而努力。创业团队需要具备五个重要的团队组成内涵要素，简称为5P要素。

1.团队目标（Purpose）

创业团队应该有一个既定的共同目标，为团队成员导航，知道要向何处去。没有目标，这个团队就没有存在的价值。

2.团队成员（People）

人是构成创业团队最核心的力量，在一个创业团队中，人力资源是所有创业资源中最活跃、最重要的资源，应充分调动团队成员的各种资源和能力，将人力资源进一步转化为人力资本。

3.团队定位（Place）

团队定位是指创业团队在企业中处于什么位置？由谁选择和决定团队的成员？创业团队最终应对谁负责？创业团队采取何种方式激励下属？成员如何定位？成员在创业团队中扮演什么角色？是制订计划还是具体实施或评估？企业是大家共同出资，委派某个人参与管理，还是大家共同出资，共同参与管理？或是共同出资，聘请职业经理人管理？在创业实体的组织形式上，是合伙企业还是公司制企业？这些都需要明确。

4.团队权限（Power）

在创业团队中，领导人的权力大小与其团队的发展阶段和创业实体所在行业相关。一般来说，创业团队越成熟，领导者所拥有的权力相应越小。而在创业团队发展的初期阶段，领导权相对比较集中，成员之间共同承担责任。

5.团队计划（Plan）

计划目标最终的实现，需要一系列具体的行动方案，可以把计划理解成达到目标的具体工作程序。按照计划进行，可以保证创业团队和企业发展的顺利运行。只有在计划的操作下，创业团队才能一步一步接近目标。

创业团队构成的五要素之间相互影响、相互作用，缺一不可。

二、认知创业团队角色

团队组建时，需要根据团队类型及结构物色成员，实行分工协作。在团队中每个成员都扮演着不同的角色，创业团队成员的配置，不仅应该看团队成员个人的创业素质，还应该看他们之间的契合度。每个团队都应该具备以下12种角色，只有具备了范围适当、作用平衡的团队角色时，才能充分发挥高效的协作优势。

创业团队角色定位

角色定位	角色职责描述
领导者	能很好地领导及授权于他人，善于决策管理，善于耐心倾听他人的意见
策划者	足智多谋，知识面广，富有创造力和想象力，不墨守成规，喜欢打破传统
外交家	外向、热情、健谈，发掘机会，增进沟通，促进合作，打破僵局
协调者	成熟、自信，办事客观，具有个性感召力、凝聚力，促进团队向共同目标努力
信息者	具有较强的信息收集整理能力，对外界环境十分敏感，善于分析研判市场环境
鞭策者	能激发人，充满活力，有进取心和克服困难的动力、勇气
创新者	拥有高度的创造力，富有想象力，思路新奇，观念新颖，具有创新精神
监督者	客观冷静，有战略眼光与识别力，倾向于三思而后行
管理者	性格温和，善于交际，防止摩擦，在团队中往往广受欢迎的一类人
执行者	纪律性强，值得信赖，执行力强，办事高效利索，把想法变为实际行动
完成者	勤勤恳恳，尽职尽责，积极投入，找出差错与遗漏，按时完成任务
专家	专注于自身专业知识的探索。

（资料来源：刘志阳.创业画布 [M].北京：机械工业出版社，2018：179.参照原文整理补充）

三、认知创业团队精神

（一）团队精神的内涵

打造团队精神绝非一日之功，一个人的世界观、价值观要靠多年的教育训练和生活实践的积累才能逐步形成。一个团队的精神更非一日之功形成，需要在长期的实践中才能逐渐凝聚升华。

团队精神是创业团队的灵魂。团队精神表现为一种文化氛围、一种精神面貌、一种理想追求，是一种看得见、感知得到的精神气息，团队的灵魂则是一种看不见、摸不着的神韵。

团队精神是团队冲锋的号角。商场如战场。在企业已成为市场竞争主体的今天，企业的竞争力、团队的战斗力决定着企业的生死存亡。一个企业如果有一个优秀的团队和良好的团队精神，它就会像冲锋的号角，激励员工勇往直前，奋力争先，不断战胜对手，取得竞争的胜利！

团队精神是团队的精神支柱。人是需要一点精神的。同样，企业也是需要精神的。团队共同的价值观就是一个企业的精神支柱。离开这个精神支柱，企业就是一潭死水，就毫无活力可言。从这个意义上说，团队精神乃是企业的精神支柱。

团队精神是团队凝聚力的旗帜。古人云：物以类聚，人以群分。培育企业的凝聚力，除其他条件外，良好的团队精神就成为一面旗帜，它召唤着所有认同该企业团队精神的人自愿聚集到这面旗帜下，为实现企业和个人的目标而奋斗。

把握时代脉搏，提炼时代精神，塑造具有时代特征的创业团队文化。我们所处的时代是一个急剧变化、快速转型的时代。创业者不仅要紧随时代的前进步伐，而且要走在时代的前列，站在历史的高度，把握时代脉搏，总结提炼当今时代中国人民在现代化建设中表现出来的巨大热情和良好的精神风貌，结合自己团队的特点，并准确预测未来的发展趋势，从点滴做起，精心塑造具有独特魅力的团队文化，从而形成自己的团队精神。

（二）团队精神的内容

创业团队是指由一群有志于共同创业的人组成的团队。在创业的过程中，创业团队精神的作用不可忽视。一个成功的创业团队需要具备多方面的素质和能力，更需要具有时代进取力量的精神支撑。

1.团队合作精神

创业团队需要具备良好的合作精神，因为创业是一个团队合作的过程。每个人都应该有自己的职责和任务，但是这并不代表个人利益高于团队利益。团队中的每个人都应该以团队利益为重，积极地与团队成员合作，共同完成任务。

2.团队创新精神

创业是一个创新的过程，创业团队需要有创新能力。创新能力不仅仅指产品或服务的创新，还包括商业模式的创新、市场营销策略的创新、技术研发的创新等。创新能力是创业团队成功的关键之一。

3.团队抗压精神

创业的过程中充满了不确定性和挑战，创业团队需要具备良好的抗压能力。当遇到挫折和困难时，团队成员需要相互支持、鼓励和帮助彼此，共同克服困难。

4.团队学习精神

创业是一个快速学习的过程，创业团队需要具备快速学习的能力。团队成员需要不断学习新知识和技能，以适应市场的变化和发展。快速学习能力也是创业团队成功的重要因素之一。

5.团队专业精神

创业团队需要具备专业素质，包括行业知识、技术能力、市场分析能力等。团队中的每个人都应该有自己的专业领域，并在这个领域中有所建树。

6.团队执着精神

创业是一个充满激情和执着的过程，创业团队需要具备这种激情和执着。团队成员需要对自己的事业充满热情，不断追求自己的梦想，并为之奋斗不息。

综上所述，创业团队的内涵非常丰富，需要具备多方面的素质和能力。一个成功的创业团队需要有合作精神、创新能力、抗压能力、学习能力、专业素质和激情执着。只有具备这些素质和能力，才能在激烈的市场竞争中获得成功。

课堂活动

结合创业团队角色定位知识，你认为自己可以担任什么角色？并简要阐述选择的理由。

角色定位

选择顺序	角色名称	选择的理由
第一选择		
第二选择		
第三选择		
第四选择		
第五选择		

云课堂

携程创业团队

学习任务

👤 任务二　组建创业团队

任务布置

（1）指导学生提前模拟组建创业团队及职业分工。

（2）指导学生思考组建团队的核心人物、团队核心要素和发展目标。

任务准备

（1）提前预习阅读教材的任务分析板块。

（2）基本了解组建创业团队的原则和步骤。

任务实施

（1）通过教学设计帮助学生掌握创业团队的关键要素。

（2）通过课堂活动指导学生模拟组建创业团队。

情景导入

马化腾和他的创业团队

　　1996年秋，马化腾和同学张志东合伙开了一家电脑公司，学习借鉴国外的一种商业模式，开发了QQ软件。后来团队发生了改变，吸纳了三位成员成为公司股东。为避免彼此争权夺利，马化腾对四位股东约定：大家都是平等的，我们是最早的创始人，各展所长。马化腾是首席执行官，精通技术的是首席技术官，还有首席行政官、首席信息官、首席财务官，构成了公司的创业团队。马化腾就这样构架了公司的管理团队，企业得到了快速发展。

　　思考： 马化腾的创业团队是如何构架的？马化腾的创业团队为什么能高效运作？

任务分析

一、组建创业团队的关键要素

组建创业团队需要思考的几个重要问题

序号	问题描述
1	选择什么样的队友？选择多少个队友？选择是一成不变的吗？
2	如何组建创业团队？先定目标还是先找人？如何保障团队的有效性？
3	哪些是组建团队必不可少的因素？怎么理解这些因素的重要性？
4	考虑过创业失败的风险吗？

续表

序号	问题描述
5	如何选择团队成员？你最看重成员哪个方面的特点？
6	如何分配各成员利益？如何处理各成员关系？
7	成功的创业团队需要哪些关键要素？
8	团队成员可以提供什么创业资源？
9	组建创业团队需要哪些外部资源的支持？

（一）组建创业团队的内部要素

（1）团队目标。有一个既定的共同目标，是团队所有成员共同努力的目标。

（2）团队核心。构成创业团队最核心的力量，由那些全身参与企业创建过程、共同分享创业苦乐、全心实现企业成长的成员构成，不包括律师、会计师等部分参与企业创建的外部专家。

（3）团队定位。选择在企业中的位置，解决选择和决定团队成员以及团队对谁负责等问题，并对创业者进行定位。

（4）团队责权。团队责权是指团队领导者权力的大小，创业团队可以是领导者，也可以是一般员工。通常而言，团队越成熟，领导者权力越小。

（5）团队计划。为了保证最终实现创业目标，需要制订良好的工作流程。

（二）组建创业团队的外部要素

（1）创业机会。创业机会需创业团队发现，一个善于管理内部冲突、目标一致，善于利用认知性冲突的创业团队，必然能在同等创业资源的条件下胜人一筹。

（2）商业机会。商业机会指的是存在于某种特定的经营环境条件下，可以通过一定的商业活动发现、分析、选择、利用，并为企业创造利润和价值的市场需求。

（3）机会成本。机会成本是指为从事某项经营活动而放弃另一项经营活动的机会。一般来说，团队成员亲友持支持态度对创业者比较有利，反之则有阻碍作用。

（4）外部资源。外部资源是指其他企业的资源和公共资源等，具有可利用性和相对无限性等特征。当企业使用外部资源时，既可以以较高的代价获取外部资源的所有权和使用权而将其转变为内部资源，也可以付出较低成本只取得使用权。

（5）价值取向。价值取向是指企业追求经营成功过程中所推崇的基本信念。团队成员的角色定位一般可以分为项目发起人、联合创始人、全职合伙人、投资合伙人及普通员工。

二、组建创业团队的关键原则

（一）互补互利原则

每个创业者都有自身优势，但不可能具有创业所需要具备的所有技能或知识。创业者之所以寻求团队合作，其目的就在于通过合作者之间的能力互补或互助起到弥补创业目标与自身能力间的不足的作用，从而发挥出"1+1>2"的协同效应。因此，选择创业合作者需要特别注重互补原则。但值得注意的是不仅要寻找那些目前拥有未来创业团队所需要技能的人员，也要寻找那些具备技能开发潜能的人员。

（二）精简高效原则

为了减少创业期的运作成本，更快速地收回成本，产生最大经济效益，缩短回报期，创业团队人员构成必须坚持在企业高效运作的前提下尽量精简的原则。比如很多创业企业总经理兼技术总监、总经理兼营销总监、行政经理兼人力资源经理等。

（三）动态开放原则

应注意保持团队的动态性和开放性，使真正完美匹配的人员能被吸纳到创业团队中来。创业伊始，创业团队成员资源的重点可能是客户资源，创业团队中吸纳有客户资源的创业团队成员非常关键。等项目运营一段时间后发现，客户有了，技术有了，但需要进行精细化管理，这时团队需要吸引或调节更加擅长管理的人员加入创业团队。

（四）目标合理原则

目标必须明确，这样才能使团队成员清楚地认识到共同的奋斗方向是什么。与此同时，目标也必须是合理的、切实可行的，这样才能真正达到激励的目的。

三、组建创业团队的关键步骤

（一）分析需求，框定目标

分析拟开展创业项目在团队方面的角色需求、资源需求，根据目前团队胜任力状况和创业筹备情况，结合创业愿景和目标，确定组建创业团队应完成的目标。在确定需求目标的同时，还应根据具体情况，制定未来合伙人的招募标准。为准确框定拟招合伙人的标准，可通过给未来理想合伙人画像的方法，勾勒出其具体形象。

（二）充分准备，制订计划

当有了明确的需求和目标后，创业者需要制订两份计划：一是简要的创业计划；二是创业合伙人招募的行动方案。通过制订创业计划，创业者可进一步梳理创业思路，把握实现创业目标的条件，明确创业团队的具体需求，并为说服拟招募合伙人做好充分准备。制订创业合伙人招募计划和方案，可让创业团队的招募、组建更具计划性和可行性。在招募计划方案中，要注意列出目标清单、招募途径、接触方式、时间节点、沟通关键点和拟开出的条件等。

（三）扩大圈子，整合渠道

招募团队成员是组建团队最重要的一步，而招募团队成员最大的难点在于通过有效渠道，找到合适的人。在组建团队时，创业者会自觉地梳理个人人际网络（自己身边的、熟悉的人脉，如同学、同事、同乡等），分析哪些人是适合的，并判断合作的可能性。有时候，难就难在身边熟悉的人并不一定适合。这时，创业者要通过各种方法，有目的地扩大自己的人际圈，开发、整合其他可能的渠道。扩大人际圈和拓展渠道常见的方法有：熟人介绍、参加创业比赛、参加融资活动、参加行业会议和论坛、寻求孵化器等服务机构的支持和广告招募等。

（四）沟通谈判，明确责权利

当找到了可能的合作目标时，创业者需要通过多次沟通、多方接触，深入了解其实际情况，判定其是否符合自己的标准和要求，是否具有不可替代的特点。在确认目标人选就是自己梦寐以求的合适人选时，创业者要通过描绘拟创事业的蓝图和给出有吸引力的利益条件，打动、说服目标人选认同自己创业的远景目标和创业价值，使其主动积极、充满激情地参与到创业团队中来。为促进沟通谈判成功，创业者要及时明确目标人选确定加盟创业团队后其角色定位及其责权利分配情况，以打消其顾虑并促使其尽快做出决定。

（五）签订协议，构建制度

俗话说，没有规矩，不成方圆。在组建创业团队时，创业者一定要签订合伙协议，通过协议的方式明确创业团队的合伙规则和利益分配。签订合伙协议的作用和目的体现在以下三方面。

（1）通过协议和制度的形式明确"游戏规则"，让团队成员放心和安心。

（2）签订协议，制定制度和规则，有利于消除因利益分配等带来的隐患与风险。

（3）协议和制度有助于建立起有效的团队约束和激励机制。

（六）磨合调整，快速融合

当初步组建起创业团队后，创业者要通过有效领导和协调，让创业团队成员尽快磨合，快速融入团队和创业工作中来。在磨合的过程中，创业者要注意把握团队成员的状况和实际工作状态，要对不合适的成员做出快速决断，以免给创业团队和创业活动带来不利影响。创业团队的组建是一个动态发展的过程，创业团队建设往往会经过磨合、调整、稳定、分化等几个阶段，即创业团队组建对于创业者而言是一个长期性的工作，需要做好充分的心理准备。

课堂活动

1.模拟组建创业团队

组建创业团队

序号	工作任务
1	组建3~5人创业团队
2	选出团队负责人，阐述选择的理由
3	制订小组的标志（Logo），阐述设计理念
4	制订小组的口号，说明设计理由
5	明确成员分工，说明岗位及人员安排的考量与理由
6	描述出小组的核心特征

创业团队成员

姓名	年级	专业	团队角色分工	个人特长

2.评价创业团队成员

创业团队完美度可以作为组建团队的一个量化标准，它可以由创业目标、价值观念、知识结构、成员个性等指标构成，可以通过调查问卷进行评估，综合考量团队成员之间的契合度。

评价创业团队成员

序号	指标	评估内容	选择
1	创业目标	①加入创业团队，我最希望得到的是丰厚的物质报酬 ②创业的价值在于可以有一份事业，为之忙碌，充实生活 ③创业者不必为他人打工，可以得到更高的社会地位 ④创业是一个施展抱负的舞台，可以激发自己的职业兴趣 ⑤创业是对社会的一份责任，可以带动更多人就业	
2	价值观念	①企业的责任在于为顾客提供优质的产品 ②企业应该重视员工的福利和发展 ③企业应该具有一定的社会责任感 ④企业的本质在于商业利益最大化 ⑤企业的发展在于构建良好的合作关系	
3	知识结构	①我专业技术强，且拥有相当深厚的行业背景 ②我比较擅长统筹规划，领导能力丰富 ③我拥有出色的市场敏锐度，善于把握商机 ④我喜欢钻研商业模式，设计具有竞争力的产品或服务 ⑤我拥有广阔的人脉关系，沟通协作能力强	
4	成员个性	①我认为，人可以控制自己的命运，并愿意接受任何挑战 ②我是个自信的人，倾向于说服别人同意自己的观点 ③我不太善于控制自己的情绪，喜欢随心所欲 ④我喜欢新鲜的事物与热闹的地方，讨厌一成不变 ⑤我不喜欢与人争辩，宁可为此放弃某些利益 ⑥我倾向于沉浸在自己的世界中，不愿被人打扰 ⑦我擅长深入地思考与分析，并以此为乐 ⑧我通常保持平静而良好的心境，能理智地处理大部分事宜	

云课堂

小米团队

学习任务

任务三　管理创业团队

任务布置

（1）了解管理创业团队的方法和方式。

（2）熟悉创业团队的成员特点。

任务准备

（1）通过查阅网络、书刊等方式收集创业团队成长过程中的问题。

（2）根据所收集的资料，分析模拟创业团队存在的不足和问题。

任务实施

（1）通过情景导入掌握管理团队的重要性。

（2）通过任务分析和案例解读掌握管理团队的方法。

情景导入

取经的故事

唐僧取经的团队是一个典型的创业团队，其成员加上白龙马有五个，成员间各有分工，团队的目标就是取经。如果没有取经这个目标，恐怕在经历九九八十一难以及中间各种各样的纷争时，这个团队就散了。所以去西天取经的愿景对这个团队有重要的凝聚作用。这中间也有过一些波折，团队成员虽然没有变化，但是团队的经历、磨难，使团队成员的思想发生了改变，有的人目标更加坚定了，像孙悟空这样的；有的人品行更加端正了，像猪八戒这样的。通过团队的共同努力，最后才完成了去西天取经的任务。

思考：为什么唐僧能成为团队的领导者？取经的团队有什么特点？

任务分析

一、管理创业团队的关键方法

高效的管理是保持团队生命力、提升团队士气的关键。有效管理要求给予创业团队成员以合理的"利益补偿"。"利益补偿"包括两种形式：一种是物质补偿，如报酬、奖金；另一种是精神补偿，如创业成就感、尊重、地位、认可和关爱。

（一）明确团队发展目标

明确界定的目标就好比一座灯塔，永远照亮团队前行的方向与道路，并激励着团队不畏艰难险阻地去实现预期目标。目标的制订，要求遵循SMART原则〔Specific（具体的）、Measurable（可衡量的）、Attainable（可达到的）、Relevant（相关的）、Time-bound（有时限的）]，明确完成目标的步骤和路径。

（二）建立优秀团队文化

所谓"创业团队文化"是指企业在创业及成长过程中逐渐形成的，为创业团队成员所接受、传播和遵从的基本信念、共同价值观、行为准则和角色定位等的总称。它具有导向作用、凝聚作用、规范作用。吉姆·柯林斯在《基业长青》一书中总结："高瞻远瞩的公司能够奋勇前进，根本因素在于指引、激励公司上下的核心理念，亦即核心价值观和超越利润的目的感。"因此，在创业阶段能否树立共同的价值观、建立优秀的创业团队文化，通常会决定一个创业企业能走多远。

（三）团队理念保持统一

无论是明确界定的目标还是优秀的企业文化，只有在团队内部形成高度一致，才能发挥其无穷的力量。因此，在创业过程中，核心领导对此必须保持高度警觉，时刻"掌好舵"，以确保团队朝"总体一致"的方向前进。

（四）注重学习与创新

学习与创新是创业团队实现自我成长、适应不确定性环境并最终达成未来目标的唯一途径。一方面，团队内部通过加强内部学习、认知共享，同时注重向外界汲取新的知识，不断提升组织的学习能力；另一方面，团队应重视创新氛围的营造，鼓励通过学习促进创新能力的提升，鼓励团队成员的创新意见与创新思维。

（五）实施有效的激励机制

新企业的产权一般比较明晰，机制灵活，所以对创业团队成员可以把期权激励作为经济激励的一项重要内容来实施，从而把传统的以报酬为代表的短期经济激励和以期权为代表的长期经济激励结合起来，体现人力资源的价值。有效的激励机制可以提高团队成员的积极性，优化组织结构，并形成良好的竞争氛围，同时为后期建立科学的公司治理机制奠定基础。建议创业初期就明确提出合理的股权激励方式，不可模棱两可或存在潜在的"不公平性"，避免后期出现"扯皮"现象，而且最好不要选择均等股份的形式。

（六）权力与职位的管理

随着新企业的发展，创业团队领导者要注重权力和地位的激励机制，将创业成员的工作成效和职业生涯发展、地位提升有效地结合起来，建立并维护好创业团队的运作原则，使团队成员之间相互尊重和信任，能够倾听彼此的意见。基于不同的工作情景和分工，创业团队成员应该可以共享领导角色，在各自的领域中发挥领导作用。

二、管理创业团队的内部冲突

企业领导者对创业团队所持态度是协调、指导和引导。原则上，不介入创业团队内部事务，一般情况下也不会对创业团队瞎指挥。但当创业团队发生比较重大的内部冲突时，如果可能影响公司项目进度或公司未来效益，则必须进行协调。当问题发生时，领导需要了解起源、性质和具体冲突要点，才便于采取措施消除矛盾，使团队能够形成合力。

创业团队内部冲突的主要原因可能有以下几点。

（1）技术理念冲突，表现在最先进技术和最适合市场技术的冲突。

（2）市场定位冲突，高中低端市场带来的预期效果是不一样的。

（3）短期长期冲突，是一锤子买卖还是细水长流。

（4）投入回报冲突，有限研发费用和无限研发资金需求的冲突。

（5）突发事件冲突，考验团队解决突发事件的能力和水平。

从前面几点可以看出，实际上是投资者和技术研发团队对项目的期望认知的冲突。研发者一般对自己的技术有自信，理工男对技术的完美有着执着的追求，而投资者对项目的效益和回报更为重视。所以，投资者对项目款项、项目目标、项目进度、项目回报均有指定目标，团队内部则可能形成两派，一派坚守技术，一派坚守指标。当技术和指标发生冲突时，分歧就产生了。

企业领导者关注的是投资回报和投资效益，而其是通过市场预测、成本分析产生的。在资本社会，创业团队应该认清资本的本质，最佳办法是将两派意见整理，分析各自利弊，提交领导者选择决策。当然，如果能够先做出初级产品，实现收入支出平衡，再做好、做精是最佳方式。

企业领导者对这些冲突的解决办法，需要针对创业团队理想化的市场观念进行辅导，召集其他部门，特别是市场人员和创业团队进行座谈，统一认识。同时，对技术和指标进行检讨，从根源上避免团队因为理念不一致导致工作纠纷。通过这些行动缓解技术流的执着思维，再重申坚守指标或适当调整指标，也许冲突能够缓解和消除。投资者和技术持有者的理念和取向很容易形成矛盾，双方需要互相理解和妥协。

三、激励创业团队的重要方式

（一）构建科学的绩效考核机制

1.通过目标分解细化考核制度

对组织进行目标分解并划定责任，激励团队成员为完成企业目标而努力奋斗，将企业的整体目标分解成各部门、各员工的小目标，使员工明确自己努力的方向；引入竞争机制，关注团队的工作能力、态度等隐性指标，如在每日提前上交业务报表且零失误的员工可以在周考核中加5分，而延迟工作任务或者质量较差的员工在周考核中会酌情减分，最终的月考核、年度考核以及相关的晋升都将以此为参考依据。

2.关注工作动态形成良性反馈

团队内应形成不定期考核机制，多加关注团队成员的行为动态，及时发现问题，对工作中表现突出或严重失误的员工及时予以肯定或教育，使其继续发扬或及时纠正，也让员工意识到自己的优缺点，从而形成扬长避短的良性循环，不断提高工作能力，激发工作积极性。

（二）建立合理的薪酬机制

1.优化组织内部薪酬结构

在员工中选取部分成员成立薪酬小组，确定薪酬分配的原则，并负责指导和监督薪酬管理工作，审核各项薪酬管理办法具体的实施细则，帮助和监督建立公平合理的考评指标，不能仅看重业绩而采取"一刀切"的方式，要依据实际情况，包括工作内容、难易程度等方面，来考虑薪酬分配。

2.加强福利激励的效用

福利激励要注重个体需要的差异。对工作表现优异以及员工忠诚度较高的基层员工，可以结合岗位需求与个人发展意愿，带薪外派至有关培训机构进行专业技能培训。同时企业可以鼓励员工开展自我学习和相互学习，例如可以利用部分收益为员工购买网络课程和相关书籍，从而鼓励员工不断提高自身业务能力与综合素质。

（三）实施多元激励机制

1.加强与员工的沟通互动

建立良好的沟通渠道，创造和谐的工作氛围，利用职工微信群、QQ群等形式，为员工创造一个可以自由表达意见和思想的平台，采用平等、鼓励等方式与他们进行沟通。对反映的情况及时予以处理，表达充分的信任。给员工发挥和表现的空间，最大限度地释放他们的潜力，注重语言激励的作用。

2.增强精神激励

精神激励可以增强员工的自信心、对工作的满意度，同时增进他们对组织的认同感。如荣誉激励，通过授予荣誉称号等方式用来表彰先进员工；权力激励，可以适当放权给员工，在可控制的范围之内让他们参与到企业管理中来；学习激励，增加外部培训机会，让员工去同行业的其他公司参观学习，提升员工的业务水平和主人翁精神，让员工对自我、企业、行业的发展有所定位。

四、培养创业团队文化

（一）追求成功的执着

不仅创业者本人，包括创业团队所有人，都应该把追求成功摆在第一位。什么叫把追求成功摆在第一位？也就是说可能家庭就放在后面了。要想创业成功必须要有这样的心理准备，创业者可能离婚率比较高，得心脏病的概率可能比较高，跟家人在一起的机会比较少。所以，把成功放在第一位，并且偏执地去追求成功是第一条。

（二）容忍公司的变化

绝大多数公司最终的成功之路跟它当年的设想是不全部一致的，所以大部分创业者都经历过迷茫阶段。一旦迷茫，你就要做很多工作去测试，但是测试的时候员工就会认为怎么今天叫干这个，明天叫干那个，员工就会抱怨。但是对于创业公司，这是不可避免的，因为没有这样的测试就永远不知道新的方向在哪里。

（三）建立团队的信任

创业者无论如何都要在创业团队里建立权威，甚至要建立崇拜感。因为创业公司很难用逻辑方法告诉员工哪种做法是对的。因为没有办法推理告诉所有人这样做是对的，既然没有一个严谨的推理，每个人对这件事情就有不同的看法。可能你的一个想法让大家去实施，员工对这个想法缺少信任，在没有信任的情况下实施的结果很可能就跟挖井一样，下面有水，但因为他没有挖到，回来就告诉你没有水，最后你失败就不知道是策略错了还是执行错了。但是如果有100%的信任，每一次测试都做到了最好，就可能找出自己成功的方向。所以创业公司的所有员工都要有这个想法：我的老大不管怎么讲，都是对的。只有这种公司才有可能成功。

（四）构建高效的管理

公司管理者面临的问题是当公司不断扩大时，就需要高水平的管理者跟进。不管公司多么小，管理者一定要不断提高自己，这样当公司突然找到方向扩大时，等于管理者的职业生涯面临很大的舞台，可能一个人变成带10个人，再从带10个人变成带100个人。如果管理者没有做好这样的准备，公司就不得不从外面找高水平的人来当管理者。

课堂活动

测测你准确评价他人的能力如何？

为了回答这一问题，请指出下列每一项陈述正确或错误的程度：

①根本不正确；②不正确；③既不正确也不错误；④正确；⑤十分正确。

a.我能够很容易地发现其他人什么时候在说谎。

b.我能够推测其他人的真实感受，如果他们试图对我隐瞒的话。

c.我能够识别出他人的弱点。

d.我是其他人的一位好裁判。

e.我通常能够通过观察其他人的行为，准确地识别出其他的特点。

f.我能够辨别出人们为什么会以多数情况下的方式来做事。

云课堂

俞敏洪创立"新东方"

实践与提升

调研华为、小米、字节跳动、腾讯、百度、三一重工等国内知名企业的初创团队构成，总结其团队主要特点，撰写1000字左右的调研报告。

学生成长卡

塑造创业团队任务评价表

评价项目	具体指标	小组自评	小组互评	教师评价	总评
认知创业团队	认知创业团队内涵				
	认知创业团队角色				
	认知创业团队精神				
组建创业团队	组建创业团队的关键要素				
	组建创业团队的关键原则				
	组建创业团队的关键步骤				
管理创业团队	管理创业团队的关键方法				
	管理创业团队的内部矛盾				
	激励创业团队的重要方式				
	培养创业团队文化				

模块五

启动创业计划

知识目标

1.学会识别和规避创业风险；

2.掌握拟创业项目的评价分析方法及成功要素；

3.掌握不同商业模式的特征；

4.理解创业计划书的组成要件，能融会贯通。

能力目标

1.能正确理解党的二十大报告中关于创新和创业的描述；

2.能正确分析目前的创业形势和创业环境；

3.能明白一个靠谱的项目所必备的因素；

4.能正确理解商业模式在创业过程中的重要性；

5.能为不同类型的创业项目匹配合适的商业模式；

6.能理解创业计划书的重要性，会根据项目特点撰写创业计划书。

素质目标

1.以社会主义核心价值观为指导，正确理解商业模式的发展；

2.具有较强的资料查找搜索素养；

3.具有数据思维意识和决策能力；

4.具有较强的组织沟通协调素质；

5.能撰写创业计划书，具有较强的逻辑思维素养。

引言

　　创业计划书也叫作商业计划书（BP），是公司、企业或项目为了达到招商融资和其他发展目标，根据一定的格式和内容要求而编辑整理的一个向受众全面展示公司和项目状况、未来发展潜力的书面材料。

　　许多创业者都明白，一份好的商业计划书对顺利融资功不可没，是创业者叩开投资者大门的"敲门砖"。但往往很多人不清楚，好的商业计划书对于项目的成功融资，能起到50%以上的决定作用。如果没有打动人心的商业计划书，你将会失去大量和投资人面谈的机会，此后无论你有多么高超的见解、多么流畅的表达，都没机会和投资人面对面展现。

　　一份好的商业计划书会让投资人顿生好感，立刻拿起手机约见项目；而冗长、混乱、无序的商业计划书则会让投资人望而却步，在内心默默吐槽中放弃对这个项目进一步的了解……所以，一份好的商业计划是创业者在启动融资时首要考虑的问题。

知识图谱

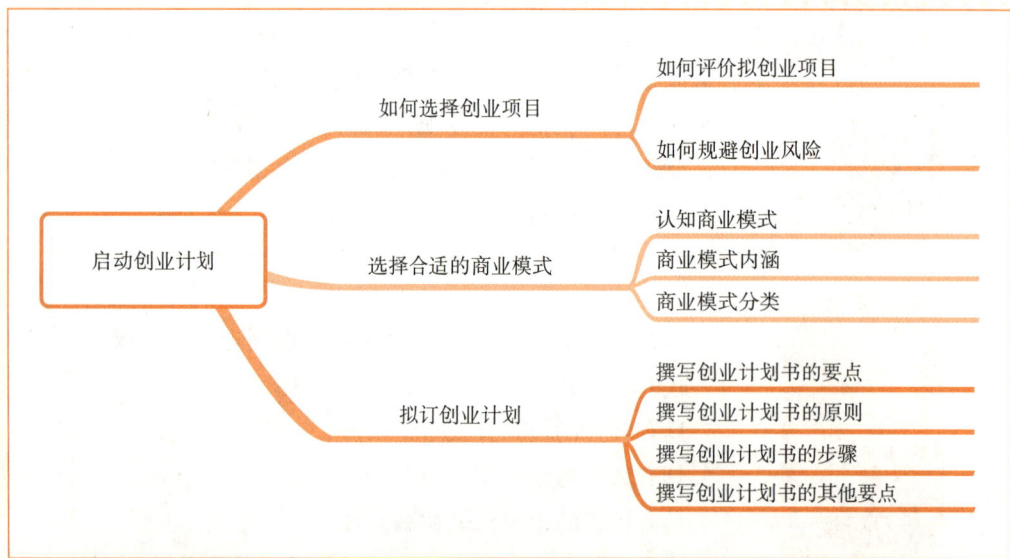

学习任务

任务一　如何选择创业项目

任务布置

（1）通过查阅资料收集目前社会尚待解决的问题；

（2）通过查阅资料、走访调研、市场分析等方式收集大学生创业项目的主要来源；

（3）试分析大学生创业项目的风险点规律及如何规避；

（4）分析成功创业项目的必备要素；

（5）根据所收集的资料，运用SWOT分析法，对自己所处的创业环境做出合理的分析。

任务准备

（1）通过查阅资料、问卷调查、实地走访等方式收集目前社会尚待解决的问题；

（2）根据所收集的资料，运用SWOT分析法，对自己所处的创业环境给出合理的分析结果。

任务实施

"没有最好的项目，只有最适合的项目。"初创者到底应该选择什么样的项目？什么样的项目才靠谱？这些都是至关重要的问题。可以说，项目选择好了，创业这件事儿就成功了一半。各大咨询网站对创业者的调查中显示，创业失败案例中排名前三的原因分别是"创业项目选择失误""创业项目不对头""创业方向没选对"。创业成功的案例无一例外都是找准了创业机会，选择了良好的创业项目。

情景导入

当前美妆营销已经突破了单纯购买或种草的场景限制，用户可以随时完成"种草"与购买的行为，传递到品牌营销端，如何动态捕捉消费需求，如何了解并满足消费者，成为营销的关键。

当人们打招呼的方式，从原来的"吃了吗"变为"看xx直播了吗"，尤其是美妆类内容，已经成为当代年轻人茶余饭后的谈资，关于美的内容也已成为大众生活的重要组成。

但是，美妆品牌的营销环境却并不美丽。美妆品牌之间的战火一直很激烈，稍有不慎便会被拍在沙滩上。在用户的争夺中，美妆品牌从不吝于创新，以把握消费潮流，跑马圈地。

任务分析

一、如何评价拟创业项目

一个品牌要做大做强，是由最初的品牌定位来决定的。2017年，正是国货市场复兴的时候，国潮的定位符合未来的流行趋势。在布局全渠道营销时，也要做产品运营。运营过程中，分析进店率、触达率、转化率、复购率、客单价等因素，每个板块的数据做好查漏补缺，将营销得来的流量利用到最大化。

（一）进店率

进店率指单位时间内进入店铺的客流量与经过店铺门口的客流量的比例。客流量指单位时间内进入某个场所的人数，是反映该场所人气和价值的重要指标。

门店的进店率决定了商品的成交率，通常也是让很多店主最头疼的问题。在一条街上，同样是内衣店，同样拥有充满活力的"90后""00后"，同样的折扣力度，为什么顾客却没有进你的店？

其实进店率与店铺所处的地理位置、店铺知名度、时间段、节假日、店铺活动、店内客流量等有关。在实际的操作中，需要分析一些具体的情况，找出影响的原因，来做针对性的调整。

影响顾客进店率的关键因素主要有以下4个。

1.视觉营销

视觉营销是提高进店率的关键，店铺可以通过装修、色彩搭配等来吸引客户的眼球，引发信任感，以此来吸引客流量。

我们很容易发现乡村基、肯德基、麦当劳这一类的快餐店店面的色调基本都是暖色调。为什么呢？研究表明，红色、黄色之类的暖色调不仅能够让人的饥饿感和食欲大大提升，还能让用户在进食的时候感到幸福。所以红色、橙色、黄色这样的暖色调就成为快餐连锁店的主要选择。那么淘宝、天猫、京东的网站也是主打红橙色调，这又是为什么呢？因为红橙黄这一类颜色会给人一种廉价的感觉，当你的视觉世界里充斥着满满的红色和橙色，你的潜意识会觉得好便宜啊！快买！不买就吃亏咯！

当当网一开始是在线卖书的平台，那时的当当Logo是深绿色的背景。后来当当转型成了线上百货销售平台，Logo的背景颜色也从深绿色变成了红色。为什么一开始当当Logo是深绿色的背景呢？研究表明，深绿色调会让人感觉可靠，让人心灵感到平静。当当一开始使用深绿色的背景做Logo，是希望读者能够信任他们。再看看支付宝和微信支付的理财通，还有旅游类App的携程、去哪儿、穷游，是不是清一色的蓝色或者绿色？因为这样的颜色会让消费者有安全感。

单一的颜色会给人带来不同的感受，那么不同颜色的组合又会给人带来什么感受呢？

宜家和优衣库告诉我们，不同颜色的组合会刺激人们的购买欲。当优衣库同一款衣服推出不同的颜色后，你的想法就会从"我要不要买这件衣服"变成"我要买这件衣服的什么颜色呢"，改变了顾客的想法，从而提高了衣服的销售率。

在这个高速发展的时代，消费者不会用很多时间去"细细品味"你，他们要的是三秒钟快速判断出你的"定位"随后做出选择。

2.店内客流量

店铺客流量越高，客户的进店率越高。有一个有趣的现象：当你路过两家饭店，一家需要排队，一家则有很多空位，你会选哪个？自然是第一家。可是你并不知道这两家饭店到底哪个好啊，为什么会这样选择？因为人们往往相信忙碌的店铺饭菜质量肯定差不了，这就叫作"从众效应"（指个体受到群体的影响而怀疑、改变自己的观点、判断和行为等，以和他人保持一致，也就是通常人们所说的"随大流"）。

3.店铺活动

店铺经营免不了的一个环节便是及时宣传促销，给客户一个进店的理由。在店面外放广告牌，贴上店内的活动赠品以吸引路人光临，也可以在门口贴上现在的特价品、新品、赠品等，虽然这都是非常传统的方式，但却非常实用，适时的促销活动也能给你的店带来不少的顾客。

4.比竞争对手好一点

客户面临几个选择，就看谁更好一点。其实一开业就人气很旺的门店不多，门店的人气也需要日积月累，不需要做到全国最好，只要做到你所在的区域市场内最好就够了。而且每个店基本都会面临竞争，很多时候，如果你迷失方向，不知道做什么，不妨研究下竞争对手。

可以说，现在每家门店周围都遍布竞争对手，你的门店只需要服务比对手好一点点，产品比对手全一点点，店员营销技巧比对手强一点点，这所有的"一点点"聚少成多，你的门店就成为这个区域内综合实力最强的。

（二）触达率

触达率是指特定时间内，个别用户人数与总体目标人数的百分比。有效触达率是指无重复触达量，即不同的人，接触同一产品。提高触达率可以通过用户注册数据、广告频次控制、跨屏身份识别等方法来提高用户人数。实现精准触达需对合适的对象，在合适的时机，用合适的方式，发送合适的消息，达成可归因的目标。

影响用户触达率的因素主要有以下5个。

1.对象

考虑触达的用户是谁，用户画像是怎样的。

常见的做法：第一个是依赖大数据做应用类大数据的用户画像；第二个是制作应用类精准画像，沉淀用户人群，这种方法是圈定目标人群的最佳手段。结合预测算法，可以圈定潜在目标人群；结合历史点击率、历史送达率，可以辅助决策。

2.时机

触达的时机是指在什么时机、什么情景下去触达。

一种方式是传递用户所需，发起及时互动。比如一个女性用户正在搜索眼霜，我们就可以知道她的偏好是美妆护肤，同时也能知道她大概的年龄，这样我们就可以发一条相关的商品推送。这是电商里比较常见的一种寻找合适时机的方案。

另外两种方式是场景助攻转化以及优惠刺激转化。在O2O场景下，客户有自己的线下门店，他们会要求一种场景，圈定地理目标，比如在门店500米左右，触发消息发送。做合适时机的判断，是为了促进转化、刺激转化。

3.内容

基于第一点和第二点，思考用户需要和感兴趣的内容是什么，为他们提供相应的内容。

4.通道

随着运营阵地越来越分散，如何选择一个合适的通道成了难题。目前已有App Push、微信公众号、微信小程序、短信等通道。当我们需要实施运营计划时，需要考虑本次触达需要哪些通道，最优触达顺序是什么，是否需要补发等问题。

例如：在发送一条必达消息时，为了节省成本，可以先选择App Push，如果用户没有点击或者收到，可以选择几分钟内发送短信，这样既节省了成本，也可以保证消息必达。以Push为例，有很多二级的子频道，像VIVO、华为等，它们都有自己的厂商，这叫作厂商通道。但不同的厂商通道有自己的配置限制，比如VIVO，目前它是国内主流厂商限制最严格的，它每天允许发送的运营类消息配额是有限的，超过配额就会报错。

在实际运营中，因为厂商通道的限制，会有很多消息在厂商通道就被拦截，导致无法推送给用户。正常来说，厂商通道的送达率应该在90%以上，但是很多时候厂商通道的送达率只有50%~60%。当VIVO的通道配额满了时，可以做个预警，弄个智能路由，用极光通道或者第三方通道进行消息的下发。这样既能保证消息不会丢失，又能保证最大的送达率。

5.目标

分析用户触达的最终可量化的直接目标，做好数据归因，实现用户触达目标。

做目标时一定要保证是可归因的直接目标。比方说，在推送优惠券消息时，只设定一个目标：优惠券是否被领取。这个就是我们触达的最直接的目标，不可归因的目标有产品的GMV、转化率的销售额等，它并不是这次触达的最直接目标，而是长期的核心目标。

（三）转化率

转化率是指产品中单一交互行为和总体功能的比例，使用后与使用前的用户数量之比。通常称前者为行为转化率，称后者为总体功能转化率。转化率是衡量产品优质与否的重要指标之一。

$$行为转化率 = \frac{期望行为数}{行为总数}$$

总体功能转化率 = 行为转化率1 × 行为转化率2 × 行为转化率3 × … × 行为转化率N

期望行为是希望考量目标做到的行为，因为总人数在一定范围是固定的，所以要想尽办法提高期望行为人数，来增加转化率。影响转化率最直接的因素是你所提供的产品或者服务，在目标消费者那里是否属于刚需。信息传递的精准程度对转化率有很大影响。

高转化率需要具备以下6个因素。

1.受众明确

前期一定要做人群画像、访客分析，着陆页的用户人群是什么样的，需要配以适合的文案、图片，确保受众人群跟着陆页特性高度符合。

2.简洁高效

着陆页页面要简洁高效，不要太贪心，什么都说就是什么都没说。页面上不要放过多杂乱无章的东西，即使推广多产品，一个页面最多罗列2~3个卖点。

3.内容相关

关键词与着陆页相关，着陆页与访客需求相关，着陆页页面的内容一定要跟转化目标一致。

4.速度快

速度一定要快，现在用户浏览时普遍在5秒以内，超过5秒打不开可能就关掉了。一旦网页打开速度太慢，后面的咨询、转化、成交就无从谈起了。所以高转化率着陆页速度是第一，也是最重要的一个环节，不要让用户等。推荐用工具去测速，压缩网站图片，选择好的服务器等。

5.重视交互体验

着陆页咨询按钮要明确，联系方式要明晰。每一个转化路径都要有转化按钮，起码保证每一屏都有，浏览到任何地方都能点击咨询留下表单信息。

6.效果分析靠数据

要注重着陆页的数据分析，没有人能当着陆页的裁判，但数据工具可以。可以借助"百度热力图"，它能很好地显示出用户点击量高的地方，我们可以根据热力图来判断访客的需求，了解点哪个地方的人更多，网民更关心哪一点，然后再根据这些网民高频率点击的地方进行合理的按钮设置，提高转化率。

（四）复购率

复购率即购买频次，全称是"重复购买率"，也就是说购买该产品或服务两次及以上的人数占购买该产品或服务总人数的比例。重复购买率越高，代表该产品受众稳定，成本小，收益大。获取一个新客户的成本，是维护老客户成本的5倍。新客户所带来的利润是老客户的十分之一。

影响复购率的主要因素有：品质、营销、服务、促销。据统计，当消费者产生二次购买后，三、四次购买便水到渠成。这也是耐用品与快消品的差别。

提升复购率主要有以下4种方法。

1.品质保证

任何形式的商品售卖，到了售后环节都要考验产品品质。在这点上，从用户角度看似很简单，你卖的东西好，用户满意，可能下次有需求还会继续在你店里买；若不好，不仅下次不会来了，还可能会退货，所以一定要保证产品质量。

2.营销策略

商品被哪一个群体所需要？被需要的周期是多久？这些都需要卖家通过品类特性和店铺本身的复购数据进行分析。例如：商品的标类是豆浆机或打印机，可以根据豆浆机/打印纸的损耗周期定期给用户推送解决方案，这是与其非标类商品不同的地方。

3.服务保障

每一个店铺应该都有自己的服务标准，这个也是很多门店最容易忽视的一点，有很多的单子都是因为服务不好，导致客户买过后就再也不想复购产品了。不论是奢侈品店的店员歧视，普通店的店员服务态度，都会对产品品牌造成极大的影响，更是影响产品复购的主要因素之一。线上门店更是如此，客服服务态度差，也会影响你的产品复购，从而使你的销量打折扣。

比如，去买房有专车接送看房，买车会提供饮品、零食服务，产品问题也会有专门的营业员为你提供一对一介绍服务，这都是增加客户好感度、提升客户体验服务的关键。

4.合理利用一码一券

当你在外就餐，餐桌上一定会贴有二维码或者小程序，而你去服务台点餐，柜台的服务员也会引导你扫码。是不是你进到这个地方以后，已经进入商家布下的天罗地网了？这就是一码——二维码。

当你进入购物社群，群里天天给你推福利——优惠券，让你扫码送你礼物，看似是他亏损了，但他却是赚了。其实，消费者并不是喜欢占便宜，而是喜欢占便宜的感觉，会很有成就感。在这方面，优惠券绝对是利器。例如：两件款式和价格一样的商品，区别在于可否使用优惠券，消费者会买哪个？所以，一定要运用好优惠券。一般来说，优惠券能将转化率拉升30%，从而提升店铺销售额。

（五）客单价

在项目运作中，最为直观的就是产品或者服务的价格。客单价指单位时间内消费者购买该产品或服务的平均交易金额。客单价作为衡量门店销售的核心指标之一，在客流量相近的情况下，要提升销售，最直接最有效的方法就是提升客单价。影响客单价的主要因素有：品牌促销、会员关联、产品定位、产品陈列等。

1.品牌促销

这种方法最常见的做法就是第二件半价、买几送一、加钱换购或者降价促销等。这种优惠手段，能有效地刺激消费者的购买欲，买得越多，享受的优惠就越多，消费者购买的件数就会增加，所以我们才多买了几件本来可有可无的产品。这样的方式能有效地提高店铺的客单价，还能提高店铺里其他款式的销量，达到两全其美的效果。

既然客单价是顾客购物篮内的商品数量与商品单价的乘积之累计，那么通过促销活动促成顾客购买本不想买的东西，或者想买的东西多买，这就是促销活动对提升客单价的作用。门店促销对于提升客单价的帮助非常明显。

2.会员关联

主要有会员等级和会员积分两种形式。

不同等级的会员选择商品是不一样的，利用会员管理信息系统中的会员信息，对会员的购物清单进行分析，寻找那些关联比较强的品类或者关联比较紧密的单品，有意识地调整陈列，必要时采取复合陈列，并在做促销时有意识地做关联促销，以强化顾客的组合消费行为。

在顾客购买产品时，精明的销售人员会有意识地提醒顾客面前的积分是多少，以及可以兑换哪些商品，大部分顾客都会重视这种潜在的价值回馈，为了能兑换到理想的商品，他们很乐意凑够积分，这种方式的前提是门店上要有充足的可兑换的商品。

3.产品定位

在同一个商场，不同品牌的定位价格不一样，最终的客单价也会不一样。某商场A品牌一套五件套护肤品大概在3800元，B品牌的价格却只有1280元，我们平时虽然看到B品牌的销售数量比A品牌多，但到最后营业结束时却看到了不一样的结果，就是A品牌的营业额比B品牌高出了接近10000元。

4.产品陈列

我们都知道商品陈列有三个阶段，初级阶段摆整齐，中级阶段摆好看，高级阶段摆好卖。商品的陈列对于客单价的影响同样也是不可忽视的。不管门店是大还是小，相对于顾客在门店内所待的时间来说，这些商品总是远远"过剩"的，因此，要想让合适的商品吸引到顾客足够的眼球，就需要在陈列上下功夫。

比如，可以通过特殊的位置陈列重点商品，最大限度地刺激顾客的消费欲望，如促销台、端头、收银台、赠品区等黄金位置都是陈列特殊产品的最佳方位；或者将围绕婴儿的食品、穿着、玩具、纸尿裤、啤酒等陈列在一起，可以"触景生情"产生许多冲动性消费。

二、如何规避创业风险

创业不可能是没有风险的，特别是大学生创业者在资源和经验欠缺的情况下，创业过程中遭遇创业风险几乎是不可避免的。对于创业者来说，只有加强对创业风险的识别与防控，才可能更好地推进创业项目。从另一个角度来说，创业的过程其实就是创业者不断克服困难、迎接挑战的过程，勇敢地面对风险、科学地处理风险将伴随创业的全过程。

（一）外部风险的管控

外部风险是由企业某种外部因素引起的，创业者本身根本控制不了，并难以采取有效方法消除的风险，如环境与政策风险、商品市场风险等。

找到蓝海是创业的良好开端，但并非所有的创业者都能找到蓝海。更何况蓝海也只是暂时的，竞争是必然的。如何面对竞争是每个企业都要随时考虑的事，而对初级创业者更是如此。如果创业者选择的行业是一个竞争非常激烈的领域，那么在创业之初极有可能受到同行的强烈排挤。考虑好如何应对来自同行的残酷竞争是创业者的必修课。

外部风险是创业者自身难以掌控的，只能加强监测和预警，进而努力规避。在创业活动中的各个阶段，创业者都应该充分认知风险，预防风险并理性把握相关风险。

所谓理性把握相关风险，即分析、判断相关风险的具体来源、发生概率、程度大小，对可能的风险因素进行评估；测算借机冒险创业的成功概率，设计并选择综合风险较小，且自己有能力承受相关风险的行动方案，并提前准备相应的风险应对预案。

创业者应对外部风险有充分的认知与敏锐的洞察，可以从以下三个方面做好外部风险管控。

1.充分认知、科学分析

创业者应对其所处的创业环境进行深入了解与科学分析。目前，我国全面实施积极的创业就业政策，贯彻鼓励创业的方针，在自主创业税费减免、小额担保贷款、创业的落户以及场地、项目、技术、培训等方面，为大学生创业提供了一系列优惠和鼓励政策，创造了更为宽松的创业环境。创业者首先应对创业环境进行正确的认识和了解，采用科学的方法对创业环境进行合理评估，特别是针对国家发展规划、政策导向、宏观经济环境、行业发展趋势、区域经济状况、技术发展与应用状况、人口消费趋势、社会问题等进行全面、系统、理性的分析判断，以求准确深入地解释创业过程中可能遇到的外部风险。

2. 敏锐洞察、理性预测

任何事物都是有其发展规律的，同时任何事物的变化也将引发相关事物的变化，产生"蝴蝶效应"。因此，在创业外部风险中，有些风险可以通过对身边事物变化的观察而预测到；同时因创业者自身知识能力所限，信息渠道所限等，形成了一些不可预测的风险。创业者应尽可能运用所学知识和掌握的资源，采用科学的方法对那些能够预测的风险进行深入分析，通过和团队成员探讨、请教外部专家等方法来预测可能发生的外部风险，以及该风险发生会对创业企业带来的影响，尽量对创业的外部风险做到心中有数，制订相应的应对预案。

3. 镇定应对、合理管控

由于外部风险的不可规避性，创业者只能根据上述对外部风险的分析和预测来制订合理的应对措施，利用智慧沉着应对，实施风险预案，尽可能降低风险发生对创业者自身或创业企业的不利影响。

【延伸阅读】

俏江南是一家知名高端餐饮品牌，曾经承办过北京奥运会和上海世博会的中餐服务。为了在3~5年内开办300~500家俏江南餐厅，2008年俏江南的张兰与鼎晖投资机构签订了股份回购条款，称如果俏江南无法在2012年年底之前上市，鼎晖有权以回购的方式退出俏江南。

俏江南先是计划A股上市。2011年3月，俏江南向证监会上报材料，但到2012年1月却上了终止审核名单。无奈之下，俏江南在2012年4月启动了香港上市计划。此时，因为受中央八项规定的影响，所有高档餐饮遭遇拐点，行情不被看好。虽然俏江南通过了港交所的聆讯，但潜在投资人给出的估值非常低，张兰想等行情好的时候再上市，可行情越等越差，最终俏江南没能够在2012年年末实现上市。按照条款，俏江南必须以双倍价格回购鼎晖的股份。可在当时的情况下，企业根本拿不出这么多钱来。鼎晖就启动了"领售权条款"。也就是说，风险资本可以出售公司股权来变现投资。所以鼎晖就找到欧洲一家最大的私募股权基金CVC，鼎晖转让了10.53%的股份，张兰跟随出售72.17%的股份，一共是82.7%，出售股份的钱要优先保证鼎晖2倍的回报，鼎晖顺利退出了。后来受市场的影响，俏江南不能靠自己的现金流支付银行的贷款，CVC最终放弃这部分股权。放弃的股权都被银行接管。至此，CVC和张兰都从董事会出局了。

（资料来源：金融界）

（二）内部风险的管控

内部风险是由创业者或创业企业自身因素引起的，只对该创业者或创业企业产生影响的风险。因此，创业者和新创企业可以在某种程度上对其进行控制，并通过一定的手段予以预防和分散。

创业失败者，基本上都是管理方面出了问题，其中包括决策随意、信息不通、理念不清、患得患失、用人不当、忽视创新、急功近利、盲目跟风、意志薄弱等。特别是大学生知识单一、经验欠缺、资金实力和心理素质明显不足，这些都会产生内部风险，进而导致创业进程受阻或创业失败。

1.机会选择风险的防范

机会选择风险是一种潜在且先天的风险，除前述在创业风险的分类中所谈及的，还涉及是否选择创业而给创业者个人带来的人生发展的不确定性。因此，创业者在思考创业时就应该对创业的风险和收益进行全面权衡，这种收益的权衡受到创业者价值观和人生目标的影响。

将创业阶段目标和目前的职业收益进行比较，结合当下的创业环境、自己的人生进行系统分析，如果认为创业时机已经成熟，且是实现人生阶段目标的最佳途径，并又存在一个商业机会的时间窗口，而且该项目又可以和自己的生涯规划相吻合，那么以选择创业；否则就不要急于创业，而是通过就业、深造或者继续从事目前的工作，观察社会发展，学习相关的方法和技能，积累经验与资源，同时学会利用自己的身边建立良好的关系网络，待时机成熟再选择创业。

2.人力资源风险的防范

人力资源是创业活动中最重要的资源，由此产生的风险对创业企业来说往往也是致命的，所以受到创业者和企业家的高度关注。首先，创业者应不断充实自己，持续提高个人素质，使自己的知识和能力与创业活动的需求和企业发展相匹配；其次，通过沟通、协调、激励、奖惩、评价、目标管理等多种手段管理团队，并在创业团队发展的不同阶段确定相应的管理制度，科学合理地对成员进行绩效评价；还要招聘一些具有良好职业道德和团队合作意识、拥有与岗位技能要求相匹配的员工，同时要不断提升团队能力，加强团队的凝聚力，形成团队的主流价值观，在此基础上选好人、用好人。

3.技术风险的防范

技术创新能够给拥有者带来丰厚的回报，但掌控不好也可能制约创业进程，甚至使创业者颗粒无收。因此，创业者一定要通过加强自身能力建设或建立创新联盟等方式减少技术风险发生的可能性。第一，应加强对技术创新方案与技术路径的可行性论证，减少技术开发与技术选择的盲目性，并通过建立灵敏的技术信息预警系统，及时预防技术风险；第二，可通过组建技术联合开发团队或建立创新联盟等方式来分散技术创新的风险；第三，提高创业企业技术系统的活力，降低技术风险发生的可能性；第四，高度重视专利申请、技术标准申请等保护性措施的采用，通过法律手段减少损失出现的可能性。

4.管理与决策风险防范

通过提高管理者的素质，建立管理和决策机制可以有效防范创业企业的管理与决策风险。具体来说，可以采取的主要措施有：第一，应努力提高核心创业成员的素质，树立其责任意识、诚信意识和市场经济观念，在此基础上建立管理和决策机制，针对企业发展需求，适时调整组织架构；第二，在充分调研的基础上实行集权管理，明确企业的决策流程、执行管理机制、监督考核机制和信息反馈机制，合理放权，实现责权利的统一，进而避免不规范、不负责的管理行为发生。

5.财务管理风险防范

筹资困难和资本结构不合理是很多创业企业明显的财务特征和主要财务风险的来源。有效规避财务风险要求做到以下几点：第一，创业者要对创业所需资金进行合理估计，避免筹资不足影响创业企业的健康成长和后续发展；第二，要学会建立和经营创业者自身和创业企业的信用，提高获得资金的概率，丰富资金获取的途径；第三，创业者或团队一定要学会在企业的长远发展和目前利益之间进行权衡，设置合理的财务结构，从适当的渠道获得资金；第四，管好创业企业的现金流，避免现金断流带来的财务拮据甚至是破产清算的局面。

识别和评估内部和外部的因素：通过SWOT分析，可以识别和评估一个企业、产品或项目的内部和外部因素，包括优势、劣势、机会和威胁，有助于形成全面的战略规划。

制定战略：SWOT分析可以帮助企业或团队更清晰地了解自身的优势、劣势、机会和威胁，从而有针对性地制定适合自身的战略。

制定决策：SWOT分析可以帮助企业或团队更清楚地了解问题所在，并确定问题的根源，有助于制定解决问题的决策。

评估竞争对手：SWOT分析可以评估竞争对手的优势和劣势，并识别机会和威胁，从而有助于制定更具有竞争力的战略。

💡 实践与提升

如今，越来越多的大学生靠自己赚取学费和生活费，其中一些同学还会选择在毕业后直接创业，那么对于大学生来说，哪些项目比较适合自己，其想进入的行业的优劣势在哪里，显得尤为重要。目前大学生常见的创业项目主要有以下几种：

（1）开办快递服务站；

（2）返乡参与乡村振兴项目；

（3）开办网店；

（4）技术入股小微企业；

（5）开展校园跑腿业务；

（6）开设零食店、杂货铺；

（7）运营抖音短视频；

（8）运营公众号等新媒体矩阵；

（9）成立图文广告设计工作室；

（10）开展游戏代练、陪练业务。

SWOT分析法：

（1）S（Strengths）是优势，W（Weaknesses）是劣势，O（Opportunities）是机会，T（Threats）是威胁。

（2）SWOT分析：通过调查列举出与研究对象密切相关的各种主要内部优势、劣势和外部的机会和威胁等，排列成矩阵形式，然后用系统分析的思想，把各种因素相互匹配，并且加以分析，从中得出一系列相应的决策性结论。

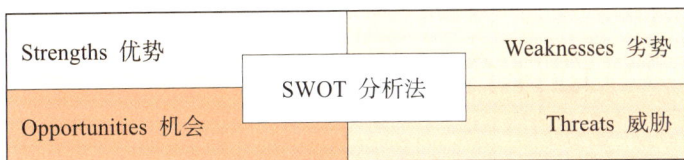

Strengths 优势		Weaknesses 劣势
	SWOT 分析法	
Opportunities 机会		Threats 威胁

SWOT 分析

请综合考虑自身各方面的因素，结合大学生常见的创业项目确定一个拟创业项目，运用 SWOT 分析法，对拟创业项目进行分析，找出优势、劣势，并完成如下 SWOT 分析表。

拟创业项目的SWOT分析

	内部自身优势（S）	内部自身劣势（W）
内部条件（自身条件）		
	社会环境机会（O）	社会环境威胁（T）
外部条件（社会因素）		

学生成长卡

创业项目评价表

评价项目	具体指标	小组自评	小组互评	教师评价	总评
产品/服务特色	全面客观地介绍和评价产品/服务特点、性质和市场前景				
	具有较强的创新性，技术含量高，具有独创性，具有潜在研发领域能力或自主知识产权				
市场及竞争分析	对市场进行细致的调查并对调查结果加以科学分析				
	有一定的发展和生存空间，市场定位准确				
前期基础	项目的前期市场研究或推广取得一定成效				
风险控制	对企业在经营中可能遇到的关键风险问题进行前期考虑和分析，并附有实质性的对策				

学习任务

🏃 任务二　选择合适的商业模式

任务布置

（1）通过查阅网络、书刊等方式收集你所熟知的企业采用的商业模式；

（2）通过查阅资料发现好的商业模式，并试着用SWOT分析法做分析。

任务准备

（1）思考：什么是好的商业模式？请举例说明。

（2）思考：成功商业模式的特征是什么？

（3）常见的平台商业模式有很多，如何去搭建完成一个优秀的平台？

任务实施

　　商业模式是创业企业的商业逻辑的集中体现。一个企业要想成功，商业逻辑必须成立，这是由商业的本质决定的。"商业模式"是创业者、风投常常挂在嘴边的一个词，几乎每个人都深信，一个企业有了好的商业模式，就成功了一半。

　　商业模式和盈利模式，是两个比较容易混淆的概念。通过实现客户价值最大化，把能使企业运行的内外各要素整合起来，形成一个完整的、高效的、具有独特核心竞争力的运行系统，并通过最优实现形式满足客户需求，同时使系统达成持续盈利目标，叫作商业模式。盈利模式是商业模式的一部分，是企业如何获得收益，实现经营现金流入。

情景导入

　　假设有两颗同样卖10元的"水果糖"。在甲和乙两人把糖含在嘴里的瞬间，甲赞叹道："啊！真好吃！"而乙却说："哇！好难吃！"这时的甲、乙两人，对于"价格"同样是10元的水果糖，他们认可的"价值"会一样吗？

　　甲会觉得这10元的价格"便宜"，而乙会觉得"贵"。也就是说，"价格"和"价值"会因状况或人的不同而大相径庭。

任务分析

一、认知商业模式

　　"商业模式"这一概念及其相关术语由来已久，它之所以能在众多商业概念的"大浪淘沙"中留存至今且历久弥新，是因为它回答了两个关键问题："组织如何持续地获取竞争优势""组织如何进行革新"。

　　泰莫斯认为商业模式是一个完整的产品、服务和信息流体系，包括每一个参与者和其在其中起到的作用，以及每一个参与者的潜在利益与相应的收益来源和方式。简单地说，就是赚钱的方法或方式。

二、商业模式内涵

正如人们常说的那样，方向比努力更重要，选对了路，就不怕路途遥远；选对了路，路途也不再遥远。真实的企业发展与商业进步，让我们意识到：企业之间的竞争，已经不是产品与价格的竞争，甚至不是服务的竞争，而是商业模式的竞争。商业模式不成熟一直以来都是创业失败率居高不下的一个重要原因。

商业一定是源于实践的，没有经营与管理实践上的成效，我们无法真正获得经验并得出结论。商业的本质是一个循环往复的活动——"为把价值交付给社会、市场、顾客而撰写'剧本'（设计方案），在帮助社会、市场和顾客持续发展的同时，赚取自身持续发展的'利润'，再把它回馈给整个社会。"

创业者在初创之际就应该有正确的商业思维，如技术只不过是实现顾客价值（目的）的手段而已，更要思考的问题是——"对于顾客来说，采用技术能实现什么样的价值？""为什么要提供这样的技术？"

商品的价格并不是越便宜越好。很多企业在做"商业模式"立项时，都会犯一个错误，"越便宜越好卖"。当然，如果价格低又具有战略性的竞争力，那当然是好的，难道"贵就真的卖不出去"吗？

在思考商品的"价值"时，关键是要看"对方是谁"。我们思考如何实现"盈利"时，关键是要把"谁会愿意付钱来买？顾客满意吗？自己能赚钱吗？"这一系列的问题结构化，创建盈利结构。为此，针对顾客、竞争对手和本公司的变化，率先创建持续向上的成长周期就变得非常重要。

三、商业模式分类

从经济学的角度来说价格是商品价值的货币表现，价格的形成受价值的生成条件、价值的实现条件和价值的分配条件等多重影响，从而使价格的形成区分为三个不同层次：基础价格，反映了生成价格的价值基础；供求价格，反映了货币价值、商品供求等几个主要客观因素对价格形成的影响；目标价格，反映在前两个层次的基础上，几个主要主观因素对价格形成的影响。三者之中，基础价格是价格形成的核心。

那么"商业模式"，就是把针对市场所做的策略和机制结合在一起的盈利结构。

（一）传统商业模式与新型商业模式

原料采购—制造加工—物流库存—市场投入—渠道建设—客户成交—赚到利润—循环投入（破产跑路）

传统的商业模式主要关注企业与用户、供应商及其他合作伙伴的关系，批发商和零售商是实现流通必不可少的环节，商品从生产商到达消费者的手中，必然要经过批发商和零售商。批发商在商品流通过程中，起到承上启下的作用，各级批发商从上级进货，买断上级的商品所有权，然后再卖给消费者，从中赚取差价。代理销售的品牌数量有限，供货渠道较稳定。在传统商业模式下，交易都是具体的实体交易，交易透明，被称为有形市场。

新型商业模式是交易未来、交易权利，包括产品预销权、市场开发权、品牌授权、专利技术权、股权认购权、原料采购、制造加工、物流库存、市场投入、渠道建设。

（二）互联网时代下商业模式的创新

1.平台模式

平台模式就是构建多主体共享的商业生态系统，产生网络效应实现多主体共赢的一种战略。它属于行业和价值链层级的代表模式，吸引大量关键资源，实现跨界整合，并能以最快的速度整合资源，使企业家将眼光从企业内部转向企业外部，思考行业甚至跨行业的机遇和战略。

小米把所有的家电都变成互联网的终端，连起来变成一个智慧家庭。在这个平台上可能会有很多小企业，它们成为自主经营体，每个自主经营体和其他组织联合，变成一个利益共同体。

移动互联网时代，平台模式完全普及，打破传统产业的分工，成了一个新的手段。企业借助平台将用户所需的各类应用和信息整合、推送，实现盈利。移动互联网产业实际上已经成了一种平台化的产业，它给所有的参与者新的空间，在这里可以搭建自己的平台，或者联合在一个优质平台之下，形成一个新的产业体系。

（1）聚集更多的合作伙伴。

针对所有有意的合作者或者客户进行开放，吸引更多的合作伙伴，合作伙伴越多，平台就越有价值。平台商业模式服务于某类人群，而这必须有足够多的用户数量，用户间才会获得更多的交流机会，使信息交互的范围更加广泛，次数更加频繁。

平台企业为买卖双方提供服务，促成交易，并且进行有效的组织管理和市场维护。在平台上，无论是买方的数量增多还是卖方的数量增多，都能吸引另外一方流量上的增加，这样就能充分显现平台的价值。

（2）找到核心产品切入点。

平台企业应该具有一定的核心竞争力，而核心能力包含内容足够多，如品牌影响、渠道能力、运营能力、管理能力、资金能力等。平台型商业模式的核心产品作为切入点，是平台模式的基础。据统计，全球一些知名公司的收入，有很大一部分来自平台商务。

（3）互不干涉，共同发展平台。

平台企业与其合作伙伴不存在产品之间的竞争，两者应该有自己不同的盈利模式、客户群体和市场目标。自己不开发任何形式的产品或服务，只搭建交易平台，通过强化平台运营和管理，汇聚内容开发者以及其他合作伙伴，并通过合作分成、内容付费、广告收益等方式实现盈利。

（4）做好互利原则。

平台企业通过开发、监督管理，为合作伙伴带来经济效益，实现共同发展，建立持续良性的发展平台。用无限生产满足无限需求，不仅可以降低成本，还实现了收入倍增、盈利倍增。平台型商业模式的企业有维持生产和需求双方能够互动运转起来的约定和规则，做好战略定位，通过模式创新、市场创新来实现成功。如某宝是面向第三方的开放式电子商务服务基础、服务框架，其宗旨是以开放API（应用程序编程接口）为契机，形成一个多接口的开放性平台，吸引大量的合作伙伴聚集为一个商业生态系统。

2.品牌模式

品牌是一种识别标志，一种精神象征，一种价值理念，是品质的核心体现。现代意义上的品牌是指消费者和产品之间的全部体验，是能够给消费者带来溢价、产生增值的一种无形的资产。品牌经营就是把品牌当成一种独立的"虚拟资产"进行经营并获得长期收益的一种网络化、虚拟化、知识化的经营模式，是在对企业核心能力与核心资源、市场环境和消费者趋势进行分析的基础上建立的一套品牌经营系统。

2017年，Brand Z（全球最具价值品牌百强榜）中，腾讯首次超过IBM、麦当劳，品牌价值比2016年增长27%，增幅与Facebook并列第二，仅次于Amazon。社交平台微信高速增长，腾讯品牌价值也增长27%，达到1083亿美元。腾讯一直为用户提供"一站式在线生活服务"，其价值定位坚持以用户价值为中心，通过模仿和再创新，如今的腾讯已经成为中国最大的网络社区，满足了互联网用户沟通、资讯、娱乐、购物等方面的需求，一跃成为我国市值最大的互联网公司。

（1）品牌影响力。

品牌名称不仅可以引起消费者的独特联想，还可以准确反映品牌的特点，有强烈的冲击力，刺激消费者的消费心理，增强消费者的信任感。就像我们看到华为、小米、苹果就能想到手机，看到腾讯就能想起QQ，看到二维码就能想到微信、支付宝，看到亚马逊、当当就能想到网上书店，看到百度就能联想到无所不能的"度娘"，看到京东、淘宝、唯品会就能想起购物等，这些品牌影响着人们的思维模式，改变了人们的生活方式，影响着人们的购物习惯。

（2）用网络去宣传企业品牌。

传统企业是单纯的买卖关系，客户对产品的了解是比较单一的过程，了解产品的信息非常滞后，特别是对新产品的信息来源只能依靠传统媒体电视、广播、报纸、户外广告、杂志、内刊等。

在互联网时代，传统的传播途径被新媒体取而代之，微信、微博、论坛、视频、社群、贴吧、文库、百科等，开启了宣传的无限可能性。

（3）与产品"零"距离接触，与客户互动。

亚洲最大最成功的购物网站——淘宝网，让消费者购买前可以与卖家沟通，付款由第三方平台担保，物流信息随时查询商品运输情况，不满意退款退货，购买后还可以评价商品使用感受。以顾客为中心的经营模式，吸引了亿万消费者在其网站选购下单。互联网平台实现了客户与企业"零"距离接触，客户在互联网上随时购买，并享受平台企业优质的售后服务，此时企业和客户可以直接进行沟通互动，不再是单纯的买卖关系了。

（4）传统企业与互联网结合。

传统企业品牌根深蒂固，已经影响了中国历史的进程。在互联网时代，如果传统企业能和互联网及时结合，利用传统品牌的优势，不仅能立于不败之地，还能更好地提高自身品牌创新。互联网与传统行业的融合，"新事物取代旧事物"是大势所趋。

互联网时代，很多大企业纷纷加入电商行列，走传统商业与电子商务联合运营的道路。例如，苏宁易购调整扩展渠道，线上线下销售产品，使顾客能在全购物场景间自由穿行。

（5）个性化定制。

个性化的产品，是企业形成互联网品牌的成功关键。阿里巴巴集团用15年变为了中国互联网第一品牌。华为公司成立至今不到40年，已成为目前最具影响力的国产品牌。互联网时代，产品的周期太短，而企业可以凭借个性化的产品横空出世，无须漫长的积累等待，是企业形成互联网品牌的关键。

3.O2O商业模式

O2O即Online to Online，这个概念最早来源于美国，是指将线下的商务机会与互联网结合，让互联网成为线下交易的平台，把线上的消费者带到现实的商店中去，真正使线上的虚拟经济和线下的实体经济融为一体。

【延伸阅读】

最有创意的中式快餐——黄太吉

煎饼是我们最常见的一种小吃，在城市里工作的人经常将它当早餐吃，卖煎饼的人经常都是推着三轮车来卖。但就是这不起眼的煎饼，黄太吉却把它带到了北京的CBD，卖出了10元一张的惊人价格。

在黄太吉只有16个座位的煎饼店里，免费提供无线商务服务，店主希望在这里吃煎饼的每位顾客把自己的建议和感受分享出去，就是这样的"分享"氛围，达到线上线下打通的效果。当人们看到微博、微信上那些黄太吉的一些忠实粉丝，有人在送情人节礼物时就是带着黄太吉的煎饼；有的人万里迢迢从遥远的美国飞过来，只是为了看一眼黄太吉煎饼；怀孕的孕妇在微博上留言："不吃上煎饼就会胎动异常。"每天都会有人愿意排上半个小时的队，带一张煎饼回去。

（来源：黄太吉：互联网+时代的煎饼果子，黄太吉果然不同凡响［J］．（2017-09-06）［2023-04-30］.凤凰网.摘编）

O2O商业模式的关键点是在网络平台上吸引消费者，然后将他们带到现实的商店中。它是支付模式和创造客流量的一种结合，对消费者来说也是一种"发现"机制，实现了线下的购买，这就对线下服务提出了更高的要求。这种模式应该说更偏向于线下，更利于消费者，让消费者感觉消费得比较踏实。

正是这种线上线下的互动，带动了黄太吉的发展，也创造了煎饼在O2O模式的一个小奇迹，可见商业模式的创新会给企业带来意想不到的成功。

总结一下，O2O商业模式的实施方法有以下几点：线上互动+线下消费、线上消费+线下互动、线上消费+线下消费、手机二维码、优惠券。

4.O2O商业模式和传统企业相结合

移动互联网的快速发展改变了人们的消费习惯，线上线下的边界也越来越不明显，越来越多的行业开始互联网化，进入线上线下融合的大军当中。O2O也不再限于前端产品和服务的线上化，开始向传统行业上下游不断拓展，面向前端的技术产品类型不断增多，从营销、决策、供应链等多方向切入，将整个产业链连接到数字世界，深度挖掘线下潜能。

线下商业复杂度高，不同行业不同企业之间差异巨大，线上企业需要不断深化对传统行业的理解，方能真正助力传统行业实现变革。

5.C2M 商业模式

C2M（Customer to Manufactory）又称"短路经济"，即连接消费者和制造商，"预约购买，按需生产"，简称"客对厂"。这是由用户需求而衍生的生产制造模式——"客对厂"是一种新型的电子商务互联网商业模式，是基于社区SNS平台以及B2C平台模式的。C2M商业模式实现了顾客到工厂的直接连接，去掉了所有中间流通加价环节，使顾客能与制造商、设计师直接连接，为顾客提供优质平价、性价比高、个性化且专属的产品。

（1）产生的环境及因素。

C2M模式是在"工业互联网"背景下产生的，被称为继蒸汽机、电气化、自动化之后人类的第四次科技革命。C2M源于德国政府在2011年汉诺威工业博览会上提出的工业4.0概念，是指现代工业的自动化、智能化、网络化、定制化和节能化。它的目标是通过互联网将不同的生产线连接在一起，运用庞大的计算机系统随时进行数据交换，按照客户的产品订单要求，设定供应商和生产工序，最终生产出个性化产品的工业化定制模式。

工业互联网，简单地说就是将人、数据和机器连接起来，结合软件和大数据分析，重组工业结构，从而激发生产力，为制造商和客户带来前所未有的解决方案。这会大大提高传统行业的劳动效率，将为诸多工业领域带来巨大的变革和机遇，它所带来的市场空间不可限量。它一头连着制造商，一头连着消费者，去掉库存、物流、总销、分销等一切可以去掉的中间环节，砍掉包括库存在内的所有不必要的成本，让用户以超低价格买到超市品质的产品。

（2）去除中间商，建立用户到工厂直连模式。

C2M实现了用户到工厂的直连，去除所有中间流通加价环节，连接设计师、制造商，为用户提供顶级品质、平民价格、个性且专属的商品。C2M模式还颠覆了从工厂到用户的传统零售思维，由用户需求驱动生产制造，通过电子商务平台反向订购，用户订多少，工厂就生产多少，彻底消灭了工厂的库存成本，工厂的成本降低，用户购买产品的成本自然也随之下降。

C2M这种创新的商业模式是对传统商业模式的颠覆，促使一些优秀的传统企业进行转型，由于互联网企业的进入，又引来众多参与者的加入。

（3）个性需求、节约成本、提高效率。

C2M也改变了"必要"物流周期长，反应速度慢，服务体验差，售前售中售后服务无法保障的状况。C2M的出现无疑是电子商务互联网商业模式的重要革新：一方面是因为迎合了当前用户的个性化需求，通过减少中间环节达到成本降低、效率提升的效果；另一方面，对于企业而言，运作模式的调整会带来一定的成本和阵痛期。

2018年拼多多火爆中国大江南北，拼多多模式广受热议。今日，拼多多推出的"新品牌计划"即要扶持1000家各行业的中小微企业，帮助它们更有效地触达消费者，以最低成本培育品牌，我们可以把它看作一种C2M商业模式。目前参与试水企业都是国内外知名品牌的代工厂，如家卫士、潮州松发陶瓷、浙江三禾厨具等，凭借超强的技术生产工艺和多年的质量坚持，使之直接面向终端消费者，试图通过C2M弯道超车老牌电商。

6.物流商业模式

物流行业起源要比互联网行业早得多，但是就其发展来说，却远远落后于互联网。长期以来，物流行业的发展都比较缓慢，在发展过程中，"散、乱、小、差"等问题成为整个物流行业的一个个难题。当当网一直致力于创新服务，在物流网络等电子商务基础设施的构建上也用力甚勤，目前采用"自建仓储，第三方配送"为主的物流系统。现今互联网时代，在淘宝、天猫等电商模式的兴起下，顺丰、中通、申通等各类第三方快递公司迅速崛起，京东商城的迅猛发展也带动了自建物流（京东物流）的壮大，随后各大电商平台也开始纷纷自建物流。

当今互联网的影响越来越明显，各种互联网商业模式的出现，让互联网对传统物流产业的重构成为可能。从趋势来看，互联网物流企业都处于快速发展的势头，商业价值也越发明显。

7.双模模式

所谓双模模式，就是一个包括"用户模式"和"盈利模式"在内的商业模式，其中用户模式还包括用户规模、用户体验、用户黏性三个要素，盈利模式包括前向收费模式、后向收费模式、衍生收费模式。用户模式是盈利模式的基础，盈利模式是企业持续发展的保障。即用户模式+盈利模式=商业模式创新。

以腾讯产品微信为例，国内最先推出的这类产品是小米科技的米聊，但腾讯在"模仿"之后，做了再创新，如漂流瓶、摇一摇、二维码等。这些新的功能使微信迅速超过了米聊，并将其远远抛在身后。而腾讯之所以能够做出这些创新，一是因为其有强大的产品开发能力，二是因为其对用户的需求有很透彻、深入的了解。而这两者结合起来，其实就是一个企业的专业能力、业务能力，而这才是保证用户模式能够成功转化为盈利模式的最重要因素。

因此，企业在创立之初，如果不知道自己的盈利模式是什么，可以把迅速积累用户规模作为短期内的首要目标。在积累用户规模的过程中，一定要注意专业能力和业务能力的积累。这样，在用户数量达到一定规模时，才能将这些用户数迅速转变为盈利模式。

8.免费模式

"免费"模式的出发点是聚集人气。乡村基、麦当劳、肯德基等快餐品牌的卫生间对任何人永远都是免费开放的，不消费也可以使用。假如有一天，我们着急上厕所，尤其是在城市的大街上，当你找不到厕所的时候，你会想到哪里？去乡村基、麦当劳、肯德基，为什么？因为那里免费。相比一些饭店、餐馆，这些快餐店没有消费也能去厕所。这么做为它们带来了什么？带来了客流量，烘托了人气，有助于品牌的传播，让顾客成为消费者。这是一种看似简单，效果却非常显著的免费措施，这也是它们成功销售的一个手段。用"免费"留住客户，再做商业模式创新。诸如此类的免费商业模式数不胜数，可见"免费"的商业模式并非新生事物，而是不断地改变形式出现，免费似乎改变了人们数千年来的等价交换法则。

互联网经济的发展使它越来越成为免费经济的代名词，数字时代的"免费"商业模式渐渐成为一种趋势。用户需求在变，业务类型在变，盈利模式在变，不变的是客户规模，只有先留住客户，才能想办法赚钱。

实践与提升

什么是好的商业模式？

今日资本的总裁徐新常说，垄断就是最好的商业模式。它可以通过技术创新而暂时处于相对垄断的地位，持续的技术创新则会巩固这样的垄断，长期以来电脑操作系统就是微软一家独大。在社交媒体领域腾讯形成了它自己的生态圈，Facebook在国外市场形成了垄断。

从资金流动的视角来看，资金量少，甚至不需要流动资金是最好的模式。从投资人角度来看，可快速复制就是好的商业模式。

创业者的商业模式设计一开始就要想清楚企业的价值，要搞明白几个核心问题，试着为你的拟创业项目设计一套合适的商业模式。

1. 请填写表的内容。
2. 根据分析结果，经小组讨论，设计一套合适的商业模式。

拟创业项目名称_____

问题	拟创业项目分析结果
为谁提供产品或服务？	
提供什么样的产品或服务，为客户创造了什么样的独特价值？	
怎样组织资源进行生产？（选址、团队、资金、工人……）	
怎样利用外部资源构建合作伙伴？	
产品或者服务的成本是怎么构成的？	
怎样构建销售网络并实现销售？（定价、包装、销售手段、销售渠道……）	
企业的核心竞争力是什么？（知识产权、低成本、产品或服务的差异化能力……）	
企业能否实现快速扩张？	

拟创业项目合适的商业模式是什么？并简要阐述设计思路。

学习任务

任务三　拟订创业计划

任务布置

（1）通过查阅资料了解商业计划书的撰写要求；

（2）了解商业计划书的构成要素；

（3）搞清楚商业计划书的核心模块；

（4）明确为什么要撰写商业计划书。

任务准备

（1）拟定创业项目名称；

（2）收集整理拟创业项目相关国家政策、市场调研，以及相关竞争对手企业产品（服务）的数据；

（3）明确你所在创业团队每个人的特长、能力优势、核心竞争力；

（4）准备一台笔记本电脑，并安装好Office软件。

任务实施

商业计划书帮助创业者勾画事业蓝图，分析商业机会，规范生产运作，明确创业可行性和创业战略，赢得外部融资。商业计划书的本质是创业者对创业战略层面的规划和关键战术层面的计划。

作为创业者创建新企业的蓝图，商业计划还是一座沟通理想与现实的桥梁。商业计划可以用来介绍企业的价值，从而吸引到投资、核心团队、战略合作伙伴，以及其他利益相关者的支持。

作为行业规则，在寻求风险资本或者天使投资时，创业者需要用一份商业计划书来敲开资本的门。找资金的创业者很多，而资金非常有限，且门槛高。

情景导入

红杉资本于1972年在美国硅谷成立，始终致力于帮助创业者成就基业长青的公司，为成员企业带来全球资源和历史经验。红杉资本中国基金是2005年9月由沈南鹏与红杉资本共同创办，作为"创业者背后的创业者"，专注于科技与传媒、医疗健康、消费品与服务、工业科技四个方向的投资机遇。

自2005年9月创立以来，红杉资本中国基金投资了500余家企业。投资组合包括京东商城、阿里巴巴、蚂蚁金服、京东金融、今日头条、摩拜单车、饿了么、滴滴出行、爱奇艺、蔚来汽车、新浪、360、唯品会、拼多多、快手、瓜子、酒仙网、一下科技、华大基因、贝达药业、诺亚财富、中通快递、再鼎医药、药明生物、中持水务、中曼石油、DJI大疆创新、威马汽车、英雄互娱、找钢网、优客工场、VIPKID、斗鱼、蜜芽宝贝、安能物流、达达－京东到家、依图科技。该团队正在帮助众多中国创业者实现他们的梦想。

红杉资本中国基金对商业计划书的要求：用最少的文字转达最多的信息。以下格式可参考，用15~20页PPT阐明。

公司的目的——用一句话描述公司的业务。

问题——描述客户的"切肤之痛"；简介目前客户是如何应对这些问题的。

解决方案：阐述公司的产品（服务）的价值定位；说明公司的产品（服务）具体在何处得到实现；提供一些产品（服务）使用的具体例子。

时机：为何是现在；回顾公司产品（服务）所应用的领域的历史演变；说明哪些近期的趋势使公司的产品（服务）的优越性得到体现。

市场规模：定义你的目标客户并描绘他们的特性；用不同的方法测算市场规模，比如用自上而下法估算可获取的市场规模，用自下而上法统计可获取的收入规模，或依据市场占有率份额来估计。

竞争格局：列出现有的和潜在的竞争对手；分析各自的竞争优势。

产品（服务）：产品（服务）描述，包括外形、功能、性能、结构、知识产权等；产品（服务）的开发计划。

商业模式：收入模式；定价；从每个客户上可获得的平均收入或其终身价值；销售和渠道；现有客户和正在开发的客户清单。

团队描述：创始人和核心管理层；董事会成员和顾问委员会成员。

财务资料：利润表、资产负债表、现金流量表；股本结构和融资计划。

任务分析

一、撰写创业计划书的要点

创业者围绕一个具有市场前景的产品或服务，描述创业机会、过程、资源，针对特定的市场、竞争、技术、营销、生产（服务）、团队、管理、财务以及风险、对策等制订的一份完整、具体、深入、可行性和操作性俱佳的书面创业方案。

（1）概述。简明扼要介绍公司及产品（服务）、市场概况、生产、管理、财务；正确表达创意产生过程和企业发展目标的展望；介绍团队优势。

（2）产品或服务。名称、特征、价值、技术水平、市场接受程度。

（3）市场。市场调查情况的介绍和分析要科学、严谨、可信。要对用户需求、市场容量、环境及发展趋势进行分析，对公司目标市场、估计数量、销售额及客户进行描述。

（4）竞争。要对现有和潜在的竞争对象（包括替代品）进行分析，合理评估本公司的资源、竞争优势（价格、质量等）和取胜对手的方案，真正做到知己知彼、百战百胜。

（5）营销。要对公司的市场定位、销售渠道、阶段目标以及进度进行描述，说明确定价格的原则和依据，以及品牌建设、促销方式、售后服务的方案，合理分析公司产品的市场占有率，销售收入及盈亏平衡点。

（6）生产（服务）。介绍公司产品的生产方式，说明场地、设备、原材料、人力资源的安排方案，描述产品的生产工艺和质量控制，充分考虑环保、许可证及法律法规方面的要求。

（7）组织。介绍公司的股东结构、出资比例以及合理组建的互补团队，描述公司的管理架构、模式和人员分工，充分考虑公司的激励机制和企业文化。

（8）财务（绩效）。要对固定和变动成本、各种费用、营销收入、盈利能力、现金流量进行分析，编制前两年的资产负债表、损益表和现金流量表，所有数据应基于企业的经营状况和对未来发展的正确估计，并能有效反映公司投入产出的绩效。

（9）风险与对策。市场变化怎么办？资金不足怎么办？政策变化怎么办？团队矛盾怎么办……

（10）附件。市场调查表、专利证书、查询报告、合作协议以及相关的佐证材料。

核心要点：主题明确、结构合理、条理清晰、重点突出、数据科学、内容充分、表述准确。

二、撰写创业计划书的原则

（1）目标性。创业的目的不仅是追求企业的发展，而且要有创造利润的可能，要突出经济效益。

（2）完整一致性。运营计划完整陈列，涵盖创业经营的各项功能要素，前后基本假设或预估相互呼应，逻辑合理。

（3）优势竞争性。呈现出资源经验、产品、市场及经营管理能力的优势。

（4）团队和谐性。展现组建经营团队的思路、人员的互补作用。尽可能突出专家的作用、高管人员的优势、专业人才队伍的水平，明确领军人物。

（5）市场导向性。明确市场导向的观点，明确指出企业的市场机会与竞争威胁，并充分显示对市场现状的掌握与未来发展预测的能力。

（6）客观实际性。一切数字尽量客观、实际，以具体资料为证，并尽量同时分析可能采用的解决方法。切勿凭主观意愿估计，高估市场潜力或报酬，低估经营成本。工作安排循序渐进，有条不紊，可操作性强。

三、撰写创业计划书的步骤

一份好的商业计划书包括附录在内篇幅一般40～60页（4万～6万字）。整个商业计划书的编制是个循序渐进的过程，可以分成五个阶段完成。

第一阶段：计划构想。创业计划构想细化，初步提出计划的构想。

第二阶段：市场调查。与行业内的企业和专业人士进行接触，了解整个行业的市场状况，如产品价格、销售渠道、客户分布以及市场发展变化的趋势等因素。可以自行进行一些问卷调查，在必要时也可以求助市场调查公司。

第三阶段：竞争者调查。确定你的潜在竞争对手并分析本行业的竞争方向。诸如，分销问题如何、形成战略伙伴的可能性、谁是你的潜在盟友，准备一份1~2页的竞争者调查小结。

第四阶段：财务分析。包括对公司的价值评估，必须保证所有的可能性都考虑到了。财务分析应量化本公司的收入目标和公司战略，要求详细而精确地考虑实现公司战略所需的资金。

第五阶段：商业计划书的撰写与修改。利用所收集到的信息制订公司未来的发展战略。在计划完成以后，把相关的信息按照上面的结构进行调整，完成整个商业计划书的写作，在计划完成以后仍然可以进一步论证计划的可行性，并跟踪信息的积累和市场的变化，不断完善整个计划。

四、撰写创业计划书的其他要点

（一）计划摘要

计划摘要列在商业计划书的最前面，它是商业计划书的精华。计划摘要涵盖了计划的要点，以求一目了然，以便读者能在最短的时间内评审计划并作出判断。一般包括以下内容：公司介绍主要产品和业务范围、市场概况、营销策略、销售计划、生产管理计划、管理者及其组织、财务计划、资金需求状况等。

在介绍企业时，首先要说明创办新企业的思路、新思想的形成过程、发展战略。其次，要交代企业的现状、企业的目标、企业的发展前景、企业的经营范围。在这一部分中，要对企业以往的情况作客观的评述，不回避失误。中肯的分析往往更能赢得信任，从而使人容易认同企业的商业计划书。最后，还要介绍创业者的背景、经历、经验和特长等。创业者的素质对企业的成功往往起到关键性的作用。在这里，创业者应尽量突出自己的优点并表达自己强烈的进取精神，给投资者留下一个好印象。

在计划摘要中，企业还必须回答下列问题：如企业所处的行业，企业经营的性质和范围；企业主要产品的内容；企业的市场在哪里，企业的目标顾客是谁，他们有哪些需求；企业的合伙人、投资人是谁；企业的竞争对手是谁，竞争对手对企业的发展有何影响。构建企业核心竞争力的多个维度优势如下。

（1）不可模仿性。包括企业品牌、企业信用、企业的各类自主知识产权、产品链优势、产品的优势、客户的信任度等，不能限制在产品和服务的优势上。

（2）不可交易性。项目核心资源不能从市场上获取，在市场上有钱买不到。所有在市场上能得到的资源都不构成企业的核心竞争力。

（3）企业的资源和能力具有互补性。分开就不行，合起来才行，员工带走一部分资源没有用。

（二）产品或服务介绍

在进行投资项目评估时，投资人最关心的问题之一就是风险企业的产品、技术或服务能力，以及在多大程度上解决现实生活中的问题，或者风险企业的产品（服务）能否帮助顾客节约开支，增加收入。产品介绍是商业计划书中必不可少的一项内容，通常应包括以下内容：产品的概率、性能及特征；主要产品介绍；产品的市场竞争力；产品的研究和开发过程；发展新产品的计划和成本分析；产品的市场前景预测；产品的品牌和专利。

在产品（服务）介绍部分，创业者要对产品（服务）做出详细的说明。说明要准确，也要通俗易懂，使不是专业人员的投资者也能明白。产品介绍要附上产品原型、照片或其他介绍。产品介绍通常要回答以下问题：顾客希望企业的产品能解决什么问题，顾客能从企业的产品中获得什么好处；企业的产品与竞争对手的产品相比有哪些优缺点，顾客为什么会选择本企业的产品；企业为自己的产品采取了何种保护措施，拥有哪些专利、许可证，或与已申请专利的厂家达成了哪些协议；为什么企业的产品定价可以使企业产生足够的利润，为什么用户会大批量地购买企业的产品；企业采用何种方式去改进产品的质量、性能，企业对发展新产品有哪些计划等。产品（服务）介绍的内容越具体，写起来就相对容易。虽然夸赞自己的产品是推销所必需的，谨记企业所做的每一项承诺都是"企业的信誉"，都要努力去兑现。要牢记，创业者和投资者所建立的是一种长期合作的伙伴关系。

（三）团队人员及组织结构

有了产品之后，创业者第二步要做的就是组成一支有战斗力的管理团队，他们优势互补，团结协作。高素质的管理人员和良好的组织结构则是管理好企业的重要保证，直接决定了企业经营风险的大小。风投们会特别注重对管理团队的评估。

一个企业必须要具备负责产品设计与开发、市场营销、生产作业管理、企业理财等方面的专门人才。在商业计划书中，必须要对主要管理人员加以阐明，介绍他们所具有的能力，他们在本企业中的职务和责任，他们过去的详细经历及背景。此外，还应对公司结构作简要介绍，包括公司的组织机构；各部门的功能与责任；各部门的负责人及主要成员；公司的报酬体系；公司的股东名单，包括认股权、比例；公司的董事会成员。

大学生创业，一般情况下创业团队的实力很难评估，所以不需要刻意拉人头充面子，面对这样的商业计划书，投资人会调侃说，如果项目失败了，哪几个人会去"跳楼"。只有递交了"投名状"的人才需要在商业计划书上介绍。所谓投名状，就是掏了真金白银的人或者全职入伙的人。而作为"资源型"的人，不用介绍。

团队描述举例：

李××：执行董事长，占股51%，负责公司整体运营（注：项目或公司负责人占股需超过50%才拥有绝对控股权）。

工作背景：北京大学MBA，曾任职××公司总经理6年，管理过1500人以上的团队，拥有丰富的企业管理经验，尤其对××行业理解很深（注：填写其相关优秀任职履历）。

王××：总经理，占股25%，负责项目技术总策划。

工作背景：中国科技大学信息技术学院研究生，曾任职××公司技术负责人5年，技术能力强，其任职期间负责开发的××产品现在市场占有率很高。

张××：市场部副经理，占股15%，负责项目市场推广。

工作背景：清华大学经济管理系博士，曾任职××公司市场总监，任职期间将任职公司年销售额从800万元提高到2200万元，市场渠道丰富。

附件：顾问团队

××院士，××专家（注：顾问团队需要匹配自己项目或企业相关领域的专家）

（四）市场预测

当企业要开发一种新产品或向新的市场扩展时，首先就要进行市场预测。如果预测的结果并不乐观，或者预测的可信度让人怀疑，那么投资者就要承担更大的风险。市场预测需要对市场规模、产品需求、需求强弱程度、对市场竞争发展的未来趋势及其状态、需求影响因素、主要的竞争者、企业所面对的竞争格局进行分析。创业者应牢记，市场预测不是凭空想象出来的，对市场错误的认识是企业经营失败的主要原因。

（五）营销策略

营销是企业经营中最富挑战性的环节，影响营销策略的主要因素有：消费者的特点、产品的特性、企业自身的状况、市场环境等。最终影响营销策略的是营销成本和营销效益因素。

在商业计划书中，营销策略应包括以下内容：市场机构和营销渠道的选择、营销队伍和管理、促销计划和广告策略、价格决策。对创业企业来说，由于产品和企业的知名度低，很难进入其他企业已经稳定的销售渠道中去，因此企业不得不暂时采取高成本低效益的营销战略，如上门推销、增强商业广告力度、向批发商和零售商让利，或交给任何愿意经销的企业销售。对发展企业来说，它一方面可以利用原来的销售渠道，另一方面也可以开发新的销售渠道以适应企业的发展。

如果大学生选择现在流行的电商做快速消费品，需要仔细研究推广渠道，用实际的数据分析做最终的决策，"理想很丰满，现实很骨感"也是常有的事儿。如果选择做电商，以下问题需要考虑：产品适合做电商吗？是自己操盘做电商，还是利用经销商来做电商？我的产品适合淘宝、天猫、京东商城、唯品会、微信等哪种电商平台？如果要做电商，是跟淘宝、京东等现有的平台合作，还是开发自营电商网站，抑或兼而有之？线上渠道和线下渠道之间的差价如何摆平？

（六）财务预测

财务规划需要花费较多的精力来做具体分析，其中就包括现金流量表、负债表以及资产损益表的制订。流动资金是企业的生命线，因此企业在初创或扩张时，对流动资金需要有周详的计划和进行过程中的严格控制；损益表反映的是企业的盈利状况，它是企业在一段时间运作后的经营结果；资产负债表则反映在某一时刻的企业状况，投资者可以用资产负债表中的数据得到的比率指标来衡量企业的经营状况以及可能的投资回报率。

财务规划一般包括以下内容：一是商业计划书的条件假设；二是预计的资产负债表、预计的损益表、现金收支分析、资金的来源和使用。

（七）其他注意事项

通常，创业融资用的计划书"七分策划，三分包装"，是技术和艺术的统一体，应尽量精练，突出重点。

编制商业计划书的目的是让投资者了解商业计划，其内容必须紧紧围绕这一主题，开门见山，使投资者在最短时间内了解更多的关于商业计划的内容。如要第一时间让读者知道公司的业务类型，避免在最后一页才提及经营性质；要阐明公司的目标及为达到目标所制订的策略与战术；陈述公司需要多少资金以及时间并给出一个清晰和符合逻辑的让投资者投资的策略。

1.换位思考

编制商业计划书的一个重要方法就是换位思考，即融资者要设身处地，假设自己是一位战略合伙人或风险投资人，自己最关心的问题是什么，自己判断的标准是什么。也就是说，要按照商业计划书阅读者的思路去写商业计划书，这样就会弄清哪些是重点应该具体描述，哪些可以简单描述，哪些是不必要的东西，从而获取投资者的青睐。

编制商业计划书忌讳用语过于技术表达，尽可能用通俗易懂的条款，使投资人容易理解。

2.以充分的调查、数据、信息为基础

市场销售是投资获利的基础，创业者要充分考察市场的现实情况，广泛收集有关市场现有的产品、现有竞争、潜在市场、潜在消费者等具体信息，使市场预测建立在扎实的调查、数据之上，否则后面的生产、财务、投资回报预测就都成了空中楼阁。

商业计划书中忌用含糊不清或无事实根据的陈述或数据表。

3.实事求是，适度包装

商业计划书的作用固然重要，但它终究只是一块敲门砖。过度包装是无益的，企业应该在盈利模式、企业管理、市场开拓、技术研发等方面下真功夫，否则，即使有了机会也把握不住。

4.不过分拘泥于格式

商业计划书固然有很多约定俗成的格式，但很多资金供给方在实际运作中正在忽略这种格式，直接关注他们想看到的东西。因此，企业在组织、编制商业计划书的过程中，不要过分拘泥于固定的格式，把企业的优势、劣势都告诉别人，这不是聪明的做法。

实践与提升

要不要做一份详尽的商业计划书呢？答案是肯定的。

第一，商业计划书可能达到的详尽程度，取决于创业者产品的创新特征。如果是一个全新的产品，可能还无法为它设计一个合适的商业模式，制作详尽的商业计划书更无从谈起。因此，如果是出于融资的目的，创业者应该突出表明能够解决的问题有多大以及创新产品在多大程度上解决了这个问题。

第二，从财务预测的角度，商业计划书的准确性从来都不准。所以，创业者大可不必花大量的时间去弄一份精致的财务预测。创业者要做的是投资预算，给出关键的财务指标，作为支撑的数据应该经得起推敲和检验。

以互联网+创新创业比赛为例，为你拟创业的项目制订一份完整的商业计划书。

学生成长卡

商业计划书评价表

项目	要求	自评	小组评	教师评	总评
封面	按要求填写不缺项				
概述	文字表述简明、扼要，具有鲜明的特色，重点包括对公司及产品或服务的介绍、市场概貌、营销策略、生产销售、管理计划、财务预测；正确表达新思想的形成过程和对企业发展目标的展望；明确介绍创业团队的特殊性和优势等				
产品或服务	明确表述产品或服务如何满足关键用户需要；以及相关市场进入策略和市场开发策略；说明其专利权、著作权、政府批文、鉴定材料等；指出产品或服务目前的技术水平及领先程度，是否适应市场的需求，能否实现产业化；产品的市场接受程度等				

项目	要求	自评	小组评	教师评	总评
市场	明确表述该产品或服务的市场容量与趋势、市场竞争状况、市场变化趋势及潜力，细分目标市场及客户描述，估计市场份额和销售额，相关市场调查和分析的科学严密性				
竞争	包括公司的商业目的、市场定位、全盘战略及各阶段的目标等，同时要有对现有和潜在的竞争者的分析，替代品竞争、行业内原有竞争的分析。总结本公司的竞争优势并研究战胜对手的方案，并对主要的竞争对手和市场驱动力进行适当分析				
营销	详细阐述如何保持并提高市场占有率，把握企业的总体进度，对收入、盈亏平衡点、现金流量、市场份额、产品开发、主要合作伙伴和融资等重要事件有所安排，构建一条通畅合理的营销渠道和与之相适应的新颖而富有吸引力的促销方式				
经营	说明原材料的供应情况，工艺设备的运行安排，人力资源安排等，要求以产品或服务为依据，以生产工艺为主线，力求描述准确、合理、可操作性强				
组织	介绍管理团队中各成员有关的教育和工作背景、经验、能力、专长；组建营销、财务、行政、生产、技术团队；明确各成员的管理分工和互补情况，公司组织结构情况，领导层成员，创业顾问及主要投资人的持股情况；指出企业股份比例的划分				
财务	介绍营业收入和费用、现金流量、盈利能力和持久性、固定和变动成本；前两年财务月报，后三年财务年报所有数据应基于经营状况和未来发展的正确估计，并能有效反映公司的财务绩效				
可行性	有清晰的市场需求分析，有一个很好的方式去满足这种需求；有独特的竞争优势，是市场上独有的、具有领先地位的竞争优势				
表述	条理清晰；表述应避免冗余，力求简洁、清新、重点突出、条理分明；专业语言的运用要准确和适度；相关数据科学、诚信、翔实				

请撰写一份拟创业项目商业计划书，页码不少于30页。

模块六
创业管理模拟训练

知识目标

1.掌握创业企业研发生产制造管理知识技巧；
2.掌握创业企业市场营销管理知识技巧；
3.掌握创业企业人力资源管理知识技巧。

能力目标

1.能够模拟制订新产品的研究开发、原材料采购计划及产品生产计划；
2.能够模拟制订市场开发与发展规划、广告宣传投入策略；
3.能够模拟完成公司用人招聘、劳动合同签订、培训计划制订和员工技能培训。

素质目标

1.通过模拟训练提升学生的创新实践能力和执行力；
2.通过模拟训练提升学生的统筹管理和组织协调能力；
3.通过模拟训练提升学生的团队合作精神和纪律意识。

引言

　　创业管理是训练和提升学员创业能力的关键环节，也是检验创业计划可行性的实践环节，通过"创业之星"综合模拟仿真系统，通过对真实企业的仿真运营模拟，把所有参加训练的学员分成若干小组，组建成若干虚拟公司，在同一市场环境下相互竞争与发展，每个小组的成员分别担任虚拟公司的总经理、财务总监、营销总监、生产总监、研发总监、人力资源总监等岗位，并承担相关的管理工作；通过对市场环境与背景资料的分析讨论，完成企业运营过程中的各项决策，包括战略规划、品牌设计、营销策略、市场开发、产品计划、生产规划、财务预算等，最终通过团队成员的努力，使公司实现既定的战略目标。

知识图谱

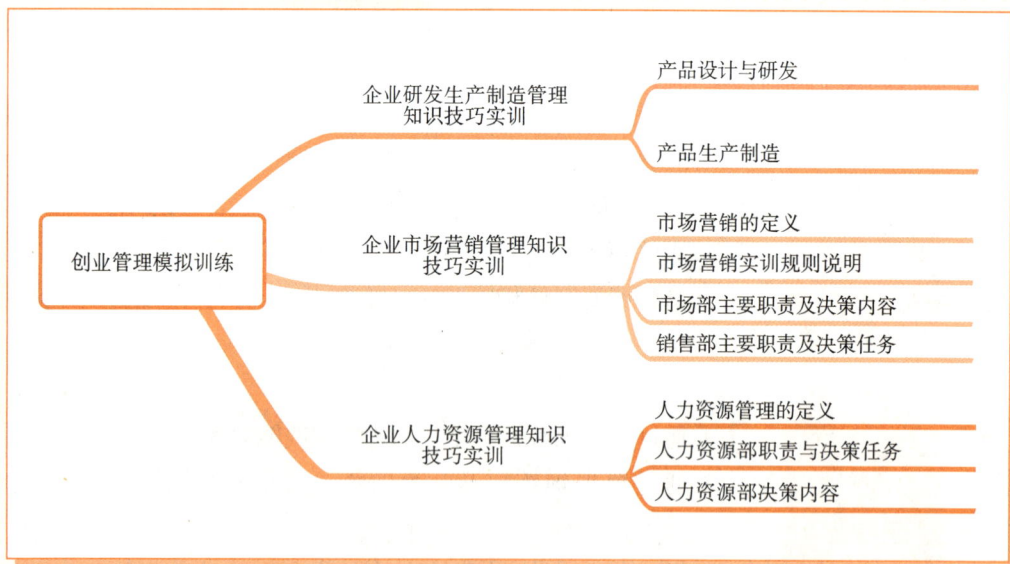

创业管理模拟训练

- 企业研发生产制造管理知识技巧实训
  - 产品设计与研发
  - 产品生产制造
- 企业市场营销管理知识技巧实训
  - 市场营销的定义
  - 市场营销实训规则说明
  - 市场部主要职责及决策内容
  - 销售部主要职责及决策任务
- 企业人力资源管理知识技巧实训
  - 人力资源管理的定义
  - 人力资源部职责与决策任务
  - 人力资源部决策内容

学习任务

任务一　企业研发生产制造管理知识技巧实训

任务布置

（1）完善模块四组建的创业团队，建立健全团队合作机制；

（2）通过查阅网络、书刊等方式了解产品设计与研发的定义和研发部的主要职责；

（3）通过查阅网络、书刊等方式了解生产部门的主要职责和生产流程及环节。

任务准备

（1）教师准备授课计算机，确保可正常登录训练系统，开展集中式实训教学；

（2）学生提前预习任务分析，了解训练系统的流程和规则；

（3）学生了解并熟悉"实验规则"中所有数据规则。

任务实施

产品设计对于公司来说是经营的第一步，产品设计的好坏，很大程度上影响着后期的经营效益；在产品设计之前，需要对品质型客户、经济型客户、实惠型客户三个需求各异的消费群体进行分析，了解整个行业的消费群体特性，然后选择设计最适合的产品来满足此类消费群体。

对于一个生产型企业来说，除了销售，最重要的就是企业的生产，生产是制造企业的核心，生产管理关系到企业的制造成本，进而关系到企业的成本优势、竞争力和盈利性，以及企业产品的质量和企业的品牌声誉，它贯穿了企业价值创造的全过程。

情景导入

不管是何种企业，都离不开具体的产品或者服务的提供，整个过程离不开符合客户需要的产品和完整的生产系统支撑，产品研发不仅能够提高企业的竞争力和市场占有率，而且能够满足消费者的需求，增强企业的品牌价值，在优化企业生产流程和生产效率，提高生产质量的同时，也是企业创新的重要手段，从而实现企业的可持续发展。公司如果要进行一个新产品的开发，那么决定新产品功能特点的主要因素是什么？新产品在研发过程中主要涉及哪些方面的成本费用？在产品生产过程中是自己建厂生产还是OEM外包代工？本节的训练将带领大家对产品的研发和颇为烦琐的生产制造环节进行模拟经营训练，同学们通过该部分模拟训练，将进一步理解研发生产在企业发展中的重要作用及管理决策过程中所具备的知识与技能；该部分每个小组可结合项目判断设计并研发产品，围绕产品开展一系列采购、生产等工作模拟。

任务分析

一、产品设计与研发

（一）产品设计与研发的定义

设计是指按照特定需求和目标，规划和设计产品、服务或系统的过程，主要关注产品的外观、体验、交互等方面，创造出符合用户需求和市场需求的产品，使其在市场中获得成功；研发是指通过研究和开发新技术、新产品或新服务，提高产品的质量和性能，主要关注技术和功能方面，以提高产品的质量和性能，增加产品的竞争力和市场占有率。

（二）技术研发部的主要职责

研发部负责公司新产品设计与研发，以及新产品的应用推广的全过程管理。研发部参与制定公司产品的发展方向，确定公司产品框架及开发实施计划，规划产品研发进度安排，根据公司需要确定产品开发周期。同时，全面监控产品开发质量、进度和成本控制并组织技术成果及技术经济效益的评价工作。

（三）产品设计规则说明及决策

1.产品设计规则说明

（1）产品设计对于公司来说是经营的第一步，产品设计的好坏，很大程度上影响着后期的经营效益；在产品设计之前，你需要仔细阅读"系统帮助""消费群体"了解整个行业的消费群体特性，然后选择设计最适合的产品来满足此类消费群体。

（2）在配置产品原料时，应在"系统帮助"→"生产制造"关注原料的价格走势以及市场是否紧缺等情况，以免影响后期生产经营；同时，功能配置并不是越多越好，相反，配置多于消费者需求反而增加了成本，最贴近消费者需求的产品更容易得到消费者认可并购买。

（3）公司如果要进行一个新产品的开发，必须先完成该产品的设计。设计一个新产品主要包含两项工作。

一是新产品名称的确定，名称不影响消费者对产品的选择，每个公司可以自由设定名称。

二是新产品BOM物料配置的确定，产品BOM结构决定了该产品的功能特点，这将是消费者是否最终选择产品的重要因素。同时BOM结构也决定了产品生产时物料成本构成，产品包含的功能越多，一般物料成本也会越高。

（4）每个公司可以根据各类目标群体设计新产品，每完成一个产品的设计须立即支付30000.00元设计费用，在保存按钮边上可以查看该产品的预计原料成本和预计研发时间。

（5）对于当期完成的产品设计，如果相应的产品并未开始研发或生产，则允许撤销产品设计，即返还30000.00元设计费用，该操作对公司其他经营没有任何影响。

（6）每个公司最多可累计设计6个产品。

（7）针对同一个消费群里不允许设置两个配置相同的产品。

2.产品设计内容决策

目标消费人群类型分析。

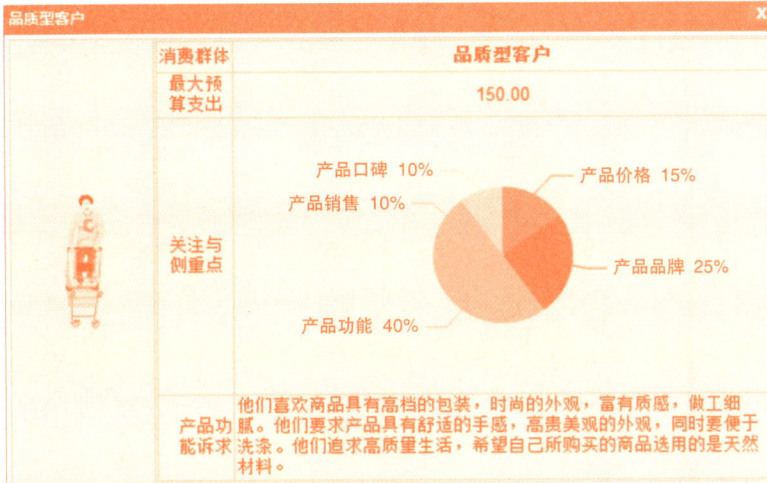

消费群体	品质型客户		
最大预算支出	150.00		
关注与侧重点	产品口碑 10%　产品销售 10%　产品功能 40%　产品价格 15%　产品品牌 25%		
产品功能诉求	他们喜欢商品具有高档的包装，时尚的外观，富有质感，做工细腻。他们要求产品具有舒适的手感，高贵美观的外观，同时要便于洗涤。他们追求高质量生活，希望自己所购买的商品选用的是天然材料。		

品质型客户

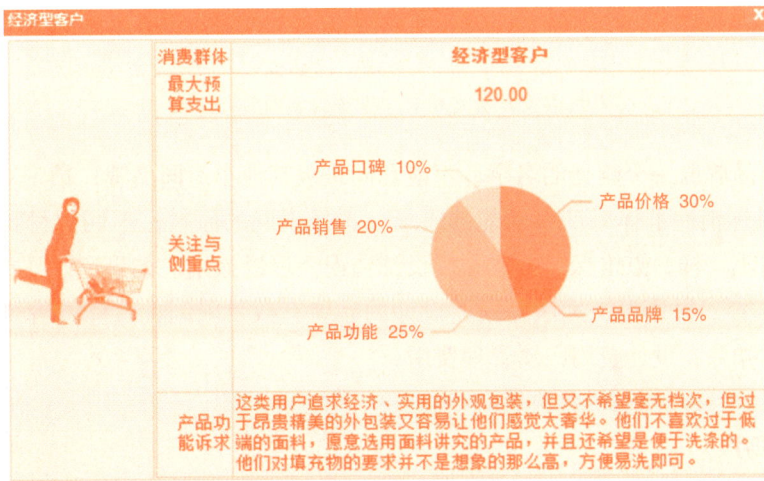

消费群体	经济型客户		
最大预算支出	120.00		
关注与侧重点	产品口碑 10%　产品销售 20%　产品功能 25%　产品价格 30%　产品品牌 15%		
产品功能诉求	这类用户追求经济、实用的外观包装，但又不希望毫无档次，但过于昂贵精美的外包装又容易让他们感觉太奢华。他们不喜欢过于低端的面料，愿意选用面料讲究的产品，并且还希望是便于洗涤的。他们对填充物的要求并不是想象的那么高，方便易洗即可。		

经济型客户

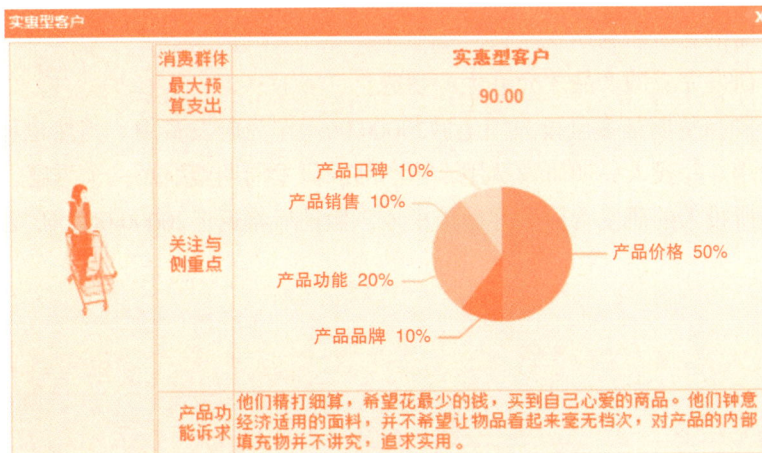

消费群体	实惠型客户		
最大预算支出	90.00		
关注与侧重点	产品口碑 10%　产品销售 10%　产品功能 20%　产品价格 50%　产品品牌 10%		
产品功能诉求	他们精打细算，希望花最少的钱，买到自己心爱的商品。他们钟意经济适用的面料，并不希望让物品看起来毫无档次，对产品的内部填充物并不讲究，追求实用。		

实惠型客户

3.产品设计决策

根据不同消费群体类型，可选择配置不同的产品研发配置表，进行提交。

以玩具设计研发销售"系统内置项目"为例

为自己的品牌取一个响亮的名字，不能和同班级其他小组同品牌；锁定对应目标消费群体。根据目标消费群体对产品功能的需求，选择不同的原料；不同原材料对应产品成本、研发时间不一样，点击保存；本季度设计错误，可以撤销。如果该产品在研发、生产中已经投入广告、报价等，无法撤销；设计的品牌有数目限制，具体查看"规则设置"，设计费用即时扣除，设计费用归属管理费用。

（四）产品研发规则说明及决策内容

1.规则说明

（1）对于已完成设计的产品，每个公司都可以对其进行研发，由于不同产品设计的BOM配置表具有差异，所以产品研发需要的总时间也会有所差异，BOM配置表越复杂，产品研发成功所需的总时间周期就越长。

（2）只有研发完成的产品才允许生产制造。

（3）每个产品每期最多可投入固定的20000.00元作为研发费用。当然也可以选择不投入任何研发费用。每投入一期研发费用，该产品的研发周期就缩短一个季度。

（4）本期所投入的研发费用允许撤销投入，撤销后将返还20000.00元研发费用。

2.研发决策

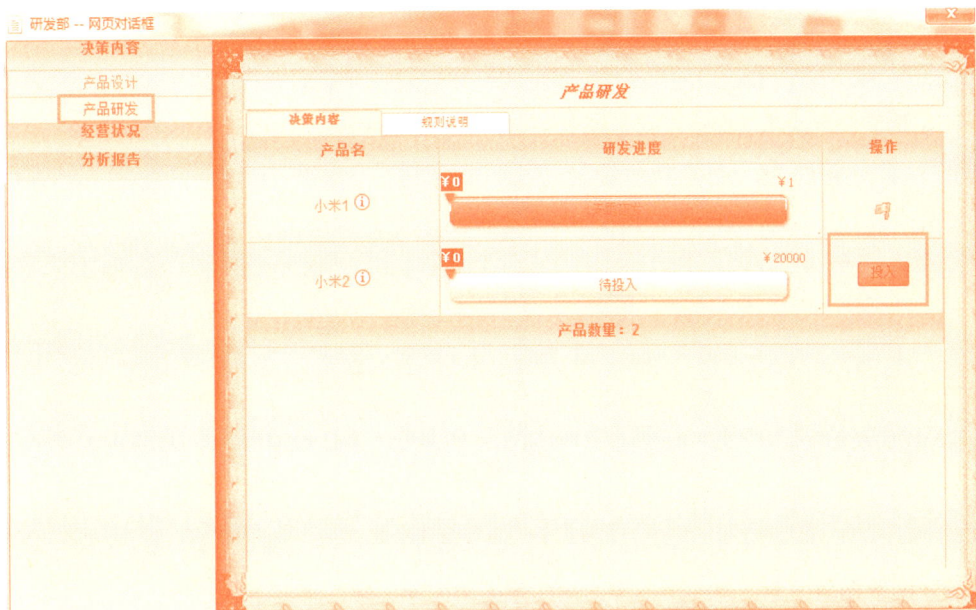

产品研发

有需要投入研发的产品，点击"投入"，研发有研发费用，有研发周期，研发完成之后，该产品才能进入市场生产和销售，研发费用即时扣除，归属管理费用。

二、产品生产制造

（一）生产制造部的主要职能及模拟训练过程组成部分说明

1.生产制造部主要职责

制造部主要负责满足公司营销需要，按质按量完成公司下达的生产制造任务。制造部要根据销售部门下达的生产制造通知单，及时组织原材料的采购、进货，安排生产设备，组织生产，保障销售部门的供货需要，并做好原材料、产成品、厂房以及生产设备的管理，根据公司规划及时调整设备。在每阶段结束时，分析公司生产制造管理的各项经济技术指标的完成情况，制定优化与改进策略，努力控制生产成本，提升效率。

2.生产制造模拟训练过程组成部分说明

生产制造模拟训练过程由厂房购置、设备购置、工人招聘、原料采购、资质认证、制造成本等部分组成。

（1）厂房购置。

厂房可以选择租用或购买，对于租用的厂房，每期期初将自动支付相应的租金；对于购买的厂房，购买当时即支付相应的现金。厂房可以选择退租或出售，厂房的退租或出售实际发生在每期期末，此时只有厂房内没有设备的情况下才能成功，退租后的厂房在下期将不再需要支付相应租金，出售厂房将以厂房净值回收现金。

以下是不同类型厂房的具体参数。

		容纳设备	6
		购买价格(元)	100000.00
		租用价格(元/季度)	7000.00
		折旧率	2.00%
		容纳设备	4
		购买价格(元)	80000.00
		租用价格(元/季度)	5000.00
		折旧率	2.00%
		容纳设备	2
		购买价格(元)	60000.00
		租用价格(元/季度)	3000.00
		折旧率	2.00%

不同类型厂房的具体参数

（2）设备购置。

购买价格：设备只能购买，购买当时即支付购买价格所标识的现金。

设备产能：设备产能是指在同一个生产周期内最多能投入生产的产品数量。

成品率：一批固定数量的原料投入到设备中后，在加工成产品的过程中会产生部分次品。

混合投料：设备在同一生产周期内是否允许同时生产多种产品。

安装周期：设备自购买当期开始到设备安装完成所需的时间。

生产周期：原料投入直到产品下线所需的时间。

单件加工费：加工每一件成品所需的加工费用。

工人上限：每条设备允许配置的最大工人数，设备产能、成品率、线上工人总生产能力三个因素决定了一条设备的实际产能。设备可以出售，当设备上不再制品时，设备可以立即出售，出售后设备上的工人将自动转为闲置状态。出售设备将以设备净值回收现金。

维护费用：当设备不处于安装周期时，每季度需支付设备维护费用，该费用在每期期末自动扣除。

升级费用：对设备进行一次设备升级所需花费的费用。该费用在升级当时即自动扣除，每台设备在同一个升级周期内只允许进行一次设备升级。

升级周期：完成一次设备升级所需的时间。

升级提升：设备完成一次升级后，设备成品率将在原有成品率基础上提升的百分比。

升级后设备成品率=升级前设备成品率+每次升级可提升的成品率

搬迁周期：设备从一个厂房搬迁到另一个厂房所需花费的时间。

搬迁费用：设备从一个厂房搬迁到另一个厂房所需花费的费用，该费用在搬迁当时即自动扣除。

以下是不同类型设备的具体参数。

设备名称	柔性线		设备产能	2000
购买价格	120000.00			
成品率	90.00%		混合投料	是
安装周期	1		生产周期	0
单件加工费	2.00		工人上限	4
维护费用	3000.00		升级费用	1000.00
升级周期	1		升级提升	1.00%
搬迁周期	1		搬迁费用	3000.00

设备名称	自动线		设备产能	1500
购买价格	80000.00			
成品率	80.00%		混合投料	否
安装周期	1		生产周期	0
单件加工费	3.00		工人上限	3
维护费用	2500.00		升级费用	1000.00
升级周期	1		升级提升	2.00%
搬迁周期	0		搬迁费用	2000.00

设备名称	手工线		设备产能	1000
购买价格	40000.00			
成品率	70.00%		混合投料	否
安装周期	0		生产周期	0
单件加工费	4.00		工人上限	2
维护费用	2000.00		升级费用	1000.00
升级周期	1		升级提升	3.00%
搬迁周期	0		搬迁费用	1000.00

不同类型设备的具体参数

（3）工人招聘。

公司可以在交易市场的人才市场内招聘到不同能力层次的生产工人。

生产能力：工人在一个生产周期内所具有的最大生产能力。

招聘费用：招聘一个工人所需花费的招聘费用，该笔费用在招聘时即自动扣除。

季度工资：支付给工人的工资，每期期末自动支付。

试用期：招聘后试用的时间，人力资源部须在试用期内与工人签订合同，否则将支付罚金。

培训费用：每次培训一个工人所需花费的费用，每个工人每个经营周期最多只能做一次培训。工人培训由生产制造部提出，递交到人力资源部后实施，培训费用在实施时支付。

培训提升：工人完成一次培训后，生产能力将在原有能力的基础上提升的百分比。

培训后生产能力=培训前生产能力×（1+培训提升）

辞退补偿：试用期内辞退工人无须支付辞退补偿金，试用期满并正式签订合同后需支付辞退补偿金，一般在每期期末实际辞退工人时实时支付。

工人类型	生产工人
生产能力	450
招聘费用	500.00
季度工资	3000.00
试用期	1
培训费用	300.00
培训提升	3.00%
辞退补偿	300.00

人工费用

（4）原料采购。

原料分为多个大类，分别是：包装材料、面料、填充物、辅件（以玩具设计研发销售"系统内置项目"为例），其中每个大类的原材料又包含多个明细原料。

原料名称	玻璃包装纸
所属大类	包装材料
到货周期	0
付款周期	0
原料特性	简单，实用，容易起皱，易破损。
原料价格近期走势（元/件）	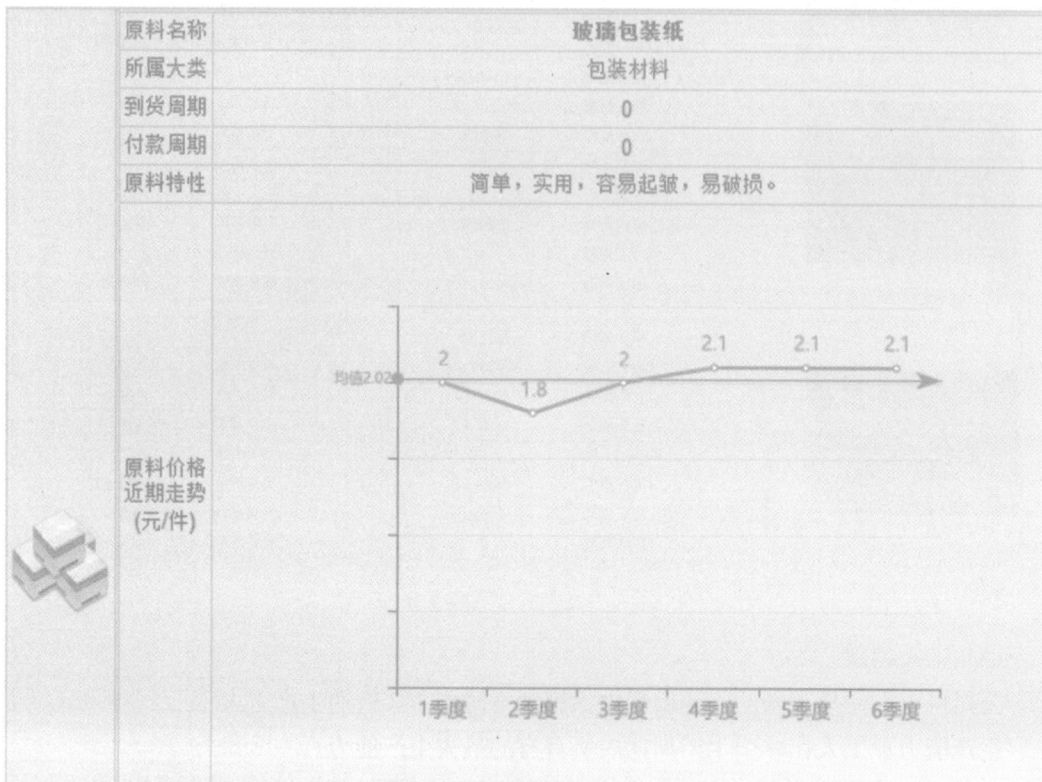

玻璃包装纸价格近期走势

价格折扣	折扣表		
	从(件)	到(件)	折扣
	0.0	200.00	0.00%
	201.0	500.00	5.00%
	501.0	1000.00	10.00%
	1001.0	1500.00	15.00%
	1501.0	2000.00	20.00%
	2001.0	——	25.00%

玻璃包装纸价格折扣

原料名称	短平绒
所属大类	面料
到货周期	0
付款周期	1
原料特性	手感柔软且弹性好、光泽柔和，表面不易起皱，保暖性好。
原料价格近期走势(元/件)	

均值11.50

10　11　11　12　13　12

1季度　2季度　3季度　4季度　5季度　6季度

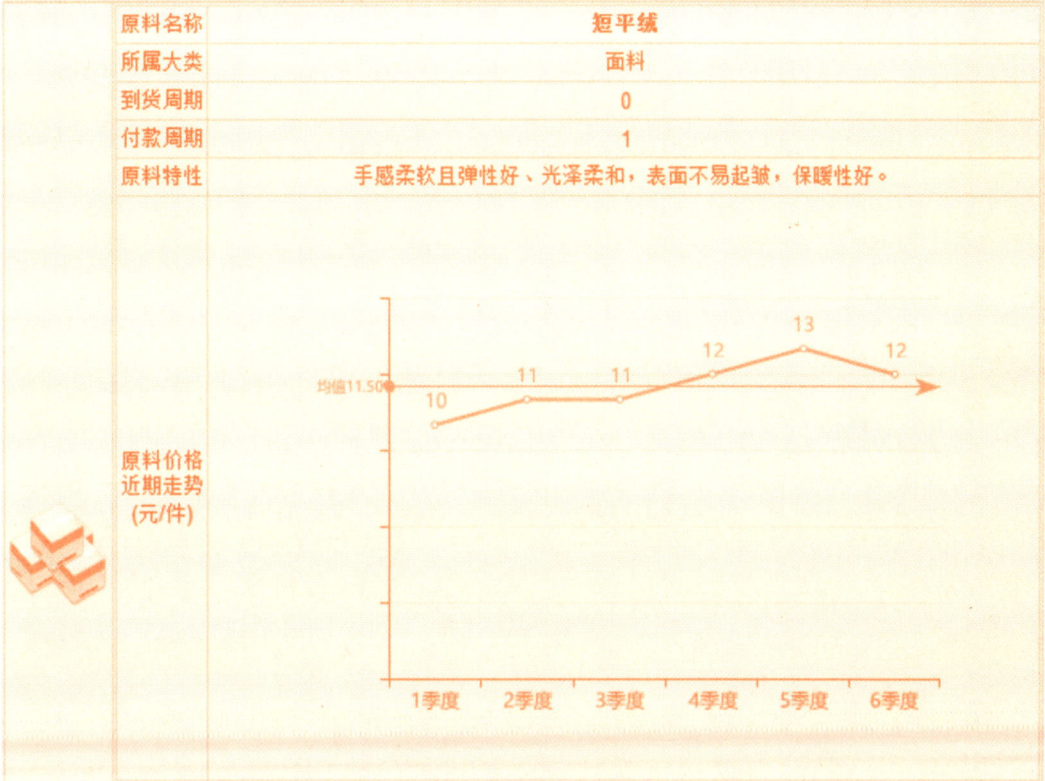

短平绒价格近期走势

价格折扣	折扣表		
	从(件)	到(件)	折扣
	0.0	200.00	0.00%
	201.0	500.00	5.00%
	501.0	1000.00	10.00%
	1001.0	1500.00	15.00%
	1501.0	2000.00	20.00%
	2001.0	—	25.00%

短平绒价格折扣

原料名称	PP棉		
所属大类	填充物		
到货周期	0		
付款周期	0		
原料特性	人造材料，使用最广泛，经济实用。		
原料价格近期走势(元/件)	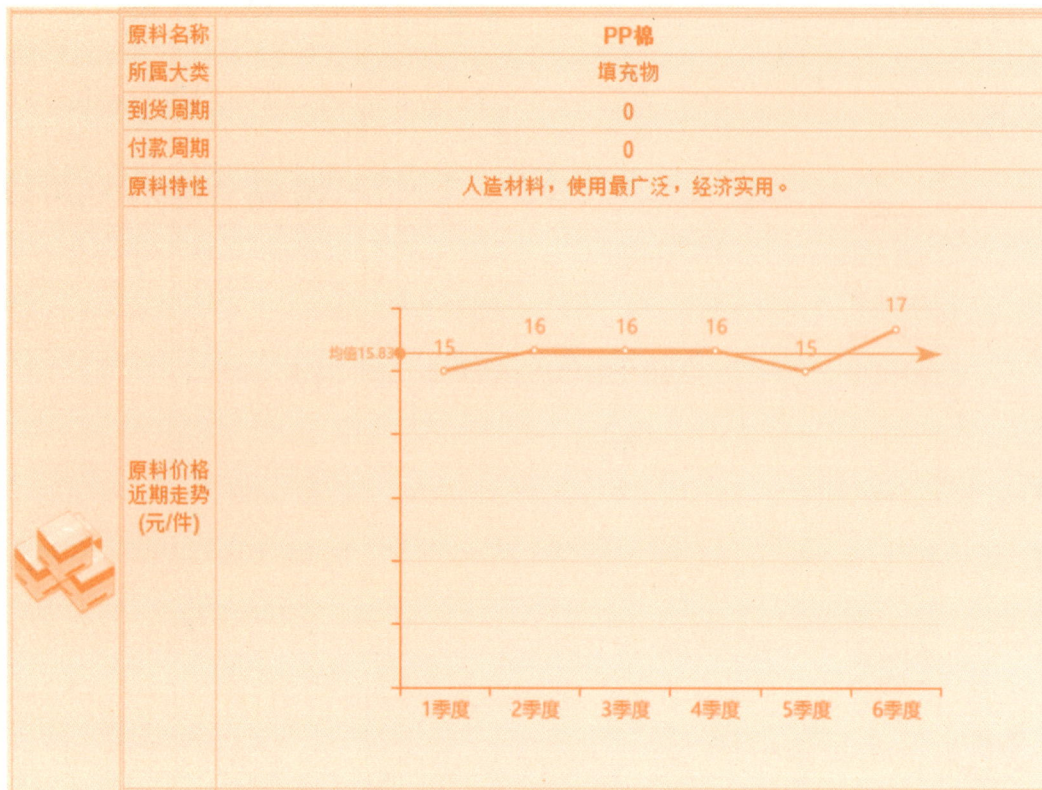		

PP棉价格近期走势

价格折扣	折扣表		
	从(件)	到(件)	折扣
	0.0	200.00	0.00%
	201.0	500.00	5.00%
	501.0	1000.00	10.00%
	1001.0	1500.00	15.00%
	1501.0	2000.00	20.00%
	2001.0	----	25.00%

PP棉价格折扣

原料名称	发声装置
所属大类	辅件
到货周期	1
付款周期	1
原料特性	附加功能，使玩具可以模拟真人发声。
原料价格近期走势（元/件）	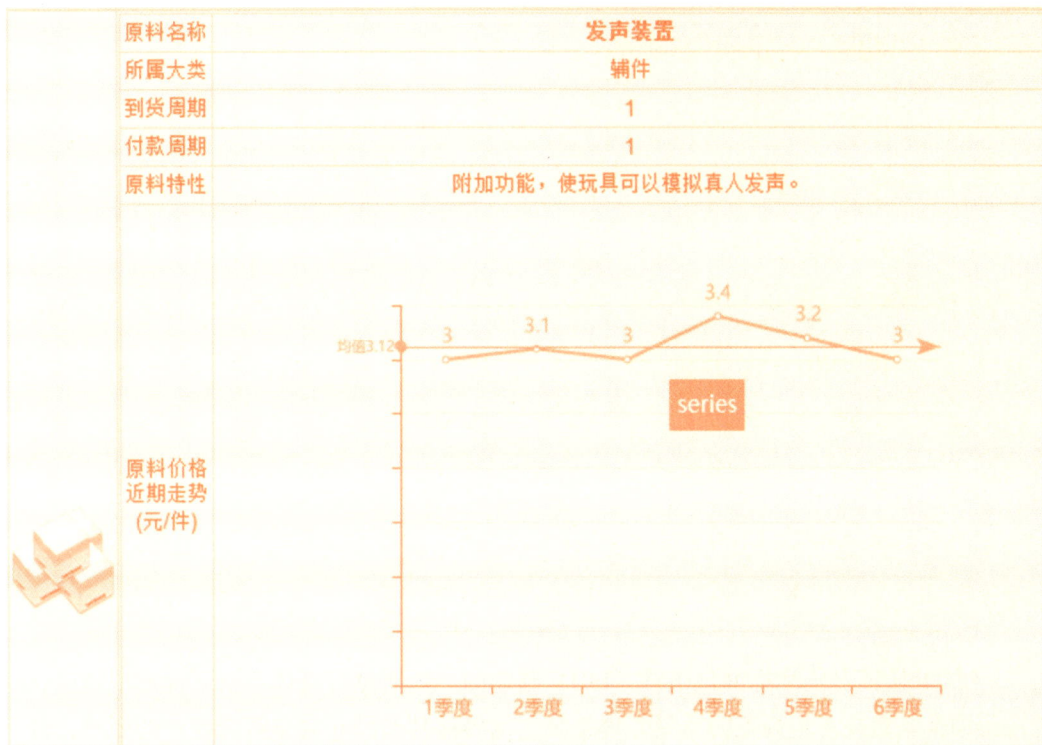

发声装置价格近期走势

	折扣表		
	从(件)	到(件)	折扣
价格折扣	0.0	200.00	0.00%
	201.0	500.00	5.00%
	501.0	1000.00	10.00%
	1001.0	1500.00	15.00%
	1501.0	2000.00	20.00%
	2001.0	----	25.00%

发声装置价格折扣

其他类型原料详见主场景右侧"实验规则"中"生产制造"页面详情。

（5）资质认证。

公司可以获得多种资格认证，不同市场的不同消费者对企业所获得何种认证将有不同的要求，对于不能符合消费者要求的企业，消费者将拒绝购买其产品。

①不同类型的资格认证。

	认证名称	ISO9001
	认证周期	2
	每期费用	30000.00
	总费用	60000.00

	认证名称	ICTI认证
	认证周期	3
	每期费用	30000.00
	总费用	90000.00

证书

ISO9001认证：国际标准化组织（ISO）制定的一项质量管理体系认证标准。这项认证旨在帮助企业建立一个规范的质量管理系统，以确保其产品和服务符合客户的要求，并不断提高其质量水平和业绩。

ICTI认证：是指国际玩具（ICTI）的认证程序，用于确保玩具制造商遵守相关的道德、生产和劳动准则。ICTI认证旨在推进玩具行业的社会责任，并提供一个良好的生产环境和工作条件，该认证涉及对供应链审核，包括工厂设施、劳工权益、环境管理和生产标准等方面的评估。通过获得ICTI认证，玩具制造商可以显示他们的产品符合国际上接受的社会责任标准。

②市场资质认证要求。

在不同的市场下不同的订单对资质认证要求各不相同，以下是各市场对资质认证要求的详细情况。

市场	渠道	群体	认证类别	1季度	2季度	3季度	4季度	5季度	6季度	7季度	8季度
北京	零售渠道	品质型客户	ISO9001				✓	✓	✓	✓	✓
			ICTI认证							✓	✓
		经济型客户	ISO9001					✓	✓	✓	✓
			ICTI认证								✓
		实惠型客户	ISO9001						✓	✓	✓
			ICTI认证								✓
上海	零售渠道	品质型客户	ISO9001				✓	✓	✓	✓	✓
			ICTI认证								✓
		经济型客户	ISO9001				✓	✓	✓	✓	✓
			ICTI认证								✓
		实惠型客户	ISO9001						✓	✓	✓
			ICTI认证								✓

								✓	✓	✓	✓
广州	零售渠道	品质型客户	ISO9001					✓	✓	✓	✓
			ICTI认证							✓	✓
		经济型客户	ISO9001					✓	✓		✓
			ICTI认证								✓
		实惠型客户	ISO9001						✓	✓	✓
			ICTI认证								✓
武汉	零售渠道	品质型客户	ISO9001						✓	✓	✓
			ICTI认证								✓
		经济型客户	ISO9001						✓	✓	✓
			ICTI认证								✓
		实惠型客户	ISO9001							✓	✓
			ICTI认证								✓
成都	零售渠道	品质型客户	ISO9001							✓	✓
			ICTI认证								✓
		经济型客户	ISO9001							✓	✓
			ICTI认证								✓
		实惠型客户	ISO9001							✓	✓
			ICTI认证								✓

各市场对资质认证的要求

（6）制造成本。

在原材料采购到最终成品下线过程中，最终下线成品将包含以下成本。

①每个原材料采购时不含税实际成交的价格。

②生产产品所使用的厂房租金或折旧合计，采用平均分摊法分摊到每个成品。

③生产产品所使用的设备维护、设备折旧费用、设备搬迁、设备升级，采用平均分摊法分摊到该生产线上的每个成品。

④生产产品所对应的工人工资、五险合计，采用平均分摊法分摊到每个成品。

⑤每个产品生产过程中产生的产品加工费。

⑥生产线生产过程中产生的废品部分成本，采用平均分摊法分摊到每个成品。

原材料库存管理：采用先进先出法，最先购买入库的原材料批次将被优先投入生产线进行生产。

成品库存管理：采用先进先出法，最先下线入库的成品将被优先用于交付订单需求。

（二）生产制造的规则说明及内容决策

根据本期销售预计，制订本期生产计划。根据本期生产计划及后期市场增长趋势，提前制订生产规模扩大计划。

1.原材料采购

（1）规则说明。

①根据产品的配置，购买相应的原料。注意：购买时请看清到货周期，缺少任意一种原料，将导致无法加工生产。

②每个经营周期内，公司可随时购买所需的原料，每种原料购买具有不同规则，到货周期为0的原料购买当期即可到货，大于0的原料需要延迟相应季度后才能到货。

③应付账期为0的原料购买时必须支付现金，大于0的原料可以延迟相应季度后付款。

④单价会随着采购数量的不同而有不同折扣率。

⑤采购数量不同所享受的价格折扣就不同，点击单价可查看每种原料的价格折扣率。

⑥紧急采购原料时，对于到货周期>0的原料，可勾选紧急采购，紧急采购的原料可无到货周期限制，但需额外支付原料无折扣价的50.0%紧急采购费。即紧急采购合计=原料无折扣价×（1+0.5）。

⑦合计金额是指本次采购数量乘以相应的折扣价格所得的金额。

⑧合计税额是指本次合计金额乘以17.00%增值税税率所得的金额。

⑨价税合计=合计金额+合计税额。

⑩对于本季度购买的原料，点击原料子类可看到明细购买记录，点击撤销按钮可以撤销购买操作，撤销后将原价返还购置款。

（2）根据生产需要进行采购决策。

制造部→决策内容→原料采购，明确采购哪些产品，需要多少数量。

原料采购

点击 ⓘ 获得原料各季度的价格走势。点击单价可以获得批量采购折扣段。详细信息可查看"实验规则-生产制造"。到货周期为0表示有现货，随买随有。到货周期为1表示在正常情况下要提前一个季度预订，下季度才能到货，如果要紧急采购，勾选紧急采购下面的对应方框，紧急采购价格提升50%。付款周期为0表示现付，付款周期为1表示可以赊欠一个季度，下季度初支付。实际支付原料款会加收17%进项税。综上所述，从降低成本角度出发，建议综合本季度生产计划，批量采购原料。以"实验规则-市场营销"分析下季度市场需求，做下季度产品销售预计，为下季度生产的产品需要提前预订的原料做好提前预订。

2.厂房购置

（1）规则说明。

①厂房是生产制造产品的必备硬件。

②厂房购买租赁方式。

A.购买厂房。直接扣除资金，资金不足时不能购买，厂房在购买当季没有折旧费用，但以后每季度都需要折旧，购买的厂房属于该公司的固定资产。

B.租赁厂房。租赁厂房后，租金在当季末扣除，以后每季度末扣一次租金，永久不算折旧率，当季可撤销租赁，但是一旦使用过便不能撤销租赁，租赁的厂房不能转卖，只能退租。

③折旧率。折旧是指固定资产价值的下降。厂房每季度都要算一次折旧，每种厂房的折旧率都相同，但对应的价格都不同。

（2）厂房购置决策

制造部→决策内容→厂房购置。

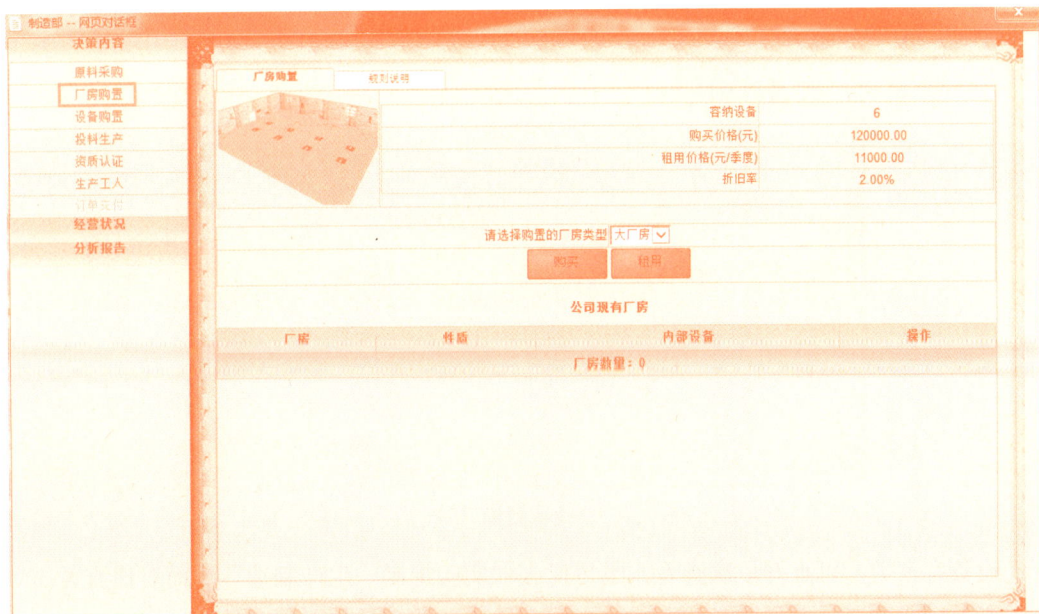

厂房购置

厂房有大、中、小三类，容纳设备各不一样，可以分别点开查看，也可以去"实验规则—生产制造"里面对比查看。厂房内没有设备，可以及时出售或退租；厂房内所有设备预订出售，厂房可以预订出售或退租，季度末设备出售完成后，厂房出售或退租。以原值减去折旧后的净值出售，即没有增值或减值。

3.设备购置

（1）规则说明。

①设备是生产制造产品的必备硬件。

②设备购买方式。购买设备直接扣除资金，资金不足时不能购买，当季不算折旧率，购买的设备属于该公司的固定资产。

③折旧率。折旧是指固定资产价值的下降，设备在购买当季没有折旧费用，但以后每季度都需要折旧，每种设备的折旧率都相同，但对应的价格都不同。

④维护费用。设备在安装周期内无须支付维护费用，每季度期末系统会自动扣除该费用。

⑤产能。在设备全能生产下，成品率为100%时的季度产量。

⑥搬迁周期。设备在厂房搬迁时所需要用的时间，单位：季度。

⑦搬迁费用。设备搬迁一次所需的费用，费用在搬迁完成后扣除。

⑧安装周期。设备购买后需要一段时间安装到厂房内，这段时间为安装周期。

⑨下线周期。设备在制的产品从上线至下线所需要的时间。

（2）设备购置决策。

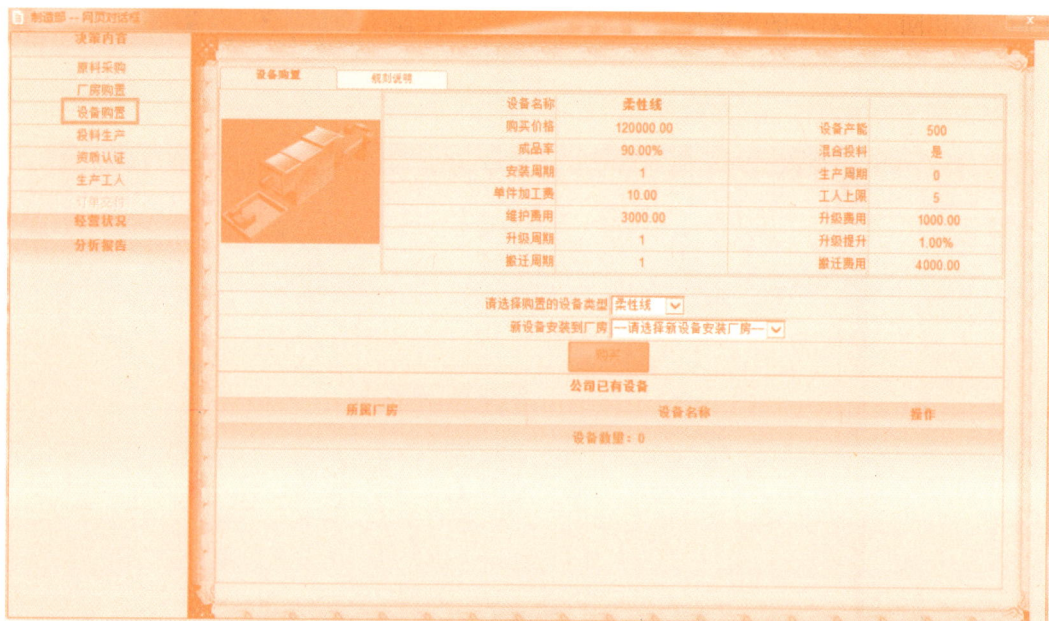

设备购置

设备有三类，可点开依次查看，也可以去"实验规则—生产制造"里面对比查看。

设备只能购买，费用即时扣除，计入固定资产，购买后的下季度计提折旧。

①设备安装。手工线无须安装，其他设备都有安装周期，购买后下季度才能使用。

②设备生产。生产没有周期，本季度投产，订单交付阶段即可成品下线交付。设备生产有成品率，设备下线成品=投料数量（各原料配比1：1）×成品率，取整数。

③设备维护。设备每期计提维护费，季度末扣除，计入制造费用。

④设备升级。可以投入升级费用升级设备，升级提升相应成品率。

⑤设备搬迁。设备闲置状态可以搬迁到其他厂房，有的设备有搬迁费用和搬迁周期。

⑥设备出售。闲置设备可即时以净值出售，设备生产、升级、搬迁中可以预订出售，季度末任务发布后，系统自动在设备完成生产、升级、搬迁后予以出售。

4.投料生产

生产制造部—投料生产，进入各设备，进行投料生产。

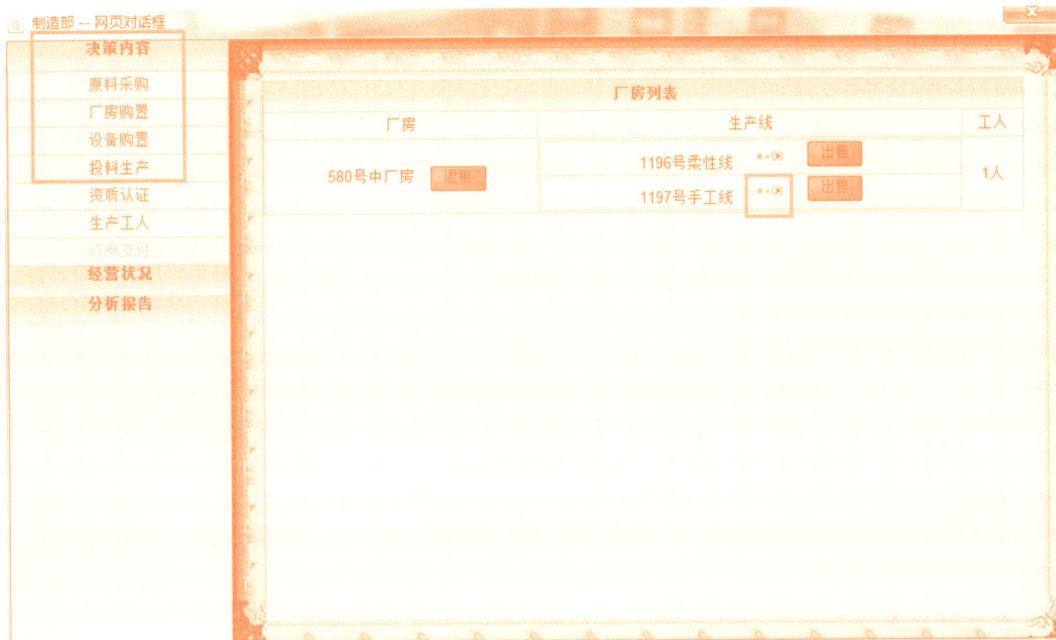

投料生产

设备在闲置中，可以马上净值出售。

设备在生产中、搬迁中、升级中的，可以预订出售，待季度末设备生产完成、搬迁完成、升级完成，系统自动以净值出售。

厂房内没有其他设备，可以退租或出售。厂房内的设备都在预订出售中，厂房可以预订退租/出售。进入设备内，可以投料、升级、搬迁。

5.资质认证

（1）规则说明。

①资质认证直接关系到企业的产品是否能参与市场订单竞争。

②本页面完成产品资质认证要求。每个订单都会对产品资质有要求，若产品的资质未达到要求，则无法对该订单报价。

③根据不同的认证类型，相应的认证周期和每期认证费用也会不一样。

④可以对本期的认证操作予以撤销，认证花费的费用也将被撤销。

⑤认证状态实时反映了当前该资质的认证进度。绿色表示已认证周期，黄色表示未认证周期。

（2）资质认证决策。

在市场成熟后期，各市场消费群体会对进入该市场的产品有资质认证的要求，具体详见"实验规则–生产制造"。

资质认证

各资质认证要求周期不一样，需要累计投入认证完成，下一季度生效，本季度投入的可撤销。

6.生产工人

（1）规则说明。

①本页面完成对生产工人的岗位调整、计划培训和计划辞退。

②对当季做的操作，可撤销。只有在招聘完成并且人力资源部合同签订完毕后才能在此操作。

③可根据需要，调整工人所在的生产线，但该生产线需能正常使用。调整后，原生产线上的生产能力需满足当前在制品的生产需求。

④计划培训是指把该员工的培训计划递交至人力资源部，等待人力资源部确定并实施培训。在人力资源部未实施前，可撤销计划培训；若人力资源部已开始培训，则本页面已无权撤销。此时若需撤销培训，需人力资源部先撤销后，本页面方可撤销。生产工人每次培训成本为300.00元，每次培训可提高3.00%的生产能力。

（2）工人招聘决策。

生产工人

这里可以帮工人调配到不同的可用生产线（安装中不能调配），可提出培训或辞退申请，由人力资源部执行，鼠标放在 ⓘ 上可查看详情。工人培训属于在岗培训，不影响工作，可提升生产能力，下季度生效。工人辞退，入职一季度后辞退需支付赔偿金。

课堂活动

1.模拟拟订新产品的品牌名称、产品构成。

2.模拟完成新产品的研究开发工作。

3根据公司产品设计要求，模拟制订原材料采购计划。

4.模拟完成公司厂房、设备的采购管理。

云课堂

创业之星操作手册

实践与提升

实地走访调研一家生产型企业，分析真实企业与模拟企业的契合度，完善模拟企业的设计要素。

学生成长卡

创业企业研发生产制造管理知识技能实训评价表

评价项目	具体指标	小组自评	小组互评	教师评价	总评
产品设计与研发	确定新产品品牌名称、产品构成、目标消费群体的明确性				
原材料采购	制订相应季度生产的原材料采购计划的合理性				
厂房购置与设备购置	结合现有资金情况，制订厂房购买或租赁、设备购置策略的合理性				
资质认证和生产工人决策	资质认证决策和生产工人培训决策的合理性				

学生自评表

班级：	姓名：	学号：		
评价项目	评价标准		分值	得分
产品设计与研发	确定新产品品牌名称、产品构成、目标消费群体的明确性		15	
原材料采购	制订相应季度生产的原材料采购计划的合理性		15	
厂房购置与设备购置	结合现有资金情况，制订厂房购买或租赁、设备购置策略的合理性		15	
资质认证和生产工人决策	资质认证决策和生产工人培训决策的合理性		15	
工作态度	态度端正，无缺勤、迟到、早退现象		8	
工作质量	能按计划完成工作任务		8	
协调能力	与小组成员、同学之间能合作交流，协调工作		8	
职业素质	能做到细心、严谨		8	
创新意识	材料及案例分析过程中有独到见解		8	
合计			100	

学生互评表

评价项目	分值	等级							评价对象（组别）					
									1	2	3	4	5	6
计划合理	10	优	10	良	9	中	7	差	6					
团队合作	10	优	10	良	9	中	7	差	6					
组织有序	10	优	10	良	9	中	7	差	6					
工作质量	20	优	20	良	18	中	14	差	12					
工作效率	10	优	10	良	9	中	7	差	6					
工作完整	10	优	10	良	9	中	7	差	6					
工作规范	10	优	10	良	9	中	7	差	6					
成果展示	20	优	20	良	18	中	14	差	12					
合计	100													

教师评价表

班级:		姓名:	学号:		
评价项目		评价标准		分值	得分
考勤（10%）		无迟到、早退、旷课现象		10	
工作过程（60%）	产品设计与研发	确定新产品品牌名称、产品构成、目标消费群体的明确性		12	
	原材料采购	制订相应季度生产的原材料采购计划的合理性		12	
	厂房购置与设备购置	结合现有资金情况，制订厂房购买或租赁、设备购置策略的合理性		12	
	资质认证和生产工人决策	资质认证决策和生产工人培训决策的合理性		12	
	工作态度	态度端正，工作认真、主动		4	
	协调能力	能按计划完成工作任务		4	
	职业素质	与小组成员、同学之间能合作交流，协调工作		4	
项目成果（30%）	工作完整	能按时完成任务		10	
	工作规范	能按原理完成计算和案例分析		10	
	成果展示	能准确表述、汇报工作成果		10	
合计				100	
综合评价		学生自评（20%）	小组互评（30%）	教师评价（50%）	综合得分

学习任务

🏃 任务二　企业市场营销管理知识技巧实训

任务布置

（1）通过查阅网络、书刊等方式了解企业市场营销管理的定义；

（2）通过查阅网络、书刊等方式了解企业市场部主要的职责职能；

（3）根据现有资料，了解市场营销的训练规则说明。

任务准备

（1）教师准备授课计算机，确保可正常登录训练系统，开展集中式实训教学；

（2）学生提前预习任务分析中的知识，了解市场营销管理的基本训练任务。

任务实施

市场营销管理是企业为实现经营任务和目标而发现、分析、选择和利用市场机会的管理过程，是企业经营管理的重要组成部分，也是企业营销部门的主要职能。没有市场营销，客户就不知道企业的存在，创业者也就无从开展销售活动。有效的营销方案，会带来和保留更多的客户和业务，解决企业发展中的基本问题，引导企业树立正确的市场营销策略，帮助指引企业创造竞争优势，提高企业生产效率，更好地优化企业资源配置。了解目标市场才能更高效顺利地开拓市场，采取积极正确的市场营销战略，有效助力企业实现持续高效稳定发展。

情景导入

市场营销管理模拟训练模块是给每个小组学生经营团队开展品牌推广、市场开发、产品销售等决策的功能集合，每家模拟公司都可以根据自己的意愿开展这方面的工作。市场与销售部分的决策是每个学生团队直接与其他学生团队进行竞争对抗的环节。同样的产品，谁家的市场渠道更广？谁家的价格更实惠？同样的价格谁家的品牌更响？实训过程中，每个团队都需要不断地快速判断、分析、决定，再判断、分析、决定，如此循环往复，最终获得市场的认可。

任务分析

一、市场营销的定义

市场营销是指与市场有关的人类活动，即以满足人类各种需要和欲望为目的，通过市场变潜在交换为现实交换的活动。市场营销不同于销售或促销。现代企业营销活动包括市场营销研究、市场需求预测、新产品开发、定价、分销、物流、广告、人员推销、销售促进、售后服务等，而销售仅仅是企业营销活动的一部分。

二、市场营销实训规则说明

训练系统中，市场营销分为渠道开发、产品推广、销售人员招聘和培训、订单报价以及市场需求等多项工作。

（一）渠道开发

整个市场根据地区划分为多个市场区域，每个市场区域下有一个或多个销售渠道可供每个公司开拓，开发销售渠道除了需要花费一定的开发周期外，每期还需要一笔开发费用。每个公司可以通过不同的市场区域下已经开发完成的销售渠道，把各自的产品销售到消费者手中。

（二）产品推广

产品推广主要指广告宣传，每个产品每期均可以投入一笔广告宣传费用，某一期投入的广告对未来若干季度是有累积效应的，投入当季效应最大，随着时间推移，距离目前季度越久，效应逐渐降低。

（三）销售人员招聘和培训

公司可以在交易市场的人才市场内招聘到不同能力层次的销售人员。

销售能力：销售人员在一个经营周期内所具有的最大销售能力。

招聘费用：招聘一个销售人员所需花费的招聘费用，该笔费用在招聘时即自动扣除。

季度工资：支付给销售人员的工资，每期期末自动支付。

试用期：招聘后试用的时间，人力资源部需在试用期内与销售人员签订合同，招聘之后没有签订合同将支付罚金每人2000.00元。

培训费用：每次培训一个销售人员所需花费的费用，每个销售人员每个经营周期最多只能做一次培训，销售人员培训由销售部提出，递交到人力资源部后实施，培训费用在实施时支付。

培训提升：销售人员完成一次培训后，销售能力将在原有能力的基础上提升的百分比。培训后销售能力=培训前销售能力×（1+培训提升）

辞退补偿：试用期内辞退销售人员无须支付辞退补偿金，试用期满并正式签订合同后需支付辞退补偿金，一般在每期期末实际辞退销售人员时实时支付。

销售人员	业务员
销售能力	500
招聘费用	500.00
季度工资	3600.00
试用期	1
培训费用	500.00
培训提升	5.00%
辞退补偿	300.00

某一类型的销售人员

（四）订单报价

每个经营周期，对于已经完成开发的渠道，将有若干来自不同消费群体的市场订单以供每个公司进行报价。

每个市场订单均包含以下要素：资质要求、购买量、回款周期、最高承受价。

当订单无法按量满额交付时，需支付订单违约金。

订单违约金=（该订单最高限价×未交付订单数量）×订单违约金比例（30.00%）

（五）市场需求

每个经营周期，不同市场区域下的不同销售渠道都包含了多个消费群体的不同数量的潜在市场需求，所有公司都可以通过营销渠道把自己的产品销售给这些消费者，当然消费者也将根据自身需求及其他多方面因素在众多厂家中选择自己最钟爱的产品。当然也有可能出现厂家的产品供不应求的情况，部分消费者的需求将暂时无法得到满足，对于这些暂时未得到满足的消费者，他们将在接下去的季度继续寻找自己想要的产品，但如果某些市场区域大量的消费者持续得不到产品满足，该市场的需求总量增长将逐渐放缓。以下是专业市场调查机构提供的未来8季度的需求分析走势图。（注意：本报告仅供参考，其中所提供的需求量走势与实际市场最终需求可能会有一定的差异。）

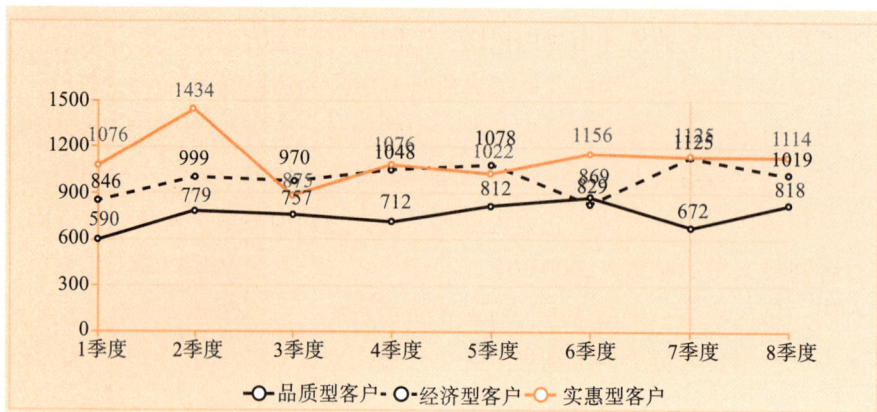

北京零售渠道各消费群体需求走势

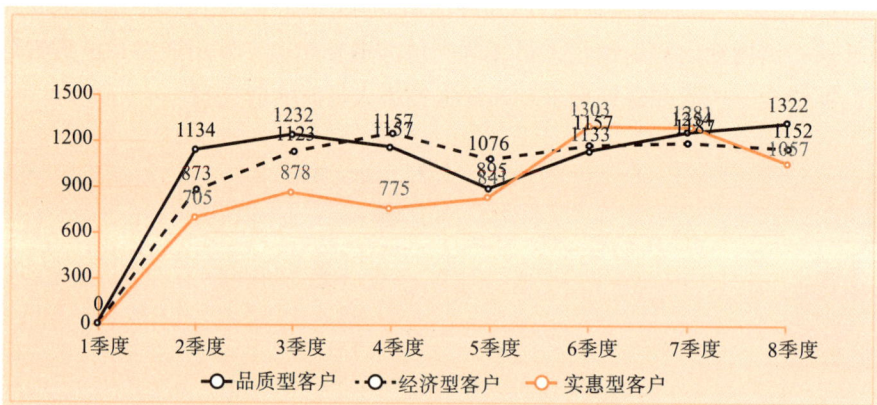

上海零售渠道各消费群体需求走势

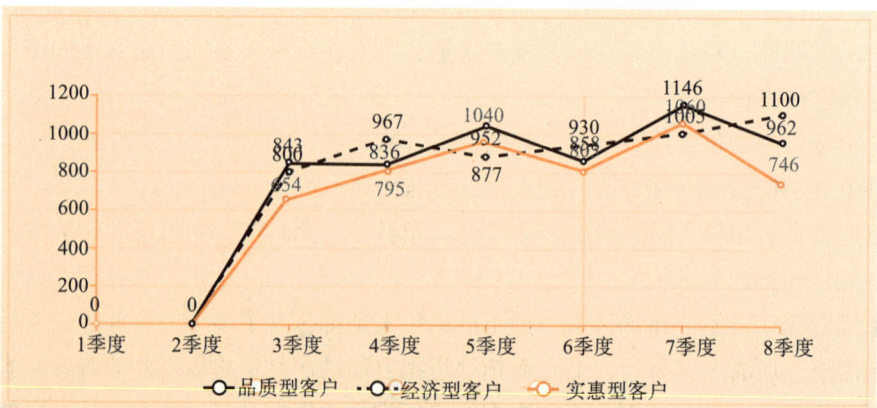

广州零售渠道各消费群体需求走势

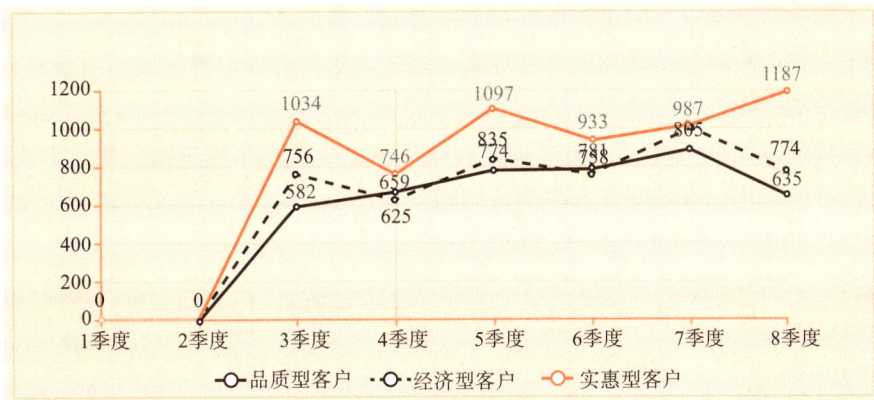

武汉零售渠道各消费群体需求走势

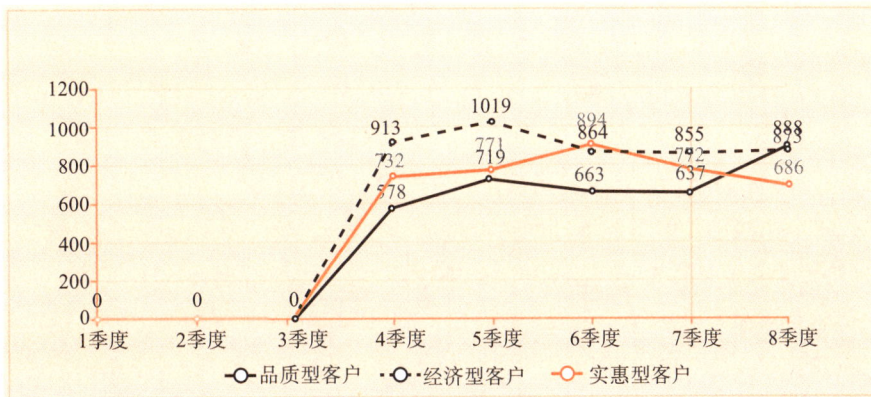

成都零售渠道各消费群体需求走势

三、市场部主要职责及决策内容

(一) 市场部主要职责及决策任务

1.市场部主要职责

公司的销售部门与市场部门是公司营销的两大基本职能部门。市场部门的任务是解决市场对企业产品的需求问题，销售部门的任务是解决市场能不能买到产品的问题。市场部负责制订公司各阶段的营销目标计划，建立并完善信息收集与分析方法，做好消费者需求分析和竞争对手分析，为公司新产品上市制订推广策略。

2.决策任务

（1）制订市场开发与发展规划。

（2）制订广告宣传投入策略。

(二) 市场开发规则说明及决策内容

1.市场开发规则说明

（1）市场渠道是否开发完成直接影响后期产品是否被允许在该市场销售。

（2）本页面完成市场渠道的开发建设。

（3）当季的操作，可撤销。

（4）不同市场下的不同渠道的开发周期和每期开发成本都不尽相同。

（5）开发状态实时显示渠道的开发进度，绿色表示已开发，黄色表示未开发。

2.市场开发决策

根据市场需求与成长情况，选择开发不同市场，资金不足可中断，累计开发完成后，才能进入该市场销售，本季度开发决策可撤销。

市场开发决策

（三）广告宣传规则说明及决策内容

1.规则说明

（1）广告宣传的投入是影响消费者选择产品的重要因素之一，但对于不同消费者的影响也不一样。

（2）本页面投入针对产品的广告、宣传、策划等费用。

（3）当保存本次操作时，本次数据将覆盖本期上一次有限报价。

（4）累计投入是指截至本季度针对该产品总共花费的广告宣传费用。

（5）累计效应是指，截至当前季度，前3季度的投入对于本季度的影响力。该影响力将持续3个季度，随着时间的推移，影响力将逐渐减弱。例如：广告影响季度为3，若一季度投入10000.00元，则第一季度效应为10000.00元，对于二季度来说这10000.00元效应可能为7000.00元，对于三季度来说这10000.00元效应可能为4000.00元，第四季度则失去效应，为0.00元。

2.广告宣传决策

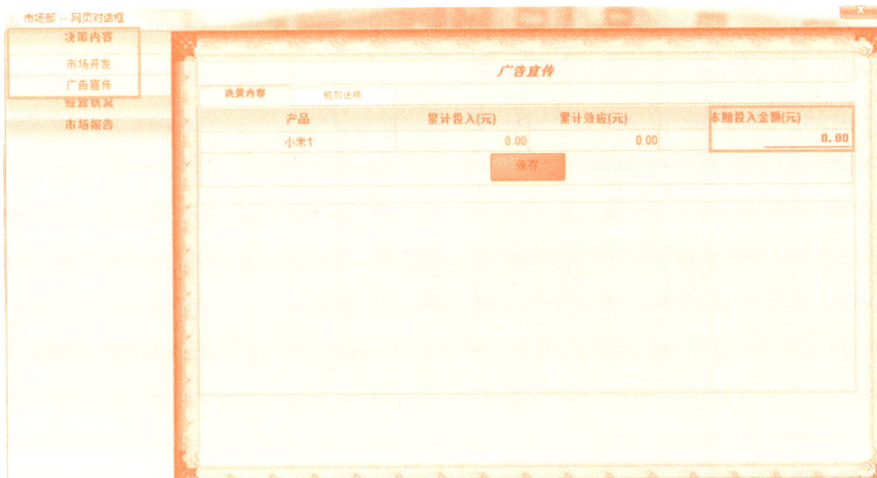

广告宣传决策

对无须研发或研发完成的品牌，可以投入广告。广告有一定的累计效应，可以针对品牌面向的不同消费群体对品牌的影响权重、竞争对手的广告投放策略、资金情况制订广告投放策略。

四、销售部主要职责及决策任务

（一）销售部主要职责及决策任务

1.销售部主要职责

销售部负责制订公司各阶段销售任务计划并促成销售计划的完成。销售部在充分分析市场环境及竞争关系的情况下，制订公司的销售策略，合理地规划安排销售人员，做好销售队伍的建设与培养。同时积极参与各市场的竞争与销售，努力提升销售业绩，收回销售款项。在每一阶段结束后，及时总结销售情况，分析竞争对手，并向公司负责人反馈市场信息和销售动态。

2.决策任务

（1）根据公司市场开发规划招募销售人员。

（2）根据各地区业务发展安排销售人员。

（3）根据各地区竞争情况制订产品售价。

（二）销售人员规则说明及决策内容

1.规则说明

（1）本页面完成对销售人员的岗位调整、计划培训、计划辞退。如若需要培训或辞退销售人员，请在此向人力资源部提交申请。对当季做的操作，可撤销。

（2）可根据需要，调整销售人员所在的市场渠道。但前提是调整后原市场渠道需满足该渠道上报价订单的销售能力。

（3）计划培训是指把该员工的培训计划递交至人力资源部，等待人力资源部确定并实施培训；在人力资源部未实施前，可撤销计划培训，若人力资源部已开始培训，则本页面已无权撤销。业务员每次培训成本为500.00元，每次培训可提高5.00%的销售能力。

（4）计划辞退是指把该员工的辞退计划递交至人力资源部，等待人力资源部确认并实施。撤销规则如上。业务员每人次辞退成本为300.00元。

2.销售人员决策

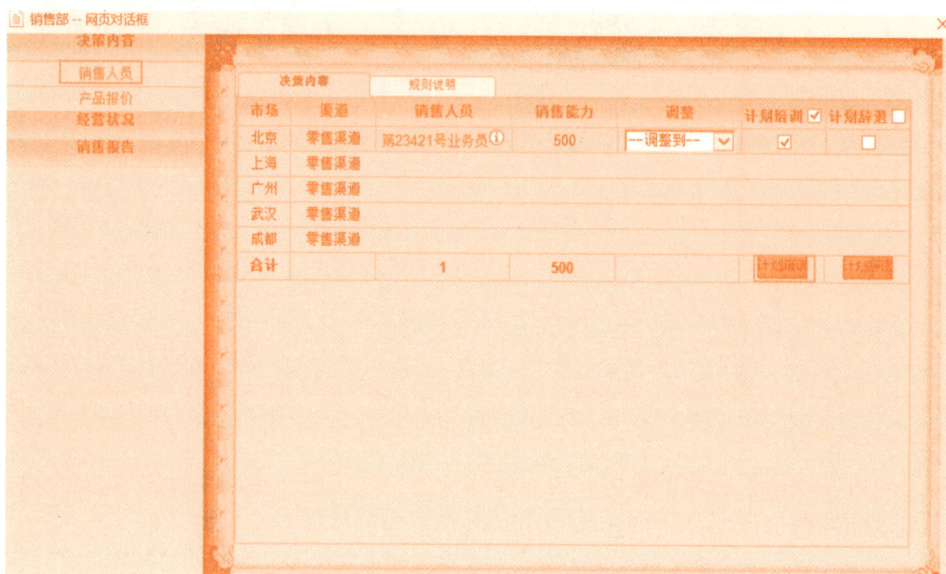

销售人员决策

根据市场拓展需要，对现有销售人员进行岗位调整、计划培训、计划辞退，如若需要培训或辞退销售人员，在此向人力资源部提交申请。

（三）产品报价规则说明及决策内容

1.规则说明

（1）本页面完成市场订单的报价；保存后，本次报价数据将覆盖历史报价数据。

（2）销售能力是指部署在该市场下该渠道的销售人员能力的总和。若该数字未达到或超过购买力，则不允许报价，提示"销售能力不足"。一个市场的销售能力与进入该市场的产品数量无关，即若该市场销售能力为500元，则进入该市场每个产品最多订单均能达到500元。

（3）群体是指该订单的需求人群。

（4）资质要求是指该订单要求参与报价者的企业需要达到的资质。若资质没有认证或还未认证完成，则不允许报价，提示"未达到资质要求"。

（5）购买力是指该订单的数量。

（6）付款周期是指交付该订单得到的现金延期支付的期限。

（7）最低价是工商部门为防止市场恶意或无序竞争，而设定的市场最低价。

最低价=上期该市场、该渠道、该消费群体所有产品报价平均数×60.00%

（8）最高价是工商部门为防止市场恶意或无序竞争，而设定的市场最高价。

（9）产品的目标消费群体必须和该订单的需求人群相吻合才允许报价。报价为"0"时，表示不参与该订单的竞争；当报价大于0时，则报价需介于最低价与最高价之间。

（10）上限数是指希望参与该订单销售的数量，需根据成品库存量来计算，上限数最大不能超过公司在该市场上的销售能力之和。

（11）若按照你的竞争力所得到的订单数量在你的上限数之上，而你只接收了上限数量的订单，则余下的未接的订单将二次分配，被其他小组瓜分。

（12）倘若订单得不到全额交付，则需支付30.00%的违约金。

订单违约金=该订单最高价×未交付订单数量×30.00%

2.产品报价决策

销售部—决策内容—产品报价，根据本季度市场总需求情况，即这里的购买量，以及实际参与的小组数目，制订销售预计。

$$平均市场需求=\frac{购买量}{小组数目}$$

产品报价决策

销售预计可以指导制订生产计划，根据生产计划制订厂房、设备、原料等的购置计划。

课堂活动

（1）模拟制订市场开发与发展规划。

（2）模拟制订广告宣传投入策略。

（3）根据公司市场开发规划模拟招募销售人员。

（4）根据各地区业务发展安排模拟招募销售人员。

（5）根据各地区竞争情况模拟制订产品售价。

云课堂

创业之星操作手册

实践与提升

通过走访调研或查询资料，重点针对一家企业的市场营销策略和实施方案进行总结分析，对比模拟设计的企业市场策略，分析其不足之处。

学生成长卡

企业市场营销管理知识技能实训评价表

评价项目	具体指标	小组自评	小组互评	教师评价	总评
制订市场开发与发展规划	市场开发与发展规划的合理性				
制订广告宣传投入策略	广告宣传投入策略的合理性				
根据公司市场开发规划招募销售人员	市场开发规划销售人员招募的合理性				
各地区销售人员安排	根据各地区业务发展安排销售人员的合理性				
根据各地区竞争情况制订产品售价	产品售价制订的合理性				

学生自评表

班级：	姓名：	学号：	
评价项目	评价标准	分值	得分
制订市场开发与发展规划	市场开发与发展规划的合理性	12	
制订广告宣传投入策略	广告宣传投入策略的合理性	12	
根据公司市场开发规划招募销售人员	市场开发规划销售人员招募的合理性	12	
根据各地区业务发展安排销售人员	根据各地区业务发展安排销售人员的合理性	12	
根据各地区竞争情况制订产品售价	产品售价制订的合理性	12	
工作态度	态度端正，无缺勤、迟到、早退现象	8	
工作质量	能按计划完成工作任务	8	
协调能力	与小组成员、同学之间能合作交流，协调工作	8	
职业素质	能做到细心、严谨	8	
创新意识	材料及案例分析过程中有独到见解	8	
	合计	100	

学生互评表

评价项目	分值	等级							评价对象（组别）					
									1	2	3	4	5	6
计划合理	10	优	10	良	9	中	7	差	6					
团队合作	10	优	10	良	9	中	7	差	6					
组织有序	10	优	10	良	9	中	7	差	6					
工作质量	20	优	20	良	18	中	14	差	12					
工作效率	10	优	10	良	9	中	7	差	6					
工作完整	10	优	10	良	9	中	7	差	6					
工作规范	10	优	10	良	9	中	7	差	6					
成果展示	20	优	20	良	18	中	14	差	12					
合计	100													

教师评价表

班级：	姓名：	学号：		
评价项目	**评价项目**	**评价标准**	**分值**	**得分**
	考勤（10%）	无迟到、早退、旷课现象	10	
	制订市场开发与发展规划	市场开发与发展规划的合理性	9	
	制订广告宣传投入策略	广告宣传投入策略的合理性	9	
工作过程（60%）	根据公司市场开发规划招募销售人员	市场开发规划销售人员招募的合理性	9	
	根据各地区业务发展安排销售人员	根据各地区业务发展安排销售人员的合理性	9	
	根据各地区竞争情况制订产品售价	产品售价制订的合理性	9	
	工作态度	态度端正，工作认真、主动	5	
	协调能力	能按计划完成工作任务	5	
	职业素质	与小组成员、同学之间能合作交流，协调工作	5	
项目成果（30%）	工作完整	能按时完成任务	10	
	工作规范	能按原理完成计算和案例分析	10	
	成果展示	能准确表述、汇报工作成果	10	
合计			100	
综合评价	学生自评（20%）	小组互评（30%）	教师评价（50%）	综合得分

学习任务

任务三　企业人力资源管理知识技巧实训

任务布置

（1）通过查阅网络、书刊等方式了解人力资源管理的定义；

（2）通过查阅网络、书刊等方式了解人力资源部的组织架构与各岗位工作职责；

（3）通过查阅网络、书刊等方式了解劳动合同基本内容及注意事项。

任务准备

（1）教师准备授课计算机，确保可正常登录训练系统，开展集中式实训教学；

（2）学生提前预习任务分析中的知识，了解人力资源管理的基本训练任务。

任务实施

人力资源是一个企业成长的根本。一个企业能否做大做强，关键在于人力资源的质量和数量。人力资源管理职能可以帮助企业实现其主要的战略目标，降低创造价值所需的成本并通过更好地满足客户的需要来增加价值。从战略的角度上讲，人力资源是企业的一种长期财富，其价值在于创造企业与众不同的竞争优势。所以，我们要学习成功管理的经验，明确人才管理对于企业的重要性，严抓人才的管理，最终促进企业的可持续发展和科学发展。

情景导入

人力资源管理是企业管理中最重要的工作，也是企业管理中最复杂的工作，因为人才管理的对象是人，所以涉及的学科和知识的范围非常广，包括的内容也非常多，这就要求企业人才的管理人员要有相关的专业知识。人力资源工作在系统模拟训练过程中为每个学生小组团队提供依据各自发展所需的人员保障支撑，通过该环节的管理决策过程，学生可以充分了解企业发展过程中都能遇到的管理知识与技巧，可以通过模拟实训获得更深刻的理解。

任务分析

一、人力资源管理的定义

人力资源管理亦称人事管理，是指在经济学与人本思想指导下，通过招聘、甄选、培训、报酬等管理形式对组织内外相关人力资源进行有效运用，满足组织当前及未来发展的需要，保证组织目标实现与成员发展的最大化的一系列活动的总称。

它是预测组织人力资源需求并做出人力需求计划，招聘选择人员并进行有效组织，考核绩效支付报酬并进行有效激励，结合组织与个人需要进行有效开发，以便实现最优组织绩效的全过程。人力资源管理一般分为六大模块：一是人力资源规划；二是招聘与配置；三是培训与开发；四是绩效管理；五是薪酬福利管理；六是劳动关系管理。

二、人力资源部职责与决策任务

（一）人力资源部主要职责

人力资源部负责公司人力资源的管理，为公司提供和培养合格的人才。部门要根据公司的发展规划与经营战略制订各阶段用人计划，落实人员的招募与选拔工作，根据岗位需求做好员工的培训计划。在每阶段，与新员工签订劳动合同，办理劳动保险，做好公司薪资预算，并对人员工作安排情况与工作绩效进行分析评价。

（二）决策任务

（1）根据公司用人需求到人才市场招募生产人员和销售人员。

（2）与公司招募的人员签订劳动合同，办理保险。

（3）制订员工培训计划，提升员工技能。

三、人力资源部决策内容

系统招聘的人员分为工人和销售人员（业务员），工资以单个数目结算，训练的学员统称为管理人员组（和小组人数没有关系），工资以一组人员工资结算。招聘需支付招聘费用，计入管理费用，工人需安排在正常使用的设备上，安装期的设备不能安排工人，销售人员需安排在开发完成的市场，没有开发完成的市场无法安排销售人员，人员招聘后，在签署劳动合同之前，可以撤销招聘。

（一）招聘工人规则说明及决策内容

1.规则说明

（1）首先明确自己所需要的工种，然后选择需要招聘工人的设备，点击招聘按钮就可以进行招聘。

（2）资金不够招聘员工时不能进行招聘。

（3）设备内员工人满时则不显示该设备。

注意：招聘完成后请去人力资源部签订劳动合同。

2.招聘工人决策

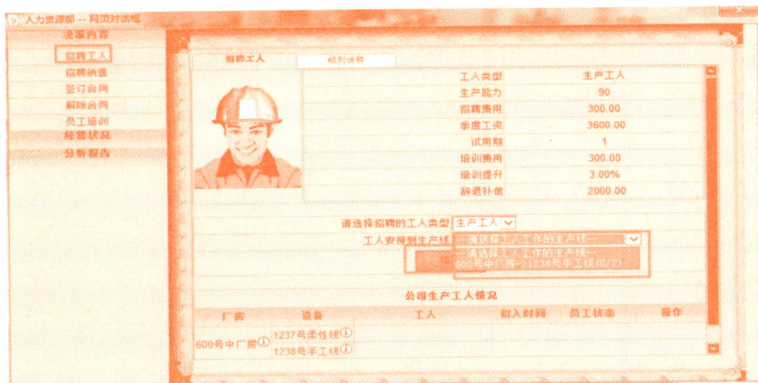

招聘工人决策

招聘好之后，须签订劳动合同，点击"全部签订"，未签订合同每人每季度将给予2000元罚款。

（二）招聘销售规则说明及决策内容

1.规则说明

（1）首先明确自己所需要的工种，然后选择需要招聘工人的设备，点击招聘按钮就可以进行招聘。

（2）资金不够招聘员工时不能进行招聘。

（3）设备内员工人满时则不显示该设备。

注意：招聘完成后请去人力资源部签订劳动合同。

2.招聘销售决策

招聘销售决策

（三）签订合同的规则说明及决策内容

1.规则说明

（1）本页面完成管理人员、新招入的生产工人、销售人员的合同签订。

（2）合同一经签订，即产生法律效力，不可撤销，但是可以解除合同。

（3）合同签订后，可随时查看与该员工签订的合同原本。

2. 签订合同决策

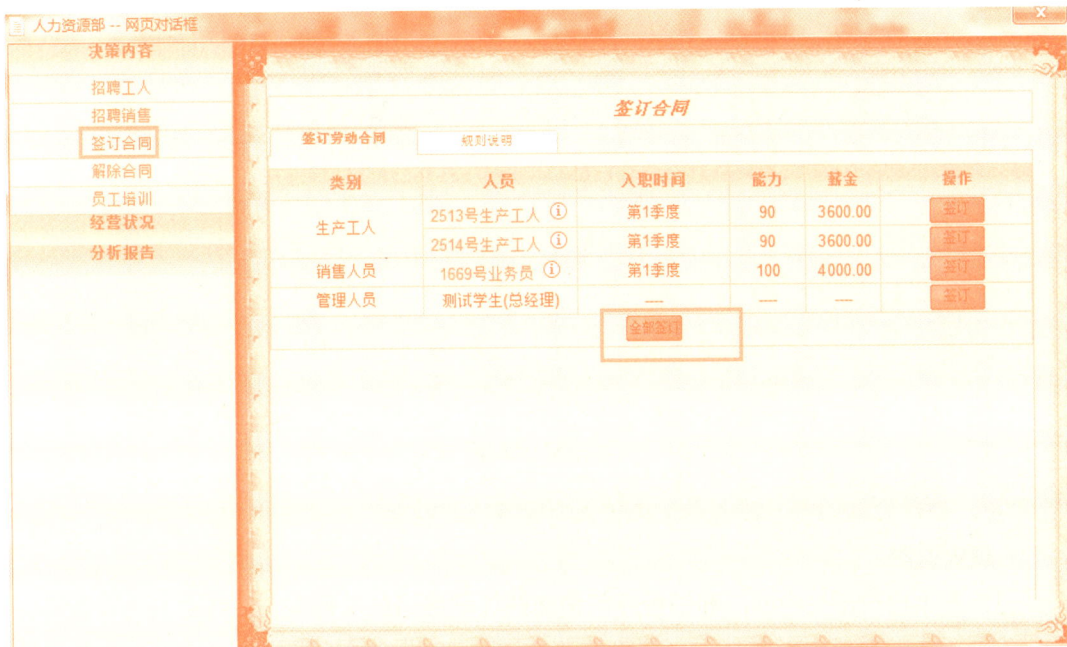

签订合同决策

(四) 员工培训的规则说明及员工培训决策

1. 规则说明

（1）本页面根据生产部门和销售部门提交的计划培训员工列表，最终由人力资源部完成对生产工人、销售人员的培训，对当季做的操作，可撤销。

（2）培训生产工人。若人力资源部在此处开始培训后，生产部门无法撤销计划培训。若生产部需撤销，则人力资源部需先撤销员工培训操作。生产工人每次培训成本为300.00元，每次培训可提高3.00%的生产能力。

（3）培训销售人员。若人力资源部在此处开始培训后，销售部门无法撤销计划培训。若销售部需撤销，则人力资源部需先撤销员工培训操作。业务员每次培训成本为500.00元，每次培训可提高5.00%的销售能力。

2. 员工培训决策

生产工人由生产制造部门提交培训申请，销售人员由销售部门提交后，由人力资源部门执行培训计划，培训会生成培训费用，计入管理费用，培训提升相关能力，下季度生效，培训不影响工作。

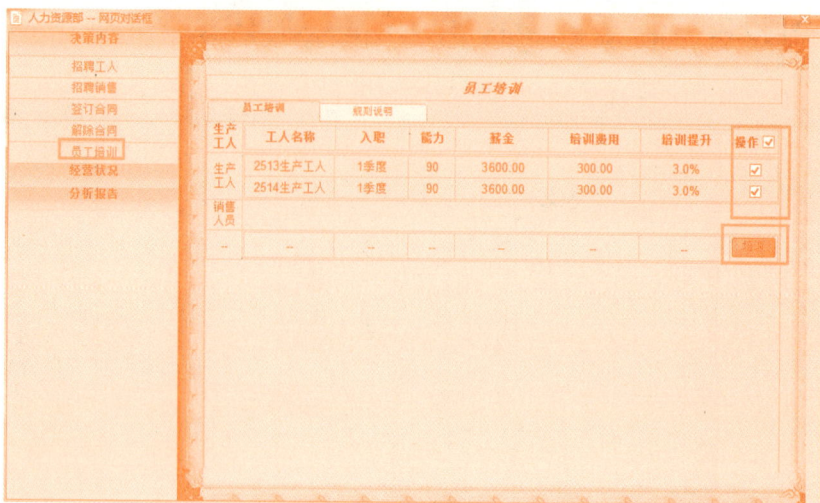

员工培训决策

（五）解除合同的规则说明及生产工人、销售人员决策

1.规则说明

（1）本页面根据生产部门和销售部门提交的计划辞退员工列表，最终由人力资源部完成对生产工人、销售人员的辞退（解除劳动合同）。对当季做的操作，可撤销，对于试用期内的员工辞退无须支付补偿金。

（2）辞退生产工人。若人力资源部在此处辞退后，生产部门无法撤销计划辞退。若生产部门需撤销，则人力资源部需先撤销解除合同操作。生产工人辞退成本为300.00元/人。

（3）辞退销售人员。若人力资源部在此处辞退后，销售部门无法撤销计划辞退。若销售部门需撤销，则人力资源部需先撤销解除合同操作。业务员辞退成本为300.00元/人。

2.解除合同决策

生产工人由生产制造部门提交辞退申请，销售人员由销售部门提交辞退申请后，由人力资源部门执行辞退工作。员工入职1季度之后的辞退会生成赔偿金，计入管理费用。

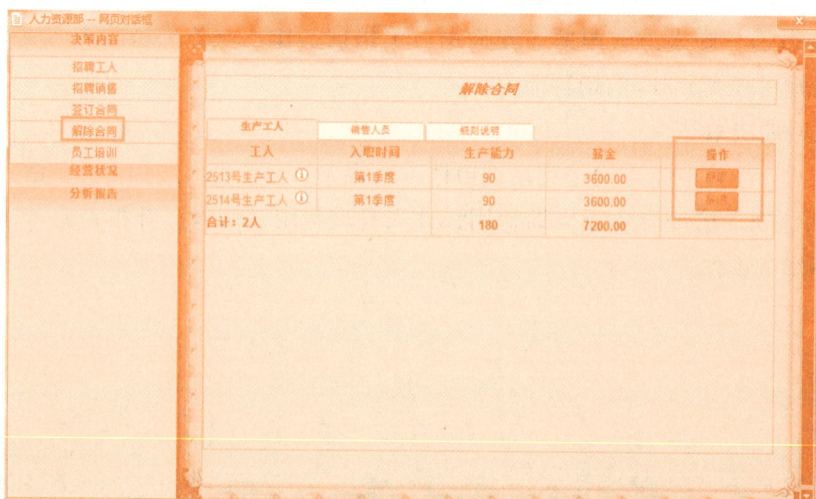

解除合同决策

课堂活动

（1）根据公司用人需求到人才市场模拟招募生产人员和销售人员。

（2）与公司招募的人员模拟签订劳动合同，办理保险。

（3）模拟制订员工培训计划，提升员工技能。

云课堂

创业之星操作手册

实践与提升

通过走访调研或查询资料，重点针对一家企业的人力资源管理策略进行总结分析，并指出模拟设计的企业人力资源管理的不足之处。

学生成长卡

企业人力资源管理知识技能实训评价表

评价项目	具体指标	小组自评	小组互评	教师评价	总评
根据公司用人需求到人才市场招募生产人员和销售人员	根据用人部门的需求，完成人员招聘工作				
与公司招募的人员签订劳动合同，办理保险	是否与招聘人员签订劳动合同和办理保险				
制订员工培训计划，提升员工技能	根据部门需求提交培训计划完成情况				

学生自评表

班级：	姓名：	学号：	
评价项目	**评价标准**	**分值**	**得分**
根据公司用人需求到人才市场招募生产人员和销售人员	根据用人部门的需求，完成人员招聘工作情况	20	
与公司招募的人员签订劳动合同，办理保险	与招聘人员签订劳动合同和办理保险情况	15	

续表

评价项目	评价标准	分值	得分
制订员工培训计划，提升员工技能	根据部门需求提交培训计划完成情况	15	
工作态度	态度端正，无缺勤、迟到、早退现象	10	
工作质量	能按计划完成工作任务	10	
协调能力	与小组成员、同学之间能合作交流，协调工作	10	
职业素质	能做到细心、严谨	10	
创新意识	材料及案例分析过程中有独到见解	10	
	合计	100	

学生互评表

评价项目	分值	等级								评价对象（组别）					
										1	2	3	4	5	6
计划合理	10	优	10	良	9	中	7	差	6						
团队合作	10	优	10	良	9	中	7	差	6						
组织有序	10	优	10	良	9	中	7	差	6						
工作质量	20	优	20	良	18	中	14	差	12						
工作效率	10	优	10	良	9	中	7	差	6						
工作完整	10	优	10	良	9	中	7	差	6						
工作规范	10	优	10	良	9	中	7	差	6						
成果展示	20	优	20	良	18	中	14	差	12						
合计	100														

教师评价表

班级：		姓名：	学号：		
评价项目		评价标准		分值	得分
考勤（10%）		无迟到、早退、旷课现象		10	
工作过程（60%）	根据公司用人需求到人才市场招募生产人员和销售人员	根据用人部门的需求，完成人员招聘工作情况		15	
	与公司招募的人员签订劳动合同，办理保险	与招聘人员签订劳动合同和办理保险情况		15	
	制订员工培训计划，提升员工技能	根据部门需求提交培训计划完成情况		15	
	工作态度	态度端正，工作认真、主动		5	
	协调能力	能按计划完成工作任务		5	
	职业素质	与小组成员、同学之间能合作交流，协调工作		5	
项目成果（30%）	工作完整	能按时完成任务		10	
	工作规范	能按原理完成计算和案例分析		10	
	成果展示	能准确表述、汇报工作成果		10	
合计				100	
综合评价	学生自评（20%）	小组互评（30%）	教师评价（50%）	综合得分	

模块七
创业项目路演

知识目标
1. 掌握尽职调查的目的与方法；
2. 掌握商业计划书编写的方法与工具；
3. 掌握路演PPT的制作方法与技巧；
4. 掌握项目路演的答辩技巧。

能力目标
1. 能合理分析调查项目情况并出具尽职调查报告；
2. 能制作出商业计划书以及路演PPT；
3. 能掌握答辩技巧，流畅回答专家评审、投资人提问。

素质目标
1. 以社会主义核心价值观为指导，具备创新思维意识；
2. 具有较强的创新创业心理素质；
3. 提升统筹执行、管理协调、组织沟通等综合素质能力；
4. 具有团队合作精神和纪律意识。

引言

　　路演源自英文Roadshow，起源于美国华尔街证券市场的早期阶段，美国华尔街的股票经纪人通过在马路边叫卖的形式销售股票。现在项目路演已经广泛应用于创新创业赛事、投融资推介、品牌推广等领域，它为创业项目提供了展示自身实力、吸引投资者关注以及融资的机会，逐步实现了从国内到国际、从单一到多样性、从线下到线上的转变过程。无论是初创企业还是成熟企业，项目路演都扮演着推动企业成功的关键一环，要做好一场项目路演，离不开学习尽职调查、撰写商业计划书、制作路演PPT、掌握项目路演答辩技巧。

知识图谱

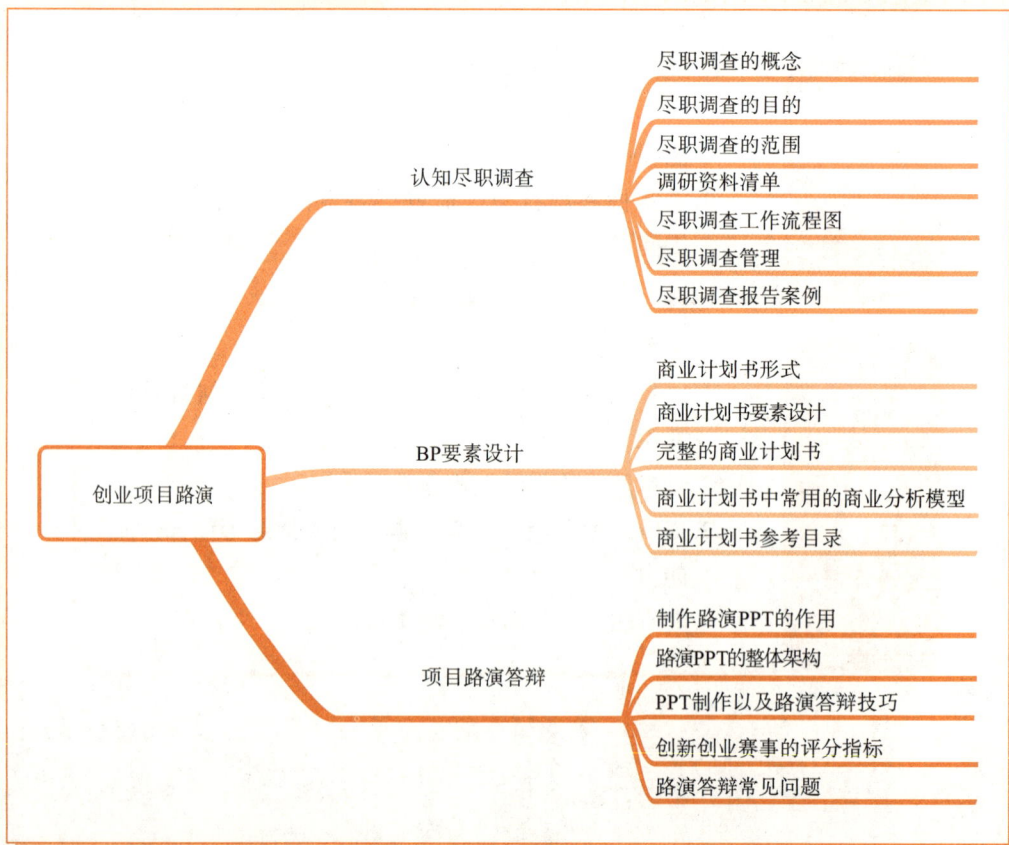

创业项目路演

认知尽职调查
- 尽职调查的概念
- 尽职调查的目的
- 尽职调查的范围
- 调研资料清单
- 尽职调查工作流程图
- 尽职调查管理
- 尽职调查报告案例

BP要素设计
- 商业计划书形式
- 商业计划书要素设计
- 完整的商业计划书
- 商业计划书中常用的商业分析模型
- 商业计划书参考目录

项目路演答辩
- 制作路演PPT的作用
- 路演PPT的整体架构
- PPT制作以及路演答辩技巧
- 创新创业赛事的评分指标
- 路演答辩常见问题

学习任务

任务一　认知尽职调查

任务布置

（1）选择一个调研项目；

（2）通过线上资料收集、实地调研、分析竞争对手等方式获取项目资料；

（3）以模块四组建的创业团队为基础成立尽调小组；

（4）以小组形式出具一份尽职调研报告。

任务准备

（1）拟订尽职调查事项：根据项目调查目的，列举尽职调查过程中需要了解的各类情况，确定尽职调查清单。

（2）确定调查组成员：根据尽职调查清单，确定调查时间、人员、行程安排，并提前确定车票、酒店等；调查组成员需了解尽职调查清单内容。

（3）召开尽职调查项目协调会：通过线上或线下的方式，确定尽职调查对接人，并签订保密协议。

任务实施

（1）基本情况调查：设立与发展历程、组织架构、业务发展目标、高管人员调查、重大合同、历史遗留问题、风险因素；

（2）业务与技术调查：行业情况、合作单位、市场情况、技术研发情况；

（3）财务情况：财务报表、财务制度、财务比例分析、销售收入、成本分析、资产情况、对外投资、银行贷款、纳税情况；

（4）工作沟通与协调：确定工作协调机制、任务时间节点。

情景导入

尽职调查在面对创新创业赛事、投融资推介、品牌推广等不同的场景，面对项目、投资机构等不同的对象，调查内容、侧重点不一样。现以创新创业决赛赛前尽职调查为背景，目标公司为某新工艺技术研发公司，主要研究智能碳纤维索缆和预应力碳纤维板快速加固技术，拟推荐进入市级创新创业赛事决赛。现需在决赛前邀请技术专家、市场专家、会计师、赛事评委等人员组成尽调小组，对该项目进行尽职调查并出具尽调报告，作为评审判断是否推荐进入决赛的依据。

任务分析

一、尽职调查的概念

尽职调查（Due Diligence）是一个较为广泛的概念，广泛应用于法律、金融、投资领域，通常指在业务过程中对交易对方所进行的全面调查或审计，通过这种调查以及审计，对可能导致业务开展过程中做出判断的任何事项提供支撑。

二、尽职调查的目的

在业务开展过程中，陷阱无处不在，小的陷阱可能造成业务的波折，大的陷阱可能直接摧毁一家企业，而陷阱的来源则是因为信息的不对称。尽职调查的目的便是探明陷阱，避免信息不对称，明确交易过程的陷阱以及风险，从而确定业务的可行性，为业务交易的最终实施提供参考。

三、尽职调查的范围

尽职调查是为了全面了解公司的业务、财务以及发展情况，主要通过五个方面进行调查，分别是业务尽调、财务协调、法律尽调、税务尽调以及技术尽调。

四、调研资料清单

（一）公司基本情况

（1）基本资料。公司营业执照、行业许可文件、公司章程、工商变更资料、开户证明。

（2）公司架构。组织机构设置，内部管理架构，主要职能部门以及隶属关系，分公司、子公司、参股公司情况。

（3）团队人员。团队人员、用工方式、教育程度、专业证书、年龄分布、社保缴纳情况等。

（4）管理情况。管理制度、公司经营计划、考核完成情况、员工福利政策。

（5）风险情况。公司近三年是否存在劳资纠纷、合同纠纷等诉讼以及其他纠纷情况。

（二）财务状况

（1）基本资料。近两年审计报告、财务报表、纳税申报表、完税证明以及是否受到相关部门的处罚文件。

（2）资产情况。土地、房屋、设备、车辆、知识产权等，需提供房屋产权证、土地使用权证以及其他形态资产所有权证明。

（3）债务情况。公司借款、对外提供的担保、抵押情况、相关协议证明。

（4）重大合同。公司正在履行或即将履行的标的金额人民币10万元以上合同。

（三）高级管理人员和核心技术人员

（1）高级管理人员和核心技术人员的简历与基本情况。

（2）核心人员近两年的变动情况以及原因。

（四）其他资料

（1）公司历年取得的荣誉、称号以及证明材料。

（2）公司对外宣传报道。

五、尽职调查工作流程图

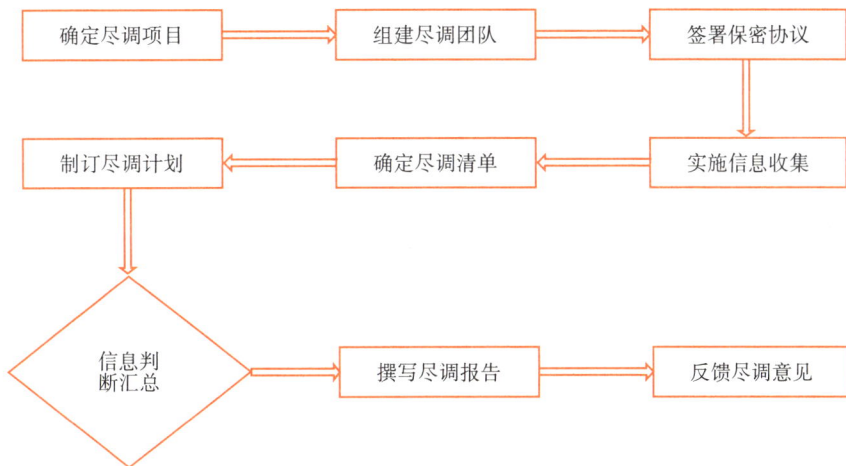

尽职调查工作流程图

六、尽职调查管理

（一）尽调人员管理

尽调小组一般按照项目经理负责制，组建专门的尽调小组，一个完整的尽调小组应包含财务、法律、审计等方面的专业人员，如涉及一些特殊行业，应当聘请相关专家以及外部机构共同组建，尽调小组成员应实现结构合理、分工明确、各司其职的格局。

其中，尽调小组经理应具备经验丰富、知识面广、诚实自信、观察敏锐等特质；专业人员应具备相应从业资质，具有一定从业背景，能有效揭示专业领域的相关风险所在；参与调查的其他人员应具有某领域的专业背景，能敏锐地收集有效信息。当然，团队的组建可以根据人员特点，一人身兼多职。

（二）尽调信息管理

1.信息来源

尽调过程中，信息来源十分广泛，尽调小组应充分利用各种途径以及资源，全方位获取尽调对象的各种信息。

（1）从尽调对象内部获取信息：可以要求尽调对象直接提供所需资料，也可以通过访谈尽调对象管理人员、技术人员、普通职员的方式，获得各种正式以及非正式信息。

（2）从专业机构获取信息：从尽调对象有业务联系的专业第三方机构，如会计师事务所、律师事务所、担保公司、合作银行等获取。

（3）实地考察获取信息：到尽调对象实际经营地进行现场考察，收集相关信息。

（4）其他外部信息：包括但不限于合作单位、互联网、宣传报道、政府部门、官方文件、各种征信系统等。

2.信息收集方法

尽调时，信息收集方法主要有观察法、访谈法、调查表法等，主要方法阐述如下。

（1）观察法。观察法是指调查人员根据一定的调查目的、调查提纲，用自己的感官以及辅助工具直接观察尽调对象，从而获得资料的一种方法。这种方法需要深入实际，现场感受，不需要其他的中间环节。通过观察法可以捕捉到正在发生的事件，收集到一些无法用语言表达的材料。

（2）访谈法。按照职级、分工不同，有选择地邀请5~10位尽调团队人员，或者20%以上团队成员，同时也可以针对合作客户、行业专家、竞争对手等进行相关调研，并提前梳理访谈内容、话题，收集相关信息。

（3）调查表法。调查表法是一种目的明确、计划清晰、标准化、系统性地搜集尽调对象的现实与历史状况材料的方法，是尽调中最常用的方法之一，也是收集第一手资料的最普遍的调研工具。为全面、有效地收集尽调信息，调查表需根据尽调对象仔细设计，每个问题都需要考虑它对尽调目标是否有价值。调查表设计内容不应包含被调查者不能回答、不愿回答或者不需要回答的问题，但需要包含避免遗漏应该回答的问题，同时，表格中应尽量使用直接、简单、无偏见的词语，回答有难度以及较为隐私的问题应设置在最后。

3.访谈要求

访谈处于实时信息收集环节，为高效、专业完成访谈内容，需注意以下事项。

（1）现场考察与访谈前，尽调小组应当对初步收集的资料进行仔细研究和分析，列出拟考察项目以及访谈人员，制订访谈提纲并发送给尽调对象，与其沟通、确定现场考察与访谈的具体时间、地点、人员安排，并制订不能实现考察和访谈目的时所采取的补充方案。

（2）尽调小组成员应当有针对性地提问，并认真做好访谈记录。访谈记录内容至少应当包括受访谈单位名称、受访谈人员姓名以及职务、访谈地点、访谈时间、访谈内容。

（3）访谈记录应当由负责记录的尽调小组成员和受访谈人员签字确认，并作为工作资料统一归档保存。

（4）现场考察与访谈过程中，尽调小组负责人应事先将公司关于现场尽职调查客户意见反馈的有关规定告知尽调对象，并向尽调对象负责人提供尽调小组制订的"客户意见反馈调查表"，同时接受尽调对象对尽调小组调查工作的监督。此阶段需注意，"客户意见反馈调查表"需要受评主体加盖公章，并作为工作资料统一归档保存。

（5）现场考察与访谈过程中，发现需要尽调对象进一步提供相关资料情况的，尽调小组应当于访谈过程中或访谈结束后至完成评级报告初稿前，向评级对象提交补充资料清单，并督促评级对象在约定时间内提供相关材料。

（6）对于证券市场尽调业务，在开展首次尽调时，尽调小组对尽调对象的现场考察与访谈时间不得少于2个工作日。

（7）现场调查以及访谈工作应贯穿于尽调全过程，现场访谈结束后，根据尽调需要，尽调小组可进行非现场调查或再次进行现场访谈。尽调小组应持续监测受评企业的信用变化状况，发现任何经合理预判可能会影响尽调对象风险状况的信息时，应及时与尽调对象以及相关第三方沟通，获取并评估相关信息。

（三）业务模式分析

尽调中，通常需要通过分析尽调对象业务结构，从而对尽调对象的盈利模式进行分析拆解。常用的业务分析主要由以下五个模块组成。

1.宏观环境分析

宏观环境分析是指对企业经营活动可能造成间接影响的外部环境因素进行分析，主要涵盖经济发展趋势及法律法规、人口、政治、生活方式的变化、技术革新、利率与外汇汇率及原油价格等方面。这些因素很难被个体企业或行业改变，对整体市场与经济具有深远影响。分析宏观环境时经常会用到PEST分析模型，通过政治环境、经济环境、社会环境、技术环境来综合评估。

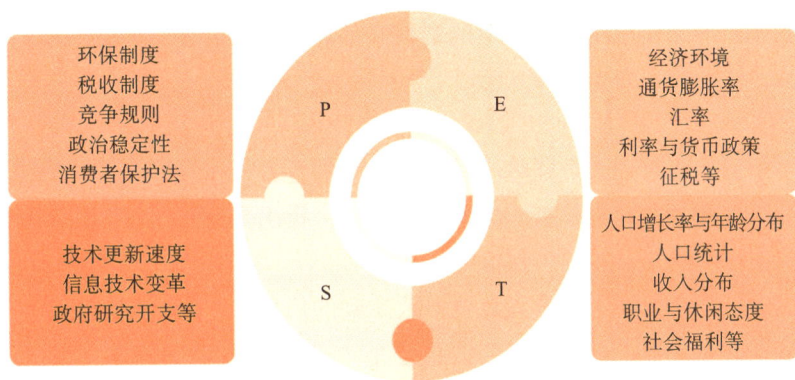

环保制度
税收制度
竞争规则
政治稳定性
消费者保护法

经济环境
通货膨胀率
汇率
利率与货币政策
征税等

技术更新速度
信息技术变革
政府研究开支等

人口增长率与年龄分布
人口统计
收入分布
职业与休闲态度
社会福利等

PEST模型

2.市场分析

无论企业是何种经营模式（B2B、B2C、C2C），都需要对其所处市场的过去、现在及将来进行分析。市场分析通常需要考虑如下问题。

（1）市场能否持续成长或者萎缩。

（2）市场成长的驱动力或者关键要素是什么。

（3）现有趋势会因何种因素而发生改变。

（4）市场和客户需求是否会发生变化。

3.竞争环境分析

竞争环境分析，包括分析尽调对象有哪些竞争对手，竞争对手业务内容、产品明细、最新动向、市场份额变化、重要特征等。通过收集以上竞争对手指标，了解尽调对象是否具备竞争力以及今后能否维持现有竞争力。

4.业务流程分析

业务流程分析是将尽调对象的基本活动按照职能分解，研究尽调对象内部环节的分析模型。主要通过明确尽调对象的业务流程、提炼竞争要素、提炼关键成功因素的流程分析，从而明确尽调对象的竞争优势、劣势以及经营上存在的问题。

5.企业基础设施分析

企业基础设施指企业的经营、组织、人事等职能，这些职能对业务流程中的研发、制造、销售的各个环节提供支持，促使各环节间更加顺畅地运行与协作。分析企业基础设施是为了搞清楚"企业基础设施是否妨碍了各业务的运作"或者"各环节间能否紧密协作"等。通常企业在此板块存在以下问题。

（1）重销售，轻研发生产，为追求销售业绩而忽略产品交付周期以及产品质量等其他因素。

（2）研发与生产脱节，导致生产成本高。

（3）研发与销售协同不足，忽视客户需求。

（4）部门间沟通不足，未实现良好的过程管理。

（四）尽调的保密与档案管理

1.保密管理

尽调小组组建完成后，小组人员首先必须签署保密协议，这是尽调工作的一个重要环节。参与尽职调查的人员承诺对其获得的资料和信息保密，并妥善保管，不泄漏项目决策中的相关机密，使各资料处于受控状态。

2.档案管理

尽调小组中的档案管理人员需将小组成员采集的各方面信息进行及时归档管理。调查人员对信息汇总整理，并交叉检查，剔除无效信息，提出是否需要补充采集相关信息。对重要的信息源，注明出处，并妥善保留原始凭证。

同时，尽职调查小组中应有专人负责对收集到的信息进行整理、分类、汇编、保管等工作。根据信息的重要性，可以将归档信息分为"红色、黄色、绿色"等级别，并用相应的标识给予明示。

通常情况下，红色级别表明不能复制、外借，属于机密；黄色级别表明可由档案管理人员决定是否复制、外借；绿色级别表明可以随意复制、外借。

分类完成后，档案管理人员应及时按档案管理要求登记造册，做好相关的资料整理保管工作，并做好资料的借阅、复印的审批登记工作。

（五）内部管理

（1）尽职调查工作中，尽调小组不得授意或协同尽调对象及其他利益相关方造假或隐瞒对评级结果产生重大影响的资料；不得利用自身身份、地位和执业中所掌握的尽调对象资料和信息为自己或他人谋取私利。

（2）未经委托方同意，尽调公司及尽调小组成员不得泄露有关尽调对象的资料和信息，但国家法律法规、监管部门另有规定的除外。

（3）尽职调查工作中，尽调公司应当采取措施避免利益冲突，尽调公司股东不得兼任尽调组长；公司及尽调工作人员不得以任何方式向尽调对象及其他利益相关方索取贿赂或其他好处；不得接受尽调对象及其他利益相关方礼物、礼金等形式的馈赠，也不得参与由其组织的可能影响评级结果的活动。

（4）尽调公司应当建立尽调小组尽职调查工作评价机制。在尽职调查工作之前、过程中及结束后，尽调小组应根据公开资料及尽调对象提供的相关资料填写工作底稿，并撰写尽职调查报告。在尽职调查工作结束后，尽调小组负责人应向委托方负责人提交尽职调查报告。

（5）尽调小组负责人应综合考虑尽调小组的尽职调查汇报情况、委托方或尽调对象对项目组尽职调查工作的意见反馈，对尽职调查报告做出评价，尽职调查报告评价结果纳入评级项目质量考核。

七、尽职调查报告案例

×××创新创业大赛项目调研报告

课堂活动

作为一个尽调小组负责人，在尽调过程中你需要做好哪些准备，认真思考并如实填写以下内容，需要就打"√"，不需要就在后面"其他"项自行填写。

学习内容检视

尽调前需准备：确定尽调清单□　组建尽调团队□　签署保密协议□　其他：＿＿＿＿＿＿

尽调对象基本情况包含：营业执照□　管理制度□　用工情况□　其他：＿＿＿＿＿＿

信息收集的主要方法有：观察法□　访谈法□　调查表法□　其他：＿＿＿＿＿＿

佐证资料应包含：财务报表□　知识产权□　访谈记录□　纳税证明□　其他：＿＿＿＿＿＿

云课堂

中央财经大学-创业融资公开课：尽职调查的内容

实践与提升

参考尽职调查报告案例，选择自己感兴趣的企业，按照赛前调查，出具一份尽职调查报告，以更加全面地理解调研规则，使自己的创业项目向更高要求、更高标准发展。（可单独附纸粘贴）

尽调项目名称：	
尽调时间：	尽调成员：
尽调内容：	
老师评语：	

学习任务

🏃 任务二　BP要素设计

任务布置

（1）选择一个创业项目；

（2）学习商业计划书要素模块以及画布、SWOT等分析工具；

（3）以模块四组建的创业团队分组，撰写一份商业计划书。

任务准备

（1）初步分析创业项目可行性；

（2）收集宏观政策、创业项目、技术、同行、市场等信息；

（3）组建涵盖技术、市场、财务、管理、宣传等全面化的创业团队，每个团队5人左右。

任务实施

（1）学习商业计划书的概念；

（2）学习商业计划书的表述形式以及不同形式的主要构成内容；

（3）学习商业计划书撰写需重点突出的内容，并结合团队成员特点，分工完成一份商业计划书。

情景导入

商业计划书是创业者为了达到创业目标，进行梳理、构思、设计和制作的策划方案，是分析创业项目可行性的系统性工作。请以你现在正在做的项目或者未来打算创业的项目为例，通过商业计划书设计画布、PEST分析模型等工具，结合模块五的学习内容，从宏观市场、核心技术、商业模式、创业团队建设、财务分析、融资计划等方面全面描述、思考和策划，以参加创新创业大赛为目的，撰写一份商业计划书。

任务分析

一、商业计划书形式

根据对象不同、目的不同，商业计划书可以分为以下四种类型，本节重点学习通过商业计划书设计画布撰写Word版商业计划书。

（1）商业计划书执行摘要：Word格式，篇幅通常为1~2页，能在5分钟内看完。

（2）完整版商业计划书：Word格式，篇幅通常为30~100页，包含详细完整的内容。

（3）演示文稿：PPT格式，篇幅为15~20页，用于创新创业赛事以及投融资对接。

（4）创业项目介绍视频：MP4等视频格式，通常不超过2分钟，动态演示项目亮点以及优势。

二、商业计划书要素设计

商业计划书是指通过项目梳理，对项目进行可行性分析，全面展示项目背景、现状与前景的文件。它是获得创业投资的试金石，也是获得创新创业赛事奖项的必要条件。写好一份商业计划书是创业的开始，接下来将具体介绍每一部分应该怎么写。

（一）商业计划书执行摘要

执行摘要主要是面向投资机构，让投资人在短时间内了解你的项目，被你的项目所吸引，因此它是商业计划书的精华。执行摘要要涵盖商业计划书的要点，通常只需要两页纸描述就足够了，不需要涵盖商业计划书的每个方面，重点体现以下内容即可。

（1）用一两句话概括公司可以被投资的亮点，即直接简单说明项目解决了什么样的问题，以及重量级的合作伙伴。

（2）清晰地描述公司的商业模式，明确公司的商业价值以及已获得的营收情况。

（3）描述市场的规模以及美好的前景。

（4）描述公司在市场中的竞争优势、荣誉资质以及技术壁垒。

（5）用表格体现公司历年财务情况以及未来财务预测。

（6）描述团队优势以及丰富的工作经历。

（7）描述公司期望的融资金额以及资金使用计划。

（二）商业计划书设计画布

在撰写商业计划书前，通过商业计划书设计画布，理清思路，搭出整体构架，再结合每个板块的内容以及借助画布等工具进行完善。

商业计划书设计画布

项目名称：		负责人：	团队成员：
一、提交对象			
大赛	（赛制、标准、历年获得奖项分析）		
VC	（投资领域、个人喜好、之前投资过哪些公司）		
合伙人	（年龄、特长、工作经历）		
二、表现形式：□Word　□PPT　□PDF　□思维导图　□视频			
三、融资状态			
种子／天使轮			
A轮			
B轮			
四、商业计划书内容			
用户痛点（为什么认为用户会对产品/服务感兴趣？）			

续表

项目名称：		负责人：	团队成员：
解决方案（你为用户创造的价值是什么？怎么提供这种价值？）			
市场空间（市场空间有多大？未来拓展空间有多大？）			
产品介绍（你的产品长什么样？如果我是用户会不会买？）			
商业模式（靠什么方式赚钱？）			
营销推广（你在营销推广方面有什么独特的方式解决冷启动的问题？）			
竞品分析（你有哪些竞争对手？你凭什么活下来并且还能做大做强？）			
业务规划（你每个阶段的目标是什么？如何执行到位？）			
团队优势（团队能力与创业项目的匹配度有多高？）			
融资计划（你要多少钱？花多久？要达成什么目标？）			

五、讲好故事：目标➡阻碍➡努力➡结果➡意外➡转弯➡结局

三、完整的商业计划书

（一）项目摘要模块

商业计划书的项目摘要是整个商业计划书的概括与精华提炼，一般字数不能太多，篇幅控制在两页A4纸即可。项目摘要的重点是围绕创业项目的社会和经济环境背景情况、市场痛点和市场需求、市场空间容量、产品与服务的内容、创业团队情况、创业项目的优势与特色、创业项目的商业盈利模式、创业项目的投资与回报、创业项目的风险分析以及创业融资计划等主要内容概括描述，要让读者从两页纸的计划摘要中，就能清楚地了解创业项目的全貌。

项目摘要是商业计划书全部内容的精华凝练，撰写难度较大。由于文字描述有篇幅限制，如何把项目的主要内容完整清晰地展示就十分关键，特别在创新创业赛事中，评委通常先看项目简介，如此部分描写不完整、清晰，没有亮点，就会影响对项目的整体评价。

（二）项目（公司）介绍模块

项目（公司）介绍就是要将创业项目的概况介绍清楚。在对创业项目的描述中，要让专家评委了解该项目的基本情况，是否成立公司，团队情况，核心产品是什么，提供的服务是什么，是否有自主研发的知识产权，近三年的财务状况如何，有哪些主要客户，业务已经拓展到哪些领域和地区，是否已获得过融资以及荣誉。

在介绍基本情况时，若创业项目已成立公司，则应描述公司的成立时间、注册资本、公司人员数量，其中本科、硕士、博士各种学历人员分布情况，初级、中级、高级技术职称人员分布情况；公司的主营业务是什么，公司的定位是什么，公司的宗旨和经营理念是什么，公司的目标愿景是什么，公司的组织架构情况，是否被投资或投资其他公司，公司有哪些主要客户，公司已经获得哪些资质、信誉、称号和奖励等。

在介绍公司研发投入情况时，还要清楚描述公司的办公面积、科研人员、科研仪器型号及数量，尽可能反映出公司的科研基础条件。

在介绍公司的知识产权情况时，要清楚描述公司正在申报和已经授权的专利、软件著作权、商标注册等情况，这样可以反映出公司的技术创新能力和技术壁垒。

（三）产品与服务板块

产品与服务是商业计划书描述的重要内容，是对接投融资机构以及创业大赛评审的重要指标。我们在描述产品时，不仅要围绕产品材料、技术、工艺、质量、功能、外形、尺寸等方面进行描述，还要围绕产品的技术水平、特色、所取得的知识产权以及比赛获得奖项等内容来描述。产品与服务的介绍实际上就是要清楚描述产品是什么，解决了什么问题，可以用在哪些地方，有哪些性能和功能，要尽可能全方面地介绍你的创业项目产品，给投资人和评委清楚描述产品画像。在产品介绍中，可以围绕以下几个方面的内容重点描述。

1. 技术水平

一个项目技术水平的高低可直接反映出项目技术的先进性。现在很多创业项目涉及新材料、电子信息、智能制造、节能环保、生物医药、电动汽车、文化创意、航空航天等诸领域，都是具有一定科技含量的创业项目。对于这类科技项目，技术水平的描述就显得十分重要。为了清晰地描述项目的技术水平，可以按照项目产品的技术水平是处于国际领先、国际先进、国内领先、国内先进等四个不同的等级去陈述，如果该项技术填补了国际空白或国内空白，也需补充进去。

2. 知识产权

项目的知识产权直接反映了项目的创新性，自主知识产权在一定程度上可视为项目保护的壁垒。知识产权的种类较多，可以包括发明专利、实用新型、外观设计等三种专利权，还可以包括软件著作权、商标、版权、工业品外观设计权、集成电路布图设计权、植物（动物）新品种、未披露过的信息（商业秘密）专有权等。

对于高校的创业项目，会存在知识产权属于学校或者老师的情况，为避免知识产权纠纷，可以与权利人签订一份使用授权协议。

3. 产品的设计与生产

对于生产制造类产品，需要围绕材料采购、产品设计、生产制造、检验检测、包装运输、销售与售后等不同环节进行描述。在创业初期，创业团队可以主要参与一部分，比如产品设计或者产品研发，针对产品生产等其他环节可以通过代加工等第三方形式解决。

4. 产品销售与服务

产品销售是项目经营的重要环节，需要围绕客户画像、定价策略、销售渠道、宣传策略、营销成本等方面进行重点描述。产品服务要围绕创新服务或者特色服务模式描述，体现产品或服务的优势，是否采用了跨界融合的模式，是否采用了分享共享的理念，以及增值服务和高附加价值服务的内容是什么，是怎么增加与用户直接的黏性的。

（四）创业团队模块

创业团队是创业项目能否顺利实施的核心，创业团队对于能否有效运营创业项目，实现创业成功至关重要。投资人与大赛评委在评价一个创业项目时，往往更看重创业团队运营项目的能力，他们通常认为"一流的团队优于一流的项目"。所以，在商业计划书中，创业团队的描述就显得十分重要。那么该如何完整地介绍创业团队，以便把创业团队的优势尽可能地展现出来呢？特别是对于大学生的创业项目，除了创业团队的价值观、经营理念保持一致外，还要保证团队在专业知识、个人能力、社会经验、脾气性格等方面的互补性。

特别是创业团队创始人和合伙人的专业技术背景、学历背景和个人能力是投资人和创业大赛评委重点关注的内容。在介绍创业团队时，一定要将团队成员的姓名、性别、年龄、学校、专业、技能、工作经历、团队分工、特长等情况描述清楚，如果有大企业工作经历、获奖经历、创业经历的可以重点描述，可参考团队画布进行分析。

团队分析画布

团队名称：		负责人：		联系方式：		Slogan：	
项目导师							
创业顾问							
投资人							
合作企业							
职务	CEO（首席执行官）	CTO（技术总监）	CMO（营销总监）	CFO（财务总监）	COO（运营总监）	CHO（人力总监）	其他
姓名							
负责事物							
工作背景							
突出优势							

股权分配				
创始人（%）	合伙人（%）	投资人（%）	期权值（%）	其他（%）
姓名	出资占比	技术占比	角色与义务占比	资源占比
			合计	总计

（五）市场分析模块

市场分析是商业计划书的重要模块之一，创业者要在创业项目启动前做好前期市场调研，可以通过门户网站、微信、微博、专业调研机构等各种渠道收集信息，并对项目产品进行全面和认真的市场分析。市场分析主要包括政策环境分析、市场容量分析、竞品分析、产品定位分析、销售渠道分析等内容。

一个好的创业项目必须要和国家产业扶持政策和地域发展政策相吻合，要借力国家和地区的政策去发展。项目启动前，要充分调研创业项目所处领域和行业的发展政策，是处于获得政策支持，还是处于政策的限制，是否有发展扶持资金或税收减免优惠政策。如果你的创业项目会带来废气排放、会带来高耗能、会对水资源带来严重的污染，项目与国家政策发展方向相抵触，就不适合开展此项目。市场容量有多大，也是衡量一个项目能走多远的关键因素，所以，需要深入分析市场痛点在哪里，目标客户有多少，年销售额有多少，每年能增长多少，一般来说，投资人更看好市场容量在30亿~50亿元以上的项目。

竞品分析可以利用SWOT分析或者PEST分析工具，了解竞争对手是哪些，在哪里，他们的产品定位、定价，他们的优势以及痛点是什么，我们的产品是否具有竞争优势和技术壁垒，从而可以制订出适合我们项目的营销模式。

（六）商业模式板块

商业模式主要是梳理项目如何赚钱，最重要的是可行性。需要梳理清楚销售的价值载体是产品还是服务，目标市场是哪里，目标客户（付钱的客户）和目标用户（使用的客户）是哪些群体，盈利模式是通过直接售卖商品或者提供增值服务还是其他的方式来实现，推广模式是否新颖有效，而且需要描述清楚企业的上下游以及核心的资源。本书第五章有具体学习商业模式板块，本节通过提供商业模式分析画布这种工具进行学习。

商业模式分析画布

项目名称	
客户细分（企业服务的人群或组织）	客户关系（关系的类型）
关键业务（提供怎样的产品/服务）	提供产品/服务：
	解决问题（多大）：
	竞争对手的方案及优势：
	我的解决方案的差异性及优势：
	行业趋势：
价值主张 （为细分客户创造了怎样的价值，并传达了哪种价值观）	
核心资源 （直接用或可整合，例如人、物、财、技术）	
重要伙伴（供应商或合作伙伴）	
渠道通路（怎样接触、沟通并销售）	
成本结构（按比重）	

（七）风险分析模块

风险分析描述可以让创业团队清楚地知道创业项目的风险在哪里，风险有多大，应如何规避风险，但是，大多数初创者并不知道如何分析风险。按照风险的内容进行划分，通常可以通过以下六个方面进行分析。

1. 政策风险

一旦创业项目有较大的政策风险，即使有最好的技术和团队，也很难把项目做起来。对于政策风险的分析，重点分析创业项目是否与国家发展战略相背离，是否属于国家不支持的产业或者限制性产业。

2. 技术风险

技术风险关键是看项目的技术水平，是否具有知识产权，是否有较高的技术门槛，是否能保持技术研发的持续投入。

3. 人才风险

党的二十大报告强调，必须坚持科技是第一生产力、人才是第一资源、创新是第一动力。人才对于创业公司而言也是至关重要的，如果出现关键人才的流失，创业公司可能会受到致命的打击，所以要控制人才风险，设计好针对性的激励制度以及保密制度，降低人才流失带来的损失。

4. 市场风险

由于市场具有较大的不确定性，出现一个新的技术、颁布一个新的政策、出现一个负面消息，都可能改变现有市场的格局。除了同行业竞争，根据消费者的习惯，也可能直接颠覆一个行业。比如以前的柯达胶卷，因为新技术的出现，被数码相机打败，曾经的数码相机品牌尼康，又因为智能手机的发展而逐渐淡出。所以，针对市场风险，顺应市场潮流，做好市场调研、产品迭代、宣传推广等市场布局是至关重要的。

5. 管理风险

在公司的不同发展阶段，需要不断地进行组织变革。从社会层面，企业的组织变革可以大致分为三个阶段：第一个阶段就是在1993年《公司法》颁布之前，这个时期可以叫作江湖时期；第二个阶段从1993年到2000年，有了《公司法》，大家开始把江湖组织变成公司；第三个阶段是2000年后亚信上市开启了科学治理的时代，不仅要公司化，还要科学治理，想要规避管理风险，就要在公司树立统一的价值观，建立适用的管理制度并实施。

6. 资金风险

资金是公司运营的血脉，没有充盈的资金保障，创业公司很快就会面临失败。针对公司可能出现的资金风险，我们需要从商业模式、回款周期、运营成本等进行全面分析，提前做好应对措施以及预案。

（八）发展规划模块

国家市场监督管理总局发布的《全国内资企业生存时间分析报告》显示，企业生存时间在一年以下的占比为14%左右，2~3年的占比约为10%，不超过5年的占近50%；美国《财富》杂志统计数据显示，美国62%的企业寿命不超过5年，只有2%的企业能存活50年；日本《日经实业》的调查显示，日本企业平均寿命为30年，所以创业团队需提前做好未来

3~5年的战略规划，比如产品的拓展、公司架构调整、对外合作战略、市场营销手段等。

（九）财务分析模块

财务分析是对创业项目可行性评估的基础，通过统计和分析财务数据，可以全面地了解项目的经营情况，掌握项目的投入产出比，决定哪些项目可以做，什么时候可以营收平衡，从而调整控制各项费用支出，提升管理能效，更重要的是可以通过财务分析，按照设定的市盈率，就可以计算出公司的估值，帮助项目融资。

商业计划书里此模块需要附上上一年度的利润表、资产负债表和现金流量表，若未成立公司则不用体现过去的营收情况。同时，还需展示盈亏平衡图、未来三年的财务预测，财务预测模型的收入结构、成本和费用结构等假设条件要合理。

对于传统企业或者业务发展稳定的企业财务预测通常采用销售百分比法，即根据财务报表历史数据作为支撑，根据销售收入的历史增长趋势以及各报表指标与销售收入的比例关系，取3~5年数据的平均值进行预测即可。但是对于初创企业的团队来说，没有历史数据或者每年数据变化很大，则需要建立一套属于自己公司的预测模型，具体步骤如下。

1.搜集整理资料

包括行业数据、价格、用户情况等市场数据、历史财务报表的分解以及对比公司的产品价格和成本费用等梳理。

2.制订公司发展规划

制订业务发展计划，包括产品计划、人员计划、市场推广计划、融资计划等。

3.搭建财务模型并设定可变的财务假设

通常第一年要做到按月度预测，第二年要按季度预测，第三年及以后按年度预测。财务假设包括产品投入、研发投入、人员薪水等。

4.进行预测

根据业务发展预计，在财务模型中填入相应业务数据，生成财务报表。

5.预测结论

评价预测财务报表是否可行、可信。

（十）估值与融资模块

企业估值常用"P/E倍数"法（市盈率法），即投资后企业估值（P）=P/E倍数×投资后一个年度的预测利润（E）。目前企业首轮融资，投资后市盈率为8~10倍，对不同行业和不同发展阶段的企业，"P/E倍数"的数值一般不一样，成长性差一点的传统企业，一般只有3~5倍。例如：预测投资后第一年企业的利润是100万元，采用10倍P/E，那么投资后估值就是1000万元，如果投资机构投入200万元，那么所占股份就是20%。

四、商业计划书中常用的商业分析模型

（1）PEST分析模型：政治（Political）、经济（Economic）、社会（Social）、技术（Technological）。

（2）4Cs营销理论：消费者（Consumer）、成本（Cost）、便利（Convenience）、沟通（Communication）。

（3）SWOT分析模型：优势（Strengths）、劣势（Weaknesses）、机会（Opportunities）、

威胁（Threats）。

（4）企业竞争力九力分析模型：品牌力（Power of Brand）、研发力（Power of Researching）、营销力（Power of Marketing）、制造力（Power of Producing）、产品力（Power of Product）、资源力（Power of Sources）、决策力（Power of Decision-Making）、执行力（Power of Executing）、整合力（Power of lntegrating）。

（5）波士顿矩阵（BCG Matrix）："明星类产品""问题类产品""金牛类产品""瘦狗类产品"。

（6）波特五力分析模型：竞争能力、潜在竞争者进入的能力、替代品的替代能力、供应商的讨价还价能力、购买者的议价能力。

（7）麦肯锡7S模型（Mckinsey 7S Model）：结构（Structure）、制度（System）、风格（Style）、员工（Staff）、技能（Skill）、战略（ Strategy）、共同的价值观（Shared Values）。

（8）4Ps营销理论：产品（Product）、价格（Price）、 促销（Promotion）、 渠道（Place）、 策略（Strategy）。

（9）STP理论：市场细分（Market Segmentation）、 目标市场（Target Market）、 市场定位（Market Positioning）。

五、商业计划书参考目录

××××商业计划书

公司名称：×××

所属组别：×××

项目负责人：×××

联系电话：×××

公司地址：×××

邮箱：×××

参考目录

第1章　项目概况

　1.1　项目背景

　1.2　项目产品概述

　1.3　项目的竞争优势

　1.4　项目的市场策略

　1.5　营销模式

　1.6　项目的核心团队

第2章　市场分析

　2.1　行业分析

　2.2　市场痛点

第3章　产品服务

　3.1　产品概述

　3.2　关键技术介绍

课堂活动

　　学习了商业计划书梳理、制作过程，如果让你负责撰写一份商业计划书，请你认真思考并如实填写以下内容。

学习内容检视

　　制作商业计划书主要用于：项目融资□　宣传推广□　项目梳理□　其他：＿＿＿＿＿＿

　　商业计划书的表现形式有：Word□　PPT□　视频□　其他：＿＿＿＿＿＿

　　商业计划书常用的商业分析模型有：PEST□　SWOT□　4CS□　其他：＿＿＿＿＿＿

　　商业计划书十大模块包括：＿＿＿＿＿＿＿＿＿＿＿＿＿＿＿＿＿＿＿＿＿＿＿＿＿＿

🖥 云课堂

撰写商业计划书的方法和工具

🔧 实践与提升

以模块四组建的创业团队为基础，选择一个创业项目，并出具一份商业计划书（Word版），以更加全面地理解BP编写的规则以及内容，梳理创业项目的可行性。（可单独附纸粘贴）

创业项目名称：

小组成员：

商业计划书内容：

老师评语：

学习任务

🏃 任务三　项目路演答辩

任务布置

（1）学习创新创业大赛路演技巧以及了解金奖项目是如何诞生的；

（2）按照模块四分组形式，学习制作一个路演PPT；

（3）学习路演答辩技巧，完成模拟路演答辩。

任务准备

(1) 学习总结各类创新创业大赛的评审规则；

(2) 梳理路演PPT的架构；

(3) 梳理专家评审问题清单。

任务实施

(1) 按照模块四分组人员，结合路演答辩人员特长，组建一支创业团队；

(2) 学习PPT制作技巧，通过团队协作，制作一份精美的路演PPT；

(3) 完成项目路演及团队答辩。

情景导入

当创新创业大赛进入最后一个环节，项目融资获得投资人的青睐，或者创业项目有了实质性的进展，这时一般都离不开项目路演和答辩。请以你的团队现在正在做的项目或者未来打算创业的项目为例，制作并展示路演PPT，并做好专家质疑的解答工作，在有限的时间里尽可能地展示出项目的亮点和特色，完成获得创新创业赛事奖项或者投融资的关键一步。

任务分析

一、制作路演PPT的作用

做项目展示时，需要展示文件，通常是以PPT的形式呈现，让投资人、评委通过PPT对项目有更加全面的了解。而PPT与Word版的商业计划书有所不同，Word版的商业计划书要求内容全面、丰富，PPT的路演展示通常只有5~10分钟的时间，这就要求我们重点清晰、特色鲜明。

二、路演PPT的整体架构

为了呈现出重点清晰、特色鲜明的PPT，通常建议内容结构按照以下框架制作，顺序可以根据项目实际情况进行调整，但需体现出项目的整体逻辑以及精彩故事。

(1) 封面。除了项目名称、组别信息，还应用一句话介绍公司的价值定位，比如农夫山泉的"我们不生产水，我们只是大自然的搬运工"。(1页)

(2) 项目背景介绍。围绕国家政策、战略发展，体现本项目的重要意义。(1页)

(3) 市场痛点介绍。通过图片与数字结合，突出痛点的程度、规模以及对社会或者人们造成的伤害和需要解决此类痛点的必要性、紧迫性。(1页)

(4) 产品介绍。对应市场痛点，提出解决方案，体现出产品优势、核心竞争力关键词语、技术原理图片、知识产权图片、检验检测报告等。(2~3页)

(5) 市场规模及竞品分析。市场规模直接体现出这个项目值不值得做，所以要以官方数据为依托并注明出处，体现出市场容量情况；竞品分析通常以表格的形式体现，突出显示项目的优良性能。(1~2页)

(6) 客户情况介绍。体现出应用案例以及已签约、意向签约协议金额等。(1~2页)

（7）商业模式。以思维导图、框架图或流程图等形式，体现出项目如何实现盈利。（1页）

（8）推广模式（市场营销策略）。体现出价格策略、渠道策略、宣传策略等。（1页）

（9）财务与融资。用图表的形式体现目前的财务情况以及财务预测，用饼状图体现融资计划以及资金使用计划。（1~2页）

（10）团队介绍。展示商务形象照、职位以及与职位相符的工作经历，另有行业专家、院士、教授的需单独展示一页。（1~2页）

（11）公司发展规划。体现出公司近三年或者近五年的发展计划重点事项，比如成立公司、获得资质认证、产品迭代、市场占有率、营收1000万元、建生产基地等。（1页）

三、PPT制作以及路演答辩技巧

在PPT的制作上，应保持整体风格统一、结构清晰、文字精练、图标形象，重点体现在以下方面。

（1）PPT背景颜色精美。避免出现字体和背景颜色接近、文字不突出的情况，需要色彩和谐、简洁，能够在关键词上吸引评委、投资人的眼球。

（2）PPT内容划分合理。通常展示PPT和评委有一定的距离，要保证评委能够看清楚文字内容，大小合理，重点内容可以通过调整颜色、粗细和大小来突出显示，同时需要避免每一页的文字过多，以数据、图、表结合的形式体现。

（3）PPT内容排版美观。虽然要减少文字，但是不能插图太多，排版混乱，图片尽量按照对称、大小统一的模式进行排版，同时减少不必要的动画效果，不要出现一行文字或者一张图片就有一个动画效果。

（4）PPT页数设置适中。PPT页数不宜太多或太少。一般的路演时间是按照5+3、5+5、10+5这样的形式设置，即路演时间+答辩时间。通常路演时间不会超过10分钟，PPT页数过多，会导致项目展示不完，部分重点内容无法介绍的情况；但PPT页数过少，会出现内容不全的情况，不能完整地介绍项目，得高分或者获得投融资都是很困难的，故路演PPT一般根据5~10分钟的路演时间控制在12~20页。

（5）汇报人应热情洋溢。创业本身就需要有激情，路演也需要用激情感染评委和投资人，尽量避免语气平淡、音调没有起伏的情况，同时还应注意个人形象、现场礼仪、与评委的互动等方面，展示出自信，相信你的项目就是最好的，团队是最优秀的，以获得评委青睐。

（6）汇报人应表达清晰。以往的路演，经常会出现项目展示结束后，评委仍然不清楚项目是做什么的，所以现场表达至关重要，需要吐词清晰、语速适中、节奏合理，该停顿的地方需要停顿，特别是重点的内容，可以增加音量和语气，加深评委的印象。

（7）路演答辩流畅。答辩环节是路演评分的关键环节，在赛事答辩中，这可能影响到每位评委或者最终的评分，在投融资对接中，直接影响到投资人的决定。答辩可以是由一位同学或者团队共同完成，但团队应提前模拟答辩，梳理答辩的应答内容，自信、不卡顿地回答评审提问。

四、创新创业赛事的评分指标

各类创新创业赛事重点指标都包含创业团队、商业模式、知识产权、财务情况、社会价值五个方面，结合各类赛事的重点关注领域，具体的权重会不一样，指标也会有所增减。以第九届中国国际"互联网+"大学生创新创业大赛为例，按照高教主赛道分为创意组、初创组和成长组，红旅赛道分为公益组、创意组、创业组，职教赛道分为创意组、创业组以及产业赛道、萌芽赛道，结合每类赛道以及组别的区别，在教育维度、创新维度、团队维度、商业维度、社会价值维度上的评分权重有所调整。具体的评分标准如下。

第九届中国国际"互联网+"大学生创新创业大赛评审规则（部分）

"青年红色筑梦之旅"赛道项目评审要点：公益组

评审要点	评审内容	分值
教育维度	1.项目应弘扬正确的价值观，厚植家国情怀，恪守伦理规范，有助于培育创新创业精神； 2.项目体现团队扎根中国大地了解国情民情，遵循发现问题、分析问题、解决问题的基本规律，将所学专业知识、技能和方法应用于解决各类社会问题，展现创新创业教育对创业者基本素养和认知的塑造力和提升创业者综合能力的效力； 3.项目充分体现团队解决复杂问题的综合能力和高级思维，体现项目成长对团队成员创新创业精神、意识、能力的锻炼和提升作用； 4.项目能充分体现院校在"三位一体"统筹推进教育、科技、人才工作，扎实推进新工科、新医科、新农科、新文科建设方面取得的成果，项目充分体现专业教育、思政教育、创新创业教育的有机融合，体现院校在项目的培育、孵化等方面的支持情况	30
公益维度	1.项目以社会价值为导向，以谋求公共利益为目的，以解决社会问题为使命，不以营利为目标，有一定公益成果； 2.在公益服务领域具有较好的创意、产品或服务模式的创业计划和实践，追求社会效益的最大化	10
团队维度	1.团队的组成原则与过程是否科学合理，是否具有从事公益创业所需的知识、技术和经验，是否有明确的使命愿景； 2.团队内部的组织构架、人员配置、分工协作、能力结构、专业结构、激励制度的合理性情况，团队外部服务支撑体系完备（如志愿者团队等）、具有一定规模、实施有效管理使其发挥重要作用的情况； 3.团队与项目关系的真实性、紧密性情况，团队对项目的各项投入情况，团队的延续性或接替性情况； 4.支撑项目发展的合作伙伴等外部资源的使用以及与项目关系的情况	20
发展维度	1.项目通过吸纳捐赠、获取政府资助、自营收等方式确保持续生存能力情况； 2.团队基于一定的产品、服务、模式，通过高效管理、资源整合、活动策划等运营手段，确保项目影响力与实效性； 3.项目在促进就业、教育、医疗、养老、环境保护与生态建设等方面的效果； 4.项目的模式可复制、可推广，具有示范效应； 5.项目对带动大学生到农村、城乡社区从事社会服务就业创业的情况	20
创新维度	1.团队能够基于科学严谨的创新过程，遵循创新规律，运用各类创新的理念和范式，解决社会实际需求； 2.项目能够从产品创新、服务创新等方面着手开展公益创业实践，并产生一定数量和质量的创新成果； 3.鼓励将高校科研成果运用到公益创业中，以解决相应的社会问题	20
必要条件	参加由学校、省市或全国组织的"青年红色筑梦之旅"活动	

"青年红色筑梦之旅"赛道项目评审要点：创意组

评审要点	评审内容	分值
教育维度	1.项目应弘扬正确的价值观，厚植家国情怀，恪守伦理规范，有助于培育创新创业精神； 2.项目体现团队扎根中国大地了解国情民情，遵循发现问题、分析问题、解决问题的基本规律，将所学专业知识、技能和方法应用于乡村振兴和农业农村现代化、城乡社区发展，展现创新创业教育对创业者基本素养和认知的塑造力和提升创业者综合能力的效力； 3.项目充分体现团队解决复杂问题的综合能力和高级思维，体现项目成长对团队成员创新创业精神、意识、能力的锻炼和提升作用； 4.项目能充分体现院校在"三位一体"统筹推进教育、科技、人才工作，扎实推进新工科、新医科、新农科、新文科建设方面取得的成果，项目充分体现专业教育、思政教育、创新创业教育的有机融合，体现院校在项目的培育、孵化等方面的支持情况	30
团队维度	1.团队的组成原则与过程是否科学合理，团队是否具有支撑项目成长的知识、技术和经验，是否有明确的使命愿景； 2.团队的组织构架、人员配置、分工协作、能力结构、专业结构、合作机制、激励制度等的合理性情况； 3.团队与项目关系的真实性、紧密性情况，对项目的各项投入情况，创立创业企业的可能性情况； 4.支撑项目发展的合作伙伴等外部资源的使用以及与项目关系的情况	20
发展维度	1.充分了解乡村振兴、农业农村现代化、城乡社区发展的内容和要求，了解其中的痛点、难点，进而形成对所要解决问题完备的认知； 2.在服务乡村振兴、农业农村现代化、城乡社区发展等方面有较好的创意、产品或服务模式，追求经济效益和社会效益的平衡； 3.项目对推动乡村振兴、农业农村现代化、城乡社区发展等方面的贡献度； 4.项目的持续生存能力，模式可复制、可推广、具有示范效应等	20
创新维度	1.团队能够基于科学严谨的创新过程，遵循创新规律，运用各类创新的理念和范式，解决乡村振兴、农业农村现代化、城乡社区发展中遇到的各类问题； 2.项目能够从产品创新、服务创新等方面着手开展创新创业实践，并产生一定数量和质量的创新成果； 3.鼓励院校科研成果和文创成果在乡村或社区进行产业转化落地与实践应用； 4.鼓励组织模式或商业模式创新，鼓励资源整合优化创新	20
社会价值维度	1.项目直接提供就业岗位的数量和质量； 2.项目间接带动就业的能力和规模； 3.项目对社会文明、生态文明、民生福祉等方面的积极推动作用	10
必要条件	参加由学校、省市或全国组织的"青年红色筑梦之旅"活动	

"青年红色筑梦之旅"赛道项目评审要点：创业组

评审要点	评审内容	分值
教育维度	1.项目应弘扬正确的价值观，厚植家国情怀，恪守伦理规范，有助于培育创新创业精神； 2.项目体现团队扎根中国大地了解国情民情，遵循发现问题、分析问题、解决问题的基本规律，将所学专业知识、技能和方法应用于乡村振兴和农业农村现代化实践，展现创新创业教育对创业者基本素养和认知的塑造力和提升创业者综合能力的效力； 3.项目充分体现团队解决复杂问题的综合能力和高级思维，体现项目成长对团队成员创新创业精神、意识、能力的锻炼和提升作用； 4.项目能充分体现院校在"三位一体"统筹推进教育、科技、人才工作，扎实推进新工科、新医科、新农科、新文科建设方面取得的成果，项目充分体现专业教育、思政教育、创新创业教育的有机融合，体现院校在项目的培育、孵化等方面的支持情况	20
团队维度	1.团队的组成原则与过程是否科学合理，团队成员的教育和工作背景、创新能力、价值观念、分工协作和能力互补情况，是否有明确的使命愿景； 2.公司是否具有合理的组织构架、清晰的指挥链、科学的决策机制，是否有合理的岗位设置、分工协作、专业能力结构，是否有良好的内部沟通机制，是否有合理的股权结构、激励制度； 3.团队对项目的各项投入情况及团队成员的稳定性情况； 4.支撑公司发展的合作伙伴等外部资源的使用以及与公司关系的情况	20
发展维度	1.充分了解乡村振兴、农业农村现代化、城乡社区发展的内容和要求，了解其中的痛点、难点，进而形成对所要解决问题完备的认知； 2.在服务乡村振兴、农业农村现代化、城乡社区发展等方面有较好的产品或服务模式，追求经济效益和社会效益的平衡； 3.项目通过商业方式推动乡村振兴、农业农村现代化、城乡社区发展等方面的贡献度； 4.项目的持续生存能力，模式可复制、可推广，具有示范效应等	30
创新维度	1.团队能够基于科学严谨的创新过程，遵循创新规律，运用各类创新的理念和范式，解决乡村振兴、农业农村现代化、城乡社区发展中遇到的各类问题； 2.项目能够从产品创新、服务创新、组织创新等方面着手开展创新创业实践，并产生一定数量和质量的创新成果，获得相应的市场回报； 3.鼓励院校科研成果和文创成果在乡村或社区进行产业转化落地与实践应用	20
社会价值维度	1.项目直接提供就业岗位的数量和质量； 2.项目间接带动就业的能力和规模； 3.项目对社会文明、生态文明、民生福祉等方面的积极推动作用	10
必要条件	参加由学校、省市或全国组织的"青年红色筑梦之旅"活动	

职教赛道项目评审要点：创意组

评审要点	评审内容	分值
教育维度	1.项目应弘扬正确的价值观，厚植家国情怀，恪守伦理规范，有助于培育创新创业精神； 2.项目符合将专业知识与商业知识有效结合并转化为商业价值或社会价值的创新创业基本过程和基本逻辑，展现创新创业教育对创业者基本素养和认知的塑造力； 3.体现团队对创新创业所需知识（专业知识、商业知识、行业知识等）与技能（计划、组织、领导、控制、创新等）的娴熟掌握与应用，展现创新创业教育提升创业者综合能力的效力； 4.项目充分体现团队解决复杂问题的综合能力和高级思维，体现项目成长对团队成员创新创业精神、意识、能力的锻炼和提升作用； 5.项目能充分体现院校在职业教育建设方面取得的成果，体现院校在项目的培育、孵化等方面的支持情况，体现职普融通、产教融合、科教融汇、多学科交叉、专创融合、产学研协同创新等模式在项目的产生与执行中的重要作用	30
创新维度	1.具有原始创意、创造； 2.具有面向培养"大国工匠"与能工巧匠的创意与创新； 3.项目体现产教融合模式创新、校企合作模式创新、工学一体模式创新； 4.鼓励面向职业和岗位的创意及创新，侧重于加工工艺创新、实用技术创新、产品（技术）改良、应用性优化、民生类创意等	20
团队维度	1.团队的组成原则与过程是否科学合理，团队是否具有支撑项目成长的知识、技术和经验，是否有明确的使命愿景； 2.团队的组织构架、人员配置、分工协作、能力结构、专业结构、合作机制、激励制度等的合理性情况； 3.团队与项目关系的真实性、紧密性情况，对项目的各项投入情况，创立创业企业的可能性情况； 4.支撑项目发展的合作伙伴等外部资源的使用以及与项目关系的情况	20
商业维度	1.充分了解所在产业（行业）的产业规模、增长速度、竞争格局、产业趋势、产业政策等情况，形成完备、深刻的产业认知； 2.项目具有明确的目标市场定位，对目标市场的特征、需求等情况有清晰的了解，并据此制订合理的营销、运营、财务等计划，设计出完整、创新、可行的商业模式，展现团队的商业思维； 3.项目落地执行情况，项目促进区域经济发展、产业转型升级的情况，已有盈利能力或盈利潜力情况	20
社会价值维度	1.项目直接提供就业岗位的数量和质量； 2.项目间接带动就业的能力和规模； 3.项目对社会文明、生态文明、民生福祉等方面的积极推动作用	10

职教赛道项目评审要点：创业组

评审要点	评审内容	分值
教育维度	1.项目应弘扬正确的价值观，厚植家国情怀，恪守伦理规范，有助于培育创新创业精神； 2.项目符合将专业知识与商业知识有效结合并转化为商业价值或社会价值的创新创业基本过程和基本逻辑，展现创新创业教育对创业者基本素养和认知的塑造力； 3.体现团队对创新创业所需知识（专业知识、商业知识、行业知识等）与技能（计划、组织、领导、控制、创新等）的娴熟掌握与应用，展现创新创业教育提升创业者综合能力的效力； 4.项目充分体现团队解决复杂问题的综合能力和高级思维，体现项目成长对团队成员创新创业精神、意识、能力的锻炼和提升作用； 5.项目能充分体现院校在职业教育建设方面取得的成果，体现院校在项目的培育、孵化等方面的支持情况，体现职普融通、产教融合、科教融汇、多学科交叉、专创融合、产学研协同创新等模式在项目的产生与执行中的重要作用	20
商业维度	1.充分掌握所在产业（行业）的产业规模、增长速度、竞争格局、产业趋势、产业政策等情况，具有明确的目标市场定位，充分掌握目标市场的特征、需求等情况，具有完整、创新、可行的商业模式； 2.经营绩效方面，重点考察项目存续时间、营业收入（合同订单）现状、企业利润、持续盈利能力、市场份额、客户（用户）情况、税收上缴、投入与产出比等情况； 3.经营管理方面，是否有清晰的企业发展目标，是否有完备的研发、生产、运营、营销等制度和体系，是否采用先进、科学的管理方法，以确保企业具有较强的竞争力； 4.成长性方面，是否有清晰、有效、全方位的企业发展战略，并拥有可靠的内外部资源（人才、资金、技术等方面），实现企业战略，以建立企业的持续竞争优势； 5.现金流及融资方面，关注项目融资情况、获取资金渠道情况、企业经营的现金流情况、融资需求及资金使用情况是否合理； 6.项目促进区域经济发展、产业转型升级的情况	30
团队维度	1.团队的组成原则与过程是否科学合理，团队是否具有独特的支撑项目成长的知识、技能、经验以及成熟的外部资源网络，是否有明确的使命愿景； 2.公司是否具有合理的组织构架、清晰的指挥链、科学的决策机制，是否有合理的岗位设置、分工协作、专业能力结构，是否有良好的内部沟通机制，是否有合理的股权结构、激励制度等； 3.团队对项目的各项投入情况及团队成员的稳定性情况； 4.支撑公司发展的合作伙伴等外部资源的使用以及与公司关系的情况	20
创新维度	1.具有原始创意、创造； 2.具有面向培养"大国工匠"与能工巧匠的创意与创新； 3.项目体现产教融合模式创新、校企合作模式创新、工学一体模式创新； 4.鼓励面向职业和岗位的创意及创新，侧重于加工工艺创新、实用技术创新、产品（技术）改良、应用性优化、民生类创意等	20
社会价值维度	1.项目直接提供就业岗位的数量和质量； 2.项目间接带动就业的能力和规模； 3.项目对社会文明、生态文明、民生福祉等方面的积极推动作用	10

五、路演答辩常见问题

路演答辩，投资人和评委会根据项目进展情况、团队人员信息、核心技术、商业模式等板块进行提问，常见的问题清单如下。

路演答辩常见问题清单

序号	问题
1	项目解决了什么具体问题
2	项目技术支撑核心在哪里
3	目前成立公司了吗，投资意向书是以个人名义签还是以公司名义签
4	什么样的技术支撑着你的营收
5	公司前三位的客户是谁，分别占了多少比例，近三年的营收是多少
6	你的目标客户是谁
7	专利是什么领域，具体什么内容
8	有没有检验检测报告，有没有知识产权保护，并提供案例和数据
9	商业模式是什么，卖产品还是卖什么赚钱
10	如何取信用户，替代原有厂商占据市场
11	技术研发和研发的竞争能力在哪里
12	技术开发过程是怎样的，你主要负责哪部分
13	作为团队负责人，你的专业和创业是如何结合起来的
14	你这个产品是新增市场还是存量市场，这个市场一直都存在，你如何从竞争对手那里抢到市场份额
15	怎么结合市场需求进行市场推广，有哪些具体措施
16	产品很好、模式很好，为什么体量没上去
17	团队人数增长带动就业的人数大概是多少
18	为什么要选择用你的材料、原料、工艺，它为终端产品带来了什么价值
19	你跟其他同行相比有什么优势
20	明确商业模式，做B端还是C端，做技术服务还是卖材料
21	如何用最简练的语言描述你所做的产品
22	目前，你的产品市场份额有多大
23	你们如何拿到订单
24	怎么结合市场需求进行市场推广，有哪些具体措施
25	通过什么渠道进行推广，举例说明

序号	问题
26	核心部件是怎么生产的，产量大概是多少
27	核心竞争力在哪里，讲清楚细分市场在哪里，你是怎么做的，为什么是你
28	你做过的服务案例有哪些
29	作为创意组项目，你的项目营收是进入哪个账户
30	请用案例说明你的技术或者产品对经济或文化带来促进作用以及社会实践价值

课堂活动

根据模块四组建的模拟创业团队，每组选择一位同学代表进行项目路演展示分享。

云课堂

**第八届中国国际"互联网+"大学生创新创业大赛金奖项目
"光影流转——亿像素红外智能计算成像的开拓者"**

实践与提升

通过网络学习往届"互联网+"金奖项目的路演视频，以模块四组建的创业团队为基础，选择一个创业项目，分工合作完成路演PPT的制作与路演答辩。（可单独附纸粘贴）

创业项目名称：

小组成员：

路演PPT内容：

老师评语：

学生成长卡

创业项目路演评价表

评价项目	具体指标	小组自评	小组互评	教师评价	总评
学习尽职调查	资料收集完善				
	尽调报告分析的准确性和深入性				
BP要素设计	10个要素模块完整				
	图、表、文结合				
	可实践应用、操作性强				
项目路演答辩	PPT制作完善、精美				
	路演状态饱满				
	答辩流畅				

模块八
科技创新成果及保护

知识目标

1. 了解掌握科技创新成果的定义、概念和类别；
2. 了解掌握科技创新成果的保护方法；
3. 了解掌握科技创新成果知识产权申报方法；
4. 了解掌握科技创新成果转化方式及侵权维权方式。

能力目标

1. 学会合理区分科技创新成果和知识产权；
2. 掌握科技创新成果知识产权的价值及申报；
3. 学会对科技创新成果知识产权进行保护；
4. 学会对科技创新成果进行初步评估转化。

素质目标

1. 具有较强的科技成果申报材料撰写和分析能力；
2. 具有较强的科技成果转化沟通能力；
3. 具有团队合作精神和纪律意识。

引言

　　随着我国科学技术的不断进步，人们越来越重视科技成果和专利，依法维权意识也在逐渐加强。但是，在现实生活中，我们往往将发明创造全部归为科技成果，都想对其申请专利。那么，科技成果和专利之间是等同的吗？科技成果和专利之间有什么区别和联系呢？如何开展科技创新成果的申报？怎么对科技创新成果进行保护？面对侵权时我们如何利用法律手段保护自身权益？以及如何对科技创新成果进行评估评价及转化？通过本章内容会让大家对科技创新成果及保护内容有充分的了解。

知识图谱

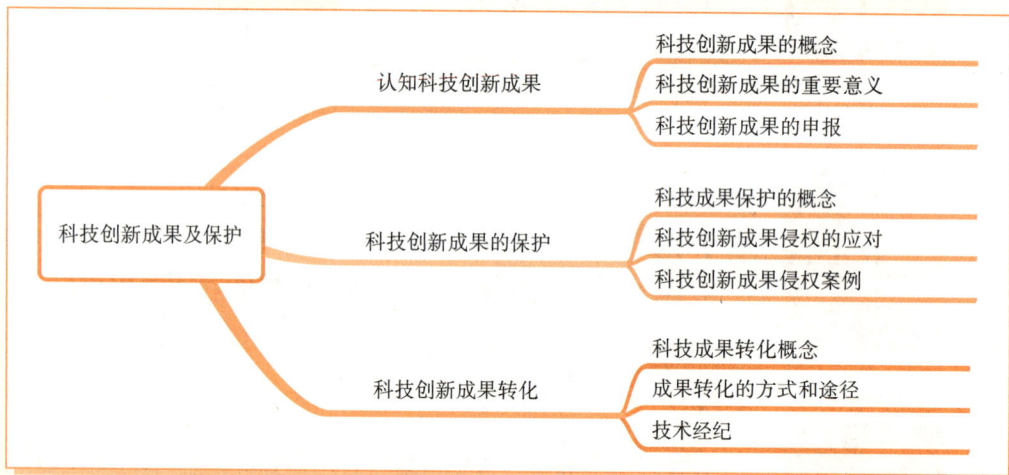

学习任务

任务一　认知科技创新成果

任务布置

（1）通过查阅网络、书刊等方式了解不同科技创新成果申报流程；

（2）运用本书所学内容，完成一篇科技创新成果知识产权申报书。

任务准备

（1）以模块四组建的创业团队为学习小组；

（2）提前预习本书内容，了解不同科技创新成果的定义、属性及申报流程；

（3）小组讨论，确定一个要申报的知识产权，结合申报书要求，分工准备不同部分内容。

任务实施

结合本节所学，根据自身专业，学习小组通过网上搜集资料、集中讨论等方式，撰写一份属于本创业团队的知识产权申请书（发明专利、实用新型专利、商标、软著均可）。

情景导入

科技成果是产生知识产权的源泉之一，知识产权是保护科技成果的手段。科技成果的范围十分广泛，能够获得知识产权保护的只是其中符合法律要求、具有创造性和单一性的部分。知识产权管理中应加强对科技成果的保护，科技成果管理中应加强知识产权的保护，它们是辩证统一关系。

任务分析

一、科技创新成果的概念

（一）科技创新成果介绍

1.科技创新成果概述

科技创新成果，简单地说就是科技创新活动的结果。本书谈论的主要是指推向市场取得商业成效的新成果。

2.创新成果的特征

（1）新颖性。对现存实践成果的突破，产生了新的成果。它是创新成果最鲜明、最根本的特征。

（2）时效性。创新成果永远处于更替状态，每一次创新的成果都不是最终的结果。

（3）价值性。必须满足人们的一定需求，有利于社会的进步和人类的发展。

（4）高风险、高回报性。创新活动的影响因素较多，其创新成果能否产生预期效果具有很大的不确定性，一旦成功，就会带来巨额回报。

3.大学生创新成果的分类

大学的专业可分为文科和理科。根据文理科专业的特点，文科专业大学生的创新成果较多体现在营销创新和组织创新方面，包括外观或包装设计的改进、促销方式的改良、新兴市场的发现等。理科专业大学生的创新成果主要集中在工艺创新（应用新技术、采用信息化手段、运用先进设备等）和产品创新（产品改良和新产品的创造）。

4.大学生创新成果的特点

当前，我国大学生的创新成果仅限于小范围内、小弧度上，即改进产品、应用信息化手段优化工艺、变化产品包装形式等技术难度不大、研究不需要过于深入的创新，也就是微创新。

5.微创新的特点

（1）给客户提供不同的体验。可结合客户不同需求，随时调整创新点，带来不同体验。

（2）技术难度不大，但跟新的商业模式结合，市场效果无穷大。

（3）人人都可以参与。门槛低，对技术要求不高，便于快速传播。

（4）初创时不被注意，竞争压力相对较小。

（5）创新者的想象力很重要。微创新属于小范围创新，对创新者的观察能力及想象力要求较高。

（6）创新创业不可分。微创新属于从创业过程中实践得来的创新，具有一定特殊条件下的适用性，因此不具备广泛性，必然与创业紧密结合。

（二）科技创新成果的分类

（1）根据科研活动的不同类型，可将科技成果分为基础理论成果、应用技术成果和软科学成果。

①基础理论成果：通常是指对于某一科学领域的新理论、新原理或新发现，其应用方向和商业利用并不明确或直接，但为后续的应用和创新创造了基础。

②应用技术成果：是指在基础研究和应用研究领域取得的新发现、新学说，具有明确的商业应用和社会效益的新技术。

③软科学成果：是指对科技发展战略、科技规划、科技政策、科技管理等研究所取得的理论方法和观点。

（2）根据成果的价值属性，可将科技成果分为物质成果、精神成果和管理成果。

①物质成果：是指能带来经济社会效益、增加社会经济财富的成果。

②精神成果：是指能促进教育、科学、文化发展的成果。

③管理成果：指能够促进组织运转、提高资源配置效率的成果。

（三）科技创新成果的表现形式

科技创新成果反映的是科技活动的创造性结果，这种结果可以是一种知识，或技术，或设备，或软件等，可以有财产权，可以没有财产权。科技成果可以通过以下多种形式或媒介表现出来，以方便人们感知、学习、交流、使用等。

（1）科技论文，一发表就取得了著作权。科技论文的内容是对试验、观察或其他方式所得到的结果进行分析和总结，形成一定的科学简介，并对已提出的科学见解进行论证、分析上升为科学理论，因而具有科学性、理论性、逻辑性等特点。

（2）科技专著，是科技成果的一种重要呈现载体，可以对科技知识进行系统性呈现，进而可以对科技知识进行有效的传承与传播，是科技信息传播的重要媒介，科技专著以图书的形式由出版社出版。

（3）科技报告，是指按照国家科技报告的编写规则写成的科技文献，翔实记载了科技项目研究的全过程，既包括原理、方法的论述，又包括组织管理环节的描述，既有成功的经验，又有失败的教训。

（4）以音像形式表现出来，一经发表就取得了著作权。如将科技成果拍摄成电影，或者以动漫的形式展示，以动漫展示科学法则、技术原理等科技成果，比较直观，容易理解。

（5）以设计图纸、模型、原型、流程图等形式呈现。

（6）以新产品、新设备、新工具等实物形态呈现。

（7）申请知识产权，取得法律法规的保护。

（8）科技信息，即由专业技术人员在零散而不系统的第一手数据之间建立科学的联系，从而得到具有科学性的信息。运用分析、推理、验证等科学方法将科技信息的相互作用关系特别是因果关系建立起来，形成比较系统的科学知识，以科技论文的形式发表出来。

科技成果可以以上述任何一种或者多种形式表现出来。从中可以看出，科技论著、科技论文、科技知识、科技信息四者之间的依次包含关系，科技论著系统性最强，而将科技信息进行系统化就成为科学知识。

二、科技创新成果的重要意义

在技术进步、经济增长过程中，科学技术创新有着十分突出的地位。因为科学技术要成为推动经济增长的主要力量，必须从知识形态转化为物质形态，从潜在的生产力转化为现实的生产力，而这一转化，正是在科学技术创新这一环节中实现的。科学技术创新实现了经济与技术的结合，因此，科学技术创新是技术进步的核心。它的作用主要体现在以下方面。

（一）科学技术创新有助于经济增长

德国经济学家弗里德里希·李斯特在100年前曾有过一句名言："一个国家可能很穷，但它若是有创造财富的生产力，它的日子就会越过越富；财富的生产比之财富本身不知道要重要多少倍。"

科技创新是企业发展的原动力，是一个企业能够实现健康持续发展的重要基础，这些因素对于新兴产业发展具有一定的资源配置优化和激励导向效用。对于一个企业来说，其追求的最终目标是创造最大化的经济效益，新兴产业在尊重市场规则的前提下，充分发挥自身的优质资源来展开相应的科技创新活动和生产经营行为。科技创新体系可以有效地促进新兴产业的进步和发展，其市场效益驱动机制主要体现在其非宏观的领域，涵盖了科技创新体系中关于核心环节的人力资源管理子系统对人才的激励机制，在构建完善的企业人力资源管理子系统的过程中，通过各种手段吸收大量的具有高新技术创新能力的专业性人才，从而营造出较好的创新环境。

（二）科学技术创新有助于提高企业经济效益

科学技术创新是企业的生命力。不创新，企业就不能生存；不持续创新，企业就难以发展。不创新就灭亡，对于企业来说是一条难以改变的规律。

例如昆明中铁大型养路机械集团有限公司（简称"昆明中铁"）也是科技创新中的佼佼者。昆明中铁隶属于国务院国资委管理的中国铁建股份有限公司，始建于1954年。多年来，昆明中铁肩负着"为铁路强基固本"的神圣使命，以发展我国铁路养路机械事业为己任，通过引进技术、消化吸收和再创新，积累了一批自有技术和核心技术，具备了较强的自主创新能力，创立了符合国情的大型养路机械发展模式和技术体系，开发了一批具有自主知识产权的新产品，形成了良好的品牌效应。很多企业都是通过内部科学技术创新实现企业的不断发展。

（三）科学技术创新有助于提高企业竞争力

科技是第一生产力，因此，企业在其发展过程中必须不断推动自身的技术创新，形成自身的核心技术体系，提升企业的核心竞争力，只有不断提升企业的技术创新才能进一步推动企业技术的进步和发展。内部开发和外部获取是当前企业实现科技创新的两种基本方式，内部开发的方式是企业通过内部科技创新形成自身具有核心竞争力的技术体系。这种科技创新方式以企业自身为创新主体，通过自身的不断努力，形成自身的核心技术，属于一种常规的科技创新模式。企业在实施内部创新的过程中，必须要充分根据企业自身的需要，了解企业的技术需求，深入地分解和整合企业现有的技术体系，对企业核心产品进行技术分解和分类，明确技术特点，在这基础上，有针对性地进行科技创新投入和支撑，加大对核心技术和关键技术的投入和开发力度，不断提升和巩固核心技术和关键技术，形成自身的自主知识产权的核心技术。除此之外，企业还可以通过收购、联盟等方式进行技术引进。

企业的科技创新不能仅仅停留在结构和功能优化层面上，企业通过科技创新还可以提升企业整体素养，不断增强企业的品牌影响力。除此之外，企业在科技创新过程中能够获得投入和产出的非常规变动，使企业的经济效益快速增长，同时还可以使企业的技术创新系统产生一系列的连锁反应，最终形成企业自身的技术优势，提升企业的核心竞争力，抢占更多的市场份额。

三、科技创新成果的申报

（一）科技创新成果与知识产权的区别

很多人将科技创新成果与知识产权混为一谈，其实两者既有关联又有区别，下面我们简要区分。

科技成果概念：根据《中华人民共和国促进科技成果转化法》（简称《促进科技成果转化法》）的相关规定，科技成果是指通过科学研究与技术开发所产生的具有实用价值的成果。

知识产权概念：2020年5月28日第十三届全国人民代表大会第三次会议通过的《中华

人民共和国民法典》第一编总则第123条规定，知识产权是权利人依法就下列客体享有的专有的权利：作品；发明、实用新型、外观设计；商标；地理标志；商业秘密；集成电路布图设计；植物新品种；法律规定的其他客体。

实践中，可以结合知识产权的概念，来理解科技成果的内涵与形式。即科技创新成果是技术类知识产权的客体，包括发明、实用新型、外观设计，软件著作权（属于作品范畴），技术秘密（属于商业秘密范畴），集成电路布图设计，植物新品种和法律规定的其他技术相关客体。知识产权是权利人依法就科技成果享有的权利。两者的关联是先有成果才有知识产权，科技创新成果强调的是"结果"，以形成的物为导向，知识产权强调的是"权利"，以物的归属权为导向。

（二）科技创新成果的申报流程

依据专利法，发明专利申请的审批程序包括受理→初审→公布→实审→授权五个阶段。实用新型或者外观设计专利申请在审批中不进行早期公布和实质审查，只有受理→初审→授权三个阶段。发明、实用新型和外观设计专利的申请、审查流程图如下。

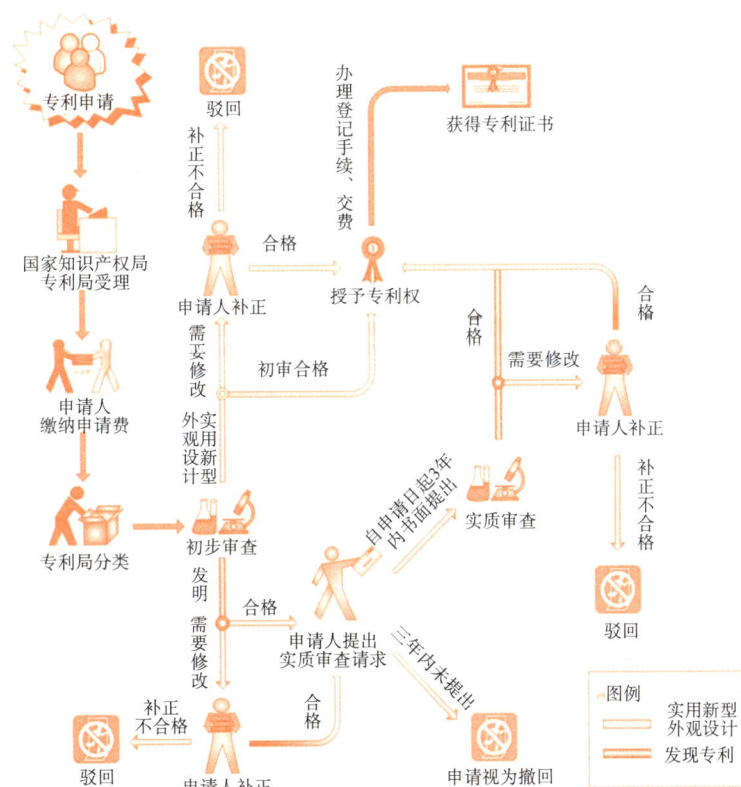

专利申请、审查流程图

结合知识专利的审批程序和实际操作，专利申报主要包含六个流程。

1.专利查询

专利查询是专利申请前的一个程序，它不是必需的，却是有必要的，一份有效的检索报告可以让申请人避免所要保护的权利与在先申请的专利权利相同或相近。

2.准备材料，提交申请

选择专利题材、定好名称，并根据专利审查指南要求撰写材料。目前提交申请书通常都是采取电子提交的方式，专利申请人或代理人办完相关手续，就可以在网上向国家知识产权局提交电子申请文件。

申请文件提交方式		电子提交		邮寄提交		当面提交（专利局及其代办处）

发　　明：请求书、权利要求书、说明书

实用新型：请求书、权利要求书、说明书、说明书附图

外观设计：请求书、图片或照片、简要说明

必要的申请文件

不受理的情形举例

申请文件未使用中文

直接从境外邮寄的文件

手工书写，字迹或线条模糊有涂改，易擦除

专利申请类别不明确分案申请改变原申请类别

专利申请受理

3.国家知识产权局受理后缴纳费用

国家知识产权局一般在接到专利申请文件后的15个工作日内，下发受理通知书和缴费通知书。可通过网上银行或邮政汇款缴费。如果在提交申请后两个月内没有缴纳申请费，该申请将视为撤回；缴费成功后，该专利申请进入下一步。

4.审查阶段

（1）初审审查。自申请日起3个月左右，如果发明专利审查不合格，下发补正或审查意见通知书；审查合格会下发初审合格通知书，进入下一阶段。外观设计专利和实用新型专利审查不合格的，也会下发补正或审查意见通知书。专利申请人收到补正或审查意见通知书，注意要在官方规定的时间内完成答复。

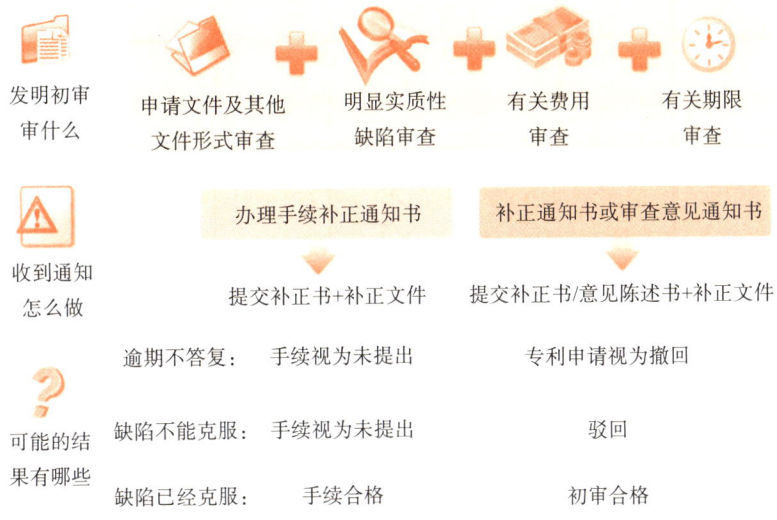

| 发明初审审什么 | 申请文件及其他文件形式审查 | ✚ | 明显实质性缺陷审查 | ✚ | 有关费用审查 | ✚ | 有关期限审查 |

收到通知怎么做	办理手续补正通知书	补正通知书或审查意见通知书
	提交补正书+补正文件	提交补正书/意见陈述书+补正文件

可能的结果有哪些	逾期不答复：	手续视为未提出	专利申请视为撤回
	缺陷不能克服：	手续视为未提出	驳回
	缺陷已经克服：	手续合格	初审合格

发明专利申请初步审查

（2）专利公布。发明专利申请从发出初审合格通知书起到进入公布阶段，如果申请人没有提出提前公开的请求，要等到申请日期满18个月才进入公开准备程序。如果申请人请求提前公开，则申请立即进入公开准备程序。

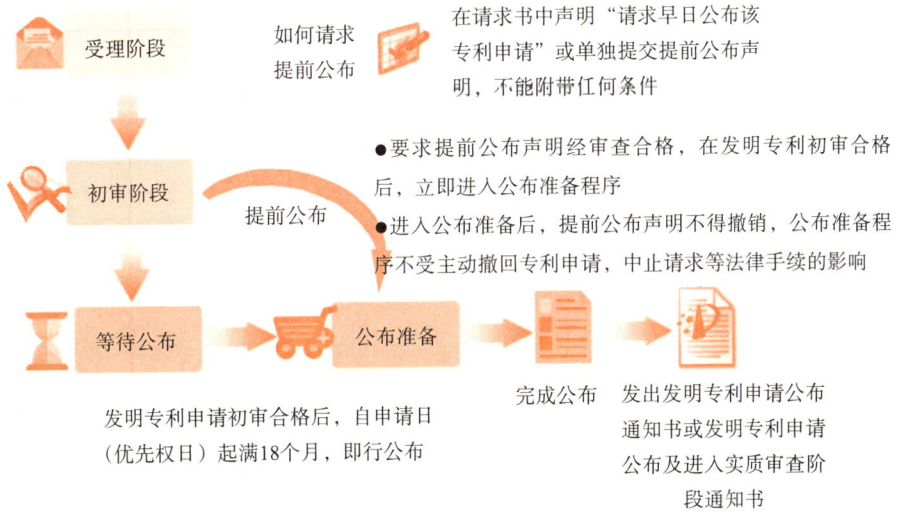

| 受理阶段 | 如何请求提前公布 | 在请求书中声明"请求早日公布该专利申请"或单独提交提前公布声明，不能附带任何条件 |

● 要求提前公布声明经审查合格，在发明专利初审合格后，立即进入公布准备程序
● 进入公布准备后，提前公布声明不得撤销，公布准备程序不受主动撤回专利申请，中止请求等法律手续的影响

初审阶段　提前公布

等待公布 → 公布准备 → 完成公布 → 发出发明专利申请公布通知书或发明专利申请公布及进入实质审查阶段通知书

发明专利申请初审合格后，自申请日（优先权日）起满18个月，即行公布

发明专利公布程序

（3）实质审查（外观设计专利和实用新型专利不需要该阶段）：发明专利的申请人需要在申请日起3年内提交实质审查请求，或在递交申请文件时就提交实质审查请求。实质审查的时间会受很多因素影响，例如专利申请文件撰写的质量、发明技术方案、审查员对发明专利的理解及工作安排、审查员和专利代理人答复文件需要的往复时间等。发明专利实质审查阶段耗时较长，一般要6~18个月。

5.授权及授权公告

外观设计专利或实用新型专利，通常需要3~6个月时间，初审合格即授权；发明专利是在实质审查合格后被授权。此外，要在授权通知日起2个月内缴纳授权官费，并办理相关登记手续，缴纳相关费用，缴费完成后20~30天下发电子专利证书，电子专利证书的真实性可通过中国专利电子申请网进行验证〔自2022年3月1日（含当日）起，国家知识产权局不再接收专利电子申请的纸质专利证书请求，相关专利证书仅通过电子专利申请系统发放〕。申请人拿到专利证书，专利申请流程基本完成。

6.专利权的维持

专利申请被授予专利权后，专利权人应于每一年度期满前一个月预缴下一年度的年费。期满未缴纳或未缴足的，专利局将发出缴费通知书，通知专利权人自应当缴纳年费期满之日起六个月内补缴，同时缴纳滞纳金。滞纳金的金额按照每超过规定的缴费时间一个月，加收当年全额年费的5%计算；期满未缴纳的或者缴纳数额不足的，专利权自应缴纳年费期满之日起终止。

（三）科技创新成果申报的撰写模板

我国专利法规定，专利分为发明专利、实用新型专利、外观设计专利三种类型。

1.专利申请材料

（1）发明专利申请材料包括：发明专利请求书、摘要、摘要附图（适用时）、说明书、权利要求书、说明书附图（适用时），各一式两份。

（2）实用新型专利申请材料包括：实用新型专利请求书、摘要、摘要附图（适用时）、说明书、权利要求书、说明书附图，各一式两份。

（3）外观设计专利申请材料包括：外观设计专利请求书、图片或者照片（要求保护色彩的，应当提交彩色图片或者照片）以及对该外观设计的简要说明，一式两份。

2.格式规范的专利申请书包括的内容

①说明书摘要：包括创新技术涉及的内容。

②权利要求书：主要包括权利要求及特征。

③说明书。

a.技术领域：与本专利相关的技术领域。

b.技术背景：与本专利相关的技术背景。

c.技术内容：本专利提出新的想法，通过以下哪些方式实现。

d.附图说明：本技术创新的结构示意图。

e.具体实施内容：通过实例对新兴技术方案进行清楚、完整的描述。

④说明书附图：专利相关的技术图纸。

⑤摘要附图。

课堂活动

发明专利申请撰写模板案例

1.说明书摘要

本发明公开了一种……（解决了什么技术问题，采用了什么主要技术特征，获得的有益效果）。

2.摘要附图

指定一幅最能从整体上反映本发明的图（假如有附图的话）。

3.权利要求书

①一种×××（主题名称），其特征是……

②根据权利要求1所述的……（主题名称），其特征是……

4.说明书

①名称（与专利申请书的名称一致）。

②技术领域。本发明涉及×××技术领域。

③技术背景（写明现有技术中的不足或缺点，抑或是本发明所要解决的技术问题）。

④发明内容。为了克服现有技术的不足，本发明提供了一种……（主题名称）。（说明要解决的技术问题。）

本发明所采用的技术方案是……（说明技术解决方案）。

与现有技术相比，本发明的有益效果是……（说明有益的效果）。

⑤附图说明（有附图的，需要说明）。

⑥具体实施方式。下面结合附图对本发明进一步说明（本发明怎么去解决技术问题的）。

云课堂

如何撰写高质量专利申请文件

学生成长卡

知识产权申请书撰写评价表

评价项目	具体指标	小组自评	小组互评	教师评价	总评
说明书摘要	简明扼要，具有高度凝练性				
权利要求书	有市场前景，有自身特色，可操作性强				

续表

评价项目	具体指标	小组自评	小组互评	教师评价	总评
说明书	能够准确地表明该项知识产权的核心内容				
内容的连贯性	前后内容一致，表述准确				

学生自评表

班级：		姓名：	学号：	
评价项目	评价标准		分值	得分
说明书摘要	1.《专利法》规定；2.准确判断		10	
权利要求书	1.《专利法》规定内容；2.准确分析		10	
说明书	运用原理准确分析		20	
内容的连贯性	运用原理准确分析		10	
工作态度	态度端正，无缺勤、迟到、早退现象		10	
工作质量	能按计划完成工作任务		10	
协调能力	与小组成员、同学之间能合作交流，协调工作		10	
职业素质	能做到细心、严谨		10	
创新意识	材料及案例分析过程中有独到见解		10	
合计			100	

学生互评表

评价项目	分值	等级							评价对象（组别）					
									1	2	3	4	5	6
计划合理	10	优	10	良	9	中	7	差	6					
团队合作	10	优	10	良	9	中	7	差	6					
组织有序	10	优	10	良	9	中	7	差	6					
工作质量	20	优	20	良	18	中	14	差	12					
工作效率	10	优	10	良	9	中	7	差	6					
工作完整	10	优	10	良	9	中	7	差	6					
工作规范	10	优	10	良	9	中	7	差	6					
成果展示	20	优	20	良	18	中	14	差	12					
合计	100													

教师评价表

班级：	姓名：	学号：		
评价项目		评价标准	分值	得分
考勤（10%）		无迟到、早退、旷课现象	10	
工作过程（60%）	说明书摘要	1.《专利法》规定；2.准确判断	10	
	权利要求书	1.《专利法》规定内容；2.准确分析	10	
	说明书	运用原理准确分析	10	
	内容的连贯性	运用原理准确分析	10	
	工作态度	态度端正，工作认真、主动	10	
	协调能力	能按计划完成工作任务	5	
	职业素质	与小组成员、同学之间能合作交流，协调工作	5	
项目成果（30%）	工作完整	能按时完成任务	10	
	工作规范	能按原理完成计算和案例分析	10	
	成果展示	能准确表述、汇报工作成果	10	
合计			100	
综合评价	学生自评（20%）	小组互评（30%）	教师评价（50%）	综合得分

学习任务

任务二　科技创新成果的保护

任务布置

（1）了解不同科技创新成果的保护方法；

（2）运用本节所学，出具一篇科技创新成果侵权行为的维权方案。

任务准备

（1）以模块四组建的创业团队为学习小组；

（2）预习本章节内容，了解版权（著作权）和工业产权的不同保护方法；

（3）小组内讨论，结合本节内容，制订知识产权维权方案，撰写大纲并分工完成方案。

任务实施

知识产权，一般是指人类智力劳动产生的智力劳动成果所有权，一般包括版权（著作权）和工业产权。不同的知识产权保护方式有哪些？面临知识产权侵权时的维权渠道有哪些？相应的法律依据有哪些？通过本章的学习我们将逐一了解。

情景导入

近期，你的同班同学A同学陷入苦恼中，原因是他的一幅十分满意的设计作品不经意间上传到网上后，被某网络平台用于平台宣传，并没有得到A同学的许可，属于侵权行为。面对此种情形，A同学不知道该如何处理，请你针对此种情况，为A同学出具一份解决方案。

任务分析

一、科技成果保护的概念

（一）科技成果保护的定义

科技创新成果的表现形式有多种，其中知识产权是科技创新成果的重要表现形式之一，科技创新成果申请知识产权是科技创新成果的重要法律保护手段。知识产权是指人类智力劳动产生的智力劳动成果所有权，通常我们讲的科技创新成果保护可以视为知识产权的保护。它是依照各国法律赋予符合条件的著作者、发明者或成果拥有者在一定期限内享有的独占权利，一般认为它包括版权（著作权）和工业产权。版权（著作权）是指创作文学、艺术和科学作品的作者及其他著作权人依法对其作品所享有的人身权利和财产权利的总称；工业产权则是指包括发明专利、实用新型专利、外观设计专利、商标、服务标记、厂商名称、货源名称或原产地名称等在内的权利人享有的独占性权利。自2008年《国务院关于印发国家知识产权战略纲要的通知》颁布之后，我国陆续出台了《中华人民共和国商标法》《中华人民共和国专利法》《中华人民共和国技术合同法》《中华人民共和国著作权法》和《中华人民共和国反不正当竞争法》《中华人民共和国知识产权法》等法律法规。2018年11月9日，在首届中国国际进口博览会开幕式上，中国宣布，坚决依法惩处侵犯外商合法权益特别是侵犯知识产权行为，提高知识产权审查质量和审查效率，引入惩罚性赔偿制度，显著提高违法成本。

（二）科技创新成果保护的方法

科技创新成果保护，根据成果的不同类型，常规有以下4种保护方法。

（1）申请专利。专利是一种重要的知识产权保护方式，通过专利申请可以保护自己的科技创新成果不受他人侵犯。一旦获得专利，就可以享有在特定时间内独占市场的权利。

（2）商标注册。商标是公司的商业标识，通过商标注册可以保护公司的商业形象和声誉。商标可以是名称、符号、图案或其他特定标识，通过商标注册可以保护公司的知名度和品牌价值。

（3）版权保护。版权是保护文学、艺术和音乐等创意作品的一种方式，可以保护作品的原创性和独特性，以及作品的利益。版权保护通常适用于软件、音乐、艺术和出版物等领域。

（4）保密协议。保密协议是一种双方约定的协议，通过该协议可以约定保密信息的使用、披露和保护方式。保密协议适用于那些不适合公开的科技创新成果，如商业机密和专有技术等。

（三）保护科技创新成果的重要意义

20世纪初，知识产权的国际保护成为一个重要的议题。世界各国开始通过签订国际条约来约束各自的知识产权制度，以保护全球化时代的知识产权。而现如今，知识产权的保护和运用已经成为国际社会共同关注的话题。

保护知识产权对于创新、发展和经济增长有着重要作用，主要体现在以下方面。

（1）激励创新。保护知识产权可以激励创新者，因为他们可以从自己的成果中获得一定的回报，这也使他们愿意投入更多的时间、资金和精力去研究和开发新产品、新技术和新服务。同时，知识产权的保护和营造的良好创新环境也鼓励企业和创新者进行跨领域的合作和创新，从而推动技术的进步和经济的发展。如果没有知识产权的保护，很多创新者可能不会愿意分享自己的成果，反而会选择保密或不公开科技创新成果。这样会阻碍技术的研发和商业化进程，对经济发展也会造成负面影响。

（2）保护创造者的权益。知识产权的保护可以确保创造者的权益不受侵犯，使创新者和发明家可以享有自己成果的专有权利。这样就可以鼓励更多的人进行创新研究，从而带来更多的发明和创新，推动经济和社会的发展。如果没有知识产权的保护，很多创新者和发明家可能不愿意分享自己的成果，因为他们的成果可能会被他人盗用或复制，这样会对创造者的创作积极性和创造热情产生打击，并不利于知识经济和创新经济的发展。

（3）推动经济发展。如果知识产权得到保护，企业将更容易发挥其创新能力，投资于研究与发展，从而提高其产品或服务的质量，降低成本，并提高市场占有率。这将刺激竞争，促进更多的投资和创新，从而在更广泛和深刻的层面上推动经济发展。此外，知识产权保护也有助于吸引国外投资和技术转移，为国家经济开放和国际合作创造更好的环境。总之，知识产权保护对经济发展至关重要，需要国家加强保护措施，提高人们对知识产权的认识和重视。

（4）保护消费者权益。知识产权的保护能够确保商标、专利、版权等的合法性，防止侵权行为的发生，维护市场的秩序，保护消费者的知情权和选择权。同时，消费者需要认真明确产品的来源和质量，遵守市场规则，不盲目购买低价、假冒、仿制的产品，确保自身的安全和权益。保护消费者权益是社会治理的重要部分，需要政府、企业和个人共同努力，树立诚信意识，营造法治环境。

二、科技创新成果侵权的应对

（一）科技创新成果的侵权行为

1.科技创新成果侵权行为的定义

科技创新成果的侵权行为即为知识产权侵权的行为，是指行为人的行为客观上侵害他人知识产权的财产权或人身权，应承担民事责任的行为。侵权行为是对智慧财产创造者劳动的践踏和剥夺，是危害科技进步和文化繁荣的腐蚀剂。近年来，随着社会各界人士对知识产权的认知不断加深，都有意识地尽量不对其他人的知识产权进行侵权。知识产权侵权一般包括商标侵权、专利侵权、著作权（即版权）侵权。

2.常见的侵犯知识产权行为

（1）未经授权，在生产、经营、广告、宣传、表演和其他活动中使用相同或者近似的商标、特殊标志、专利、作品和其他创作成果。

（2）伪造、擅自制造相同或者近似的商标标识、特殊标志或者销售伪造、擅自制造的商标标识、特殊标志。

（3）变相利用相同或者近似的商标、特殊标志、专利、作品和其他创作成果。

（4）未经授权，在企业、社会团体、事业单位、民办非企业单位登记注册和网站、域名、地名、建筑物、构筑物、场所等名称中使用相同或者近似的商标、特殊标志、专利、作品和其他创作成果。

（5）为侵权行为提供场所、仓储、运输、邮寄、隐匿等便利条件。

（6）违反国家有关法律、法规规定的其他侵权行为。

（7）未经录音录像制作者许可，复制发行其制作的录音录像的。

（8）出版他人享有专有出版权的图书的。

（二）科技创新成果保护的法律基础

知识产权保护的相关法律规定有很多，已经形成了比较完整的体系，包括商标法、著作权法、专利法及一些条例解释等，我国对知识产权保护的重视程度日益提高，保护的措施很多，针对不同类别的知识产权，适用的法律也不同，主要有以下10种类别。

1.综合类

综合类主要包含以下五条：

（1）《中华人民共和国民法典》第一百二十三条"知识产权"；

（2）《中华人民共和国刑法》分则第三章第七节"侵犯知识产权罪"；

（3）《最高人民法院、最高人民检察院关于办理侵犯知识产权刑事案件具体应用法律若干问题的解释》；

（4）《中华人民共和国民法典》第八百四十三条"技术合同"；

（5）《中华人民共和国对外贸易法》第五章"与对外贸易有关的知识产权保护"。

2.商标权类

商标权类主要包含以下五条：

（1）《中华人民共和国商标法》及其实施条例；

（2）《最高人民法院关于审理商标案件有关管辖和法律适用范围问题的解释》；

（3）《最高人民法院关于审理商标民事纠纷案件适用法律若干问题的解释》；

（4）《驰名商标认定和保护规定》；

（5）《集体商标、证明商标注册和管理办法》。

3.专利权类

专利权类主要包含以下四条：

（1）《中华人民共和国专利法》及其实施细则；

（2）《最高人民法院关于审理专利纠纷案件适用法律问题的若干规定》；

（3）《最高人民法院关于对诉前停止侵犯专利权行为适用法律问题的若干规定》；

（4）《国防专利条例》。

4.著作权类

著作权类主要包含以下七条：

（1）《中华人民共和国著作权法》及其实施条例；

（2）《最高人民法院关于审理著作权民事纠纷案件适用法律若干问题的解释》；

（3）《最高人民法院关于审理涉及计算机网络著作权纠纷案件适用法律若干问题的解释》；

（4）《最高人民法院关于审理涉及计算机网络域名民事纠纷案件适用法律若干问题的解释》；

（5）《著作权集体管理条例》；

（6）《中华人民共和国计算机软件保护条例》；

（7）《信息网络传播权保护条例》。

5.商业秘密类

商业秘密类主要包含以下两条：

（1）《中华人民共和国反不正当竞争法》；

（2）《关于禁止侵犯商业秘密行为的若干规定》。

6.植物新品种类

植物新品种类主要包含以下两条：

（1）《中华人民共和国植物新品种保护条例》及其实施细则（农业部分、林业部分）；

（2）《最高人民法院关于审理植物新品种纠纷案件若干问题的解释》。

7.特殊标志类

特殊标志类主要包含以下三条：

（1）《特殊标志管理条例》；

（2）《奥林匹克标志保护条例》；

（3）《世界博览会标志保护条例》。

8.地理标志类

地理标志类主要包含以下三条：

（1）《中华人民共和国商标法》；

（2）《集体商标、证明商标注册和管理办法》；

（3）《地理标志产品保护规定》。

9.集成电路布图设计专有权类

集成电路布图设计专有权类主要包含以下三条：

（1）《集成电路布图设计保护条例》及其实施细则；

（2）《最高人民法院关于开展涉及集成电路布图设计案件审判工作的通知》；

（3）《集成电路布图设计保护条例》。

10.其他类

其他类主要包含以下三条：

（1）《中华人民共和国知识产权海关保护条例》；

（2）《中华人民共和国海关关于〈中华人民共和国知识产权海关保护条例〉的实施办法》；

（3）《展会知识产权保护办法》。

（三）科技成果被侵权时的保护措施

国家保护知识产权的主要措施是：不断健全、完善国家知识产权法律体系，营造尊重和保护知识产权的法治环境。加大知识产权保护力度、惩罚力度，依法严厉打击侵犯知识产权的各种行为。同时，要建立对重大经济活动知识产权特别审查机制，避免自主知识产权流失。防止企业的垄断发生，实现知识产权强国即科技强国。

一般知识产权侵权行为发生时，可以先与侵权者协商解决，当协商不成时可以通过以下方式综合处理。

（1）向工商局、专利局、版权局（文化执法大队）举报。通过向工商局、专利局、版权局（文化执法大队）举报，要求侵权企业停止侵权，同时对其进行行政处罚。

（2）向公安局或海关等机关举报。向公安机关举报检举，请求对侵权方责任人予以刑事处罚，从而从根本上制止侵权行为再次发生。涉及海关备案、海关知识产权保护向海关提出查处。

（3）向人民法院起诉。通过诉讼，请求人民法院判令侵权方停止侵权，赔偿损失。一般分为民事纠纷案件、行政诉讼案件、侵犯知识产权的刑事案件。

人民法院受理的知识产权案件主要有三类：第一类是民事纠纷案件，包括各种知识产权合同纠纷案件，各种侵犯知识产权的侵权纠纷案件，以及知识产权案件中有关赔偿责任和赔偿数额的纠纷，经主管行政管理部门调处后，当事人不服向人民法院提起的诉讼案件；第二类是行政诉讼案件，主要指当事人对知识产权行政管理部门所作的行政处罚不服，向人民法院提起诉讼的案件；第三类是侵犯知识产权，构成犯罪，而由人民法院审理的刑事案件。这种保护主要适用于知识产权权利人的利益遭受严重侵犯，并造成重大损失的情况。

（4）向其他行政部门举报。如食品工艺可能需要相关监管部门介入。

一般来说，各个部门查处并非完全独立，有时需要多个机关同时对侵权行为进行查处维权。企业当发现知识产权侵权时应及时维权，这样才能有效维护企业的知识产权价值。

对知识产权的保护要从不同的层面来看，其一，国家要在立法上加强对知识产权的保护，不断完善现有的保护机制。其二，要与国际接轨，建立健全知识产权法律体系。而对于各企业而言，在对知识产权的保护方面，其实就是要按照有关规定办理相应的注册登记，以获取来自法律、法规的保护。而实践中，也要定期加强对侵犯自己知识产权行为的打击。

三、科技创新成果侵权案例

专利方法固化在被诉侵权产品并在使用过程中自然再现的应认定被诉侵权行为人实施了专利方法。

——深圳敦骏科技有限公司诉深圳市吉祥腾达科技有限公司等侵害发明专利权纠纷案

基本案情

原告深圳敦骏科技有限公司（以下简称"敦骏公司"）诉称：深圳市吉祥腾达科技有限公司（以下简称"腾达公司"）未经许可制造、许诺销售、销售，济南历下弘康电子产品经营部（以下简称"弘康经营部"）、济南历下昊威电子产品经营部（以下简称"昊威经营部"）未经许可销售的多款商用无线路由器（以下简称"被诉侵权产品"）落入其享有的名称为"一种简易访问网络运营商门户网站的方法"（专利号为ZL02123502.3，以下简称"涉案专利"）发明专利的专利权保护范围，请求判令腾达公司、弘康经营部、昊威经营部停止侵权，赔偿损失及制止侵权的合理开支共计500万元。

被告腾达公司辩称：

1.涉案专利、被诉侵权产品访问任意网站时实现定向的方式不同，访问的过程亦不等同，腾达公司没有侵害敦骏公司的涉案专利权。并且，涉案专利保护的是一种网络接入认证方法，腾达公司仅是制造了被诉侵权产品，但并未使用涉案专利保护的技术方案，故其制造并销售被诉侵权产品的行为并不构成专利侵权。

2.敦骏公司诉请的赔偿数额过高且缺乏事实及法律依据，在赔偿额计算中应当考虑专利的技术贡献度、涉案专利技术存在替代方案等。

被告弘康经营部、昊威经营部共同辩称：其所销售的被诉侵权产品是从代理商处合法进货的，其不是被诉侵权产品的生产者，不应承担责任。

法院经审理查明：敦骏公司明确以涉案专利的权利要求1和2为依据主张权利，其内容包括如下。1.一种简易访问网络运营商门户网站的方法，其特征在于包括以下处理步骤：A.接入服务器底层硬件对门户业务用户设备未通过认证前的第一个上行HTTP报文，直接提交给"虚拟Web服务器"，该"虚拟Web服务器"功能由接入服务器高层软件的"虚拟Web服务器"模块实现；B.由该"虚拟Web服务器"虚拟成用户要访问的网站与门户业务用户设备建立TCP连接，"虚拟Web服务器"向接入服务器底层硬件返回含有重定向信息的报文，再由接入服务器底层硬件按正常的转发流程向门户业务用户设备发一个重定向到真正门户网站Portal_Server的报文；C.收到重定向报文后的门户业务用户设备的浏览器自动发起对真正门户网站Portal_Server的访问。2.根据权利要求1所述的一种简易访问网络运营商门户网站的方法，其特征在于：所述的步骤A，由门户业务用户在浏览器上输入任何正确的域名、IP地址或任何的数字，形成上行IP报文；所述的步骤B，由"虚拟Web服务器"虚拟成该IP报文的IP地址的网站。

敦骏公司通过公证购买方式从弘康经营部、昊威经营部购得"Tenda路由器W15E""Tenda路由器W20E增强型"各一个，并在公证人员的监督下对"Tenda路由器W15E"访问网络运营商门户网站的过程进行了技术演示，演示结果表明使用"Tenda路由器W15E"过程中具有与涉案专利权利要求1和2相对应的方法步骤。

被诉侵权产品在京东商城官方旗舰店、"天猫"网站腾达旗舰店均有销售，且销量巨大。京东商城官方旗舰店网页显示有"腾达（Tenda）W15E"路由器的图片，京东价199元、累计评价1万+，"腾达（Tenda）W20E"路由器京东价399元、累计评价1万+，"腾达（Tenda）G1"路由器京东价359元、累计评价1万+等信息。"天猫"网站腾达旗舰店网页显示有"腾达（Tenda）W15E"路由器的图片，促销价179元、月销量433、累计评价4342、安装说明、技术支持等信息。

2018年12月13日，一审法院依法作出通知书，主要内容为：限令腾达公司10日内向一审法院提交自2015年7月2日以来，关于涉案"路由器"产品生产、销售情况的完整资料和完整的财务账簿。逾期不提交，将承担相应的法律责任。但至二审判决作出时，腾达公司并未提交相关证据。

裁判结果

山东省济南市中级人民法院作出（2018）鲁01民初1481号民事判决：1.腾达公司立即停止制造、许诺销售、销售涉案的路由器产品；2.弘康经营部、昊威经营部立即停止销售涉案的路由器产品；3.腾达公司于判决生效之日起十日内赔偿敦骏公司经济损失及合理费用共计500万元；4.驳回敦骏公司的其他诉讼请求。一审宣判后，腾达公司不服，提起上诉。最高人民法院于2019年12月6日作出（2019）最高法知民终147号民事判决：驳回上诉，维持原判。

裁判理由

最高人民法院生效判决认为：

一、关于被诉侵权产品使用过程是否落入涉案专利权利要求的保护范围

首先，涉案专利权利要求1中的"第一个上行HTTP报文"不应解释为用户设备与其要访问的实际网站建立TCP"三次握手"连接过程中的第一个报文，而应当解释为未通过认证的用户设备向接入服务器发送的第一个上行HTTP报文。

其次，根据对被诉侵权产品进行的公证测试结果，被诉侵权产品的强制Portal过程与涉案专利权利要求1和2所限定步骤方法相同，三款被诉侵权产品在"Web认证开启"模式下的使用过程，全部落入涉案专利权利要求1和2的保护范围。

二、关于腾达公司的被诉侵权行为是否构成侵权

针对网络通信领域非法的专利侵权判定，应当充分考虑该领域的特点，充分尊重该领域的创新与发展规律，以确保专利权人的合法权利得到实质性保护，实现该行业的可持续创新和公平竞争。如果被诉侵权行为人以生产经营为目的，将专利方法的实质内容固化在被诉侵权产品中，该行为或者行为结果对专利权利要求的技术特征被全面覆盖起到了不可替代的实质性作用，也即终端用户在正常使用该被诉侵权产品时就能自然再现该专利方法

过程的，则应认定被诉侵权行为人实施了该专利方法，侵害了专利权人的权利。

本案中：

1.腾达公司虽未实施涉案专利方法，但其以生产经营为目的制造、许诺销售、销售的被诉侵权产品，具备可直接实施专利方法的功能，在终端网络用户利用被诉侵权产品完整再现涉案专利方法的过程中，发挥着不可替代的实质性作用。

2.腾达公司从制造、许诺销售、销售被诉侵权产品的行为中获得不当利益与涉案专利存在密切关联。

3.因终端网络用户利用被诉侵权产品实施涉案专利方法的行为并不构成法律意义上的侵权行为，专利权人创新投入无法从直接实施专利方法的终端网络用户处获得应有回报，如专利权人的利益无法得到补偿，必将导致研发创新活动难以为继。另外，如前所述，腾达公司却因涉案专利获得了原本属于专利权人的利益，利益分配严重失衡，有失公平。综合以上因素，在本案的情形下，应当认定腾达公司制造、许诺销售、销售被诉侵权产品的行为具有侵权性质并应承担停止侵权、赔偿损失的民事责任。

课堂活动

请同学们分享你所知的科技成果保护的案例及分析。

云课堂

西南知识产权-"内容搬运"类短视频中的侵权行为研究

学生成长卡

A同学作品被侵权情况解决方案评价表

评价项目	具体指标	小组自评	小组互评	教师评价	总评
基本情况分析	通过对事件分析，能准确描述基本情况				
侵权类型	能够准确地判断侵权的类型				
法律依据	通过查询，找到准确的法律依据				
解决方案	结合分析情况，找到合适的解决方案及备选方案				

学生自评表

班级：	姓名：		学号：	
评价项目	评价标准		分值	得分
基本情况分析	1.相关法律规定；2.准确判断		10	
侵权类型	1.相关法律规定内容；2.准确分析		10	
法律依据	运用原理准确分析		10	
解决方案	运用原理准确分析		10	
工作态度	态度端正，无缺勤、迟到、早退现象		20	
工作质量	能按计划完成工作任务		10	
协调能力	与小组成员、同学之间能合作交流，协调工作		10	
职业素质	能做到细心、严谨		10	
创新意识	材料及案例分析过程中有独到见解		10	
合计			100	

学生互评表

评价项目	分值	等级							评价对象（组别）					
									1	2	3	4	5	6
计划合理	10	优	10	良	9	中	7	差	6					
团队合作	10	优	10	良	9	中	7	差	6					
组织有序	10	优	10	良	9	中	7	差	6					
工作质量	20	优	20	良	18	中	14	差	12					
工作效率	10	优	10	良	9	中	7	差	6					
工作完整	10	优	10	良	9	中	7	差	6					
工作规范	10	优	10	良	9	中	7	差	6					
成果展示	20	优	20	良	18	中	14	差	12					
合计	100													

教师评价表

班级：	姓名：		学号：		
评价项目		评价标准		分值	得分
考勤（10%）		无迟到、早退、旷课现象		10	
工作过程（60%）	基本情况分析	1.相关法律规定；2.准确判断		10	
	侵权类型	1.相关法律规定内容；2.准确分析		10	
	法律依据	运用原理准确分析		10	
	解决方案	运用原理准确分析		10	
	工作态度	态度端正，工作认真、主动		10	
	协调能力	能按计划完成工作任务		5	
	职业素质	与小组成员、同学之间能合作交流，协调工作		5	
项目成果（30%）	工作完整	能按时完成任务		10	
	工作规范	能按原理完成计算和案例分析		10	
	成果展示	能准确表述、汇报工作成果		10	
合计				100	

综合评价	学生自评（20%）	小组互评（30%）	教师评价（50%）	综合得分

学习任务

任务三　科技创新成果转化

任务布置

　　结合所学专业，运用本节所学的技术经纪人和科技创新成果转化内容，了解一项与你专业相关的科技创新成果，出具一份成果分析报告。

任务准备

（1）以模块四组建的创业团队为学习小组；

（2）通过查阅学校官网、咨询专业课老师，确定一项拟转化或应用的科技创新成果，详细了解科技创新成果内容；

（3）针对搜集的科技创新成果，小组内进行分析研究，分工撰写科技创新成果分析报告。

任务实施

科技成果转化是指为提高生产力水平而对科技成果所进行的后续试验、开发、应用、推广直至形成新技术、新工艺、新材料、新产品，发展新产业等活动。就字面意思来说，科技成果转化包括科技成果的"转"和"化"，也就是应用技术成果的流动与演化的过程。成果怎么评估、如何转、转给谁、应用何种方式等问题对成果转化至关重要，掌握技巧，能发挥成果最大化价值。

情景导入

近期，你们专业释放出一批可转化的科技成果，请结合你专业情况，对成果进行分析评估，同时，实地走访1~2家企业，结合企业发展情况，与科技成果进行匹配，有针对性地出具一份简要的成果分析报告。

任务分析

一、科技成果转化概念

（一）科技成果转化的概念及途径

根据《促进科技成果转化法》第二条的规定，科技成果是指通过科学研究与技术开发所产生的具有实用价值的成果。职务科技成果是指执行研究开发机构、高等院校和企业等单位的工作任务，或者主要是利用上述单位的物质技术条件所完成的科技成果。

常见的科技成果转换途径大致分为三类。

（1）企业主体转化。企业既是科技源，又是中间环节，也是吸收体。这种模式易于组织，市场针对性强。

（2）校所为主体直接进行转化。高校或科研院所利用自身开发的新技术直接或间接创办企业，进行科技成果转化，形成高新技术产业。

（3）产学研合作转化。科研机构、高校、企业等彼此合作，共同承担。科技成果转化通过需求与市场调节的形式实现，需要较强的协作性和对技术市场的依赖性。

（二）成果转化的意义

高新技术成果转化战略具有重要的意义，主要体现在以下方面。

（1）促进经济发展。高新技术成果转化可以创造新的市场机会和商业模式，推动新兴产业的发展，促进经济增长和就业创造。

（2）提高技术创新效率。高新技术成果转化可以将科技成果转化为实际的产品或服务，促进科技成果的应用和推广，提高科技创新的效率和质量。

（3）推动产业升级。高新技术成果转化可以促进传统产业的转型升级，推动新技术、新产业和新业态的发展，提升产业竞争力和创新能力。

（4）带动区域发展。高新技术成果转化可以促进科技创新和产业发展在区域内的集聚和协同，带动区域经济发展和社会进步。

（5）促进国家竞争力提升。高新技术成果转化可以提高国家的技术创新能力和产业竞争力，增强国家的综合实力和国际影响力。

（三）成果转化的流程

科技成果转化工作需要一套完善的系统流程。

（1）根据综合信息选定目标，针对企业需求确定技术目标。

（2）进行尽职调查，包括对生产工艺、技术参数、投入产出情况、经济社会效益等方面进行深入调查。

（3）分析论证，综合比较各种技术的先进性、适用性、可行性，提出各种选择方案。

（4）选择出最佳技术，根据行政（手段）、政策（导向）、市场（需求）等进行多层次、全方位筛选，择优选出政策上鼓励、技术上成熟、经济上有价值的技术。

在选择具体技术时，必须有系统地思考和安排。不同生产条件下使用不同类型或不同水平的技术，这涉及技术匹配度问题，包括技术系统自身的适配程度、与其他技术系统之间的匹配、与技术受体原有技术系统的匹配。

二、成果转化的方式和途径

（一）成果转化的方式和途径

按照《促进科技成果转化法》第十六条规定，科技成果转化包括六种方式：自行投资实施转化；向他人转让该科技成果；许可他人使用该科技成果；以该科技成果作为合作条件，与他人共同实施转化；以该科技成果作价投资，折算股份或者出资比例；其他协商确定的方式。可整体归纳总结为以下三种。

1.自行投资实施转化

自行转化是科研院所或院校等市场主体将其研发的科技成果应用于本单位科研生产活动的一种科技成果转化方式，一般无须外部企业的参与，由科研院所、院校或企业等市场主体独立完成，比较常见的方式是创立校办企业。常见比较知名的校办企业有清华同方、北大方正、复旦光华等，其特点是科技成果的成果源与吸收体融为一体，消除了中间环节，在很大程度上降低了科技成果转化的交易成本，而且转化效率较高，一般适用于项目技术成熟、实力较为雄厚、研发生产链条较为完善的市场主体。但是此种模式目前面临院校与下属公司剥离的政策要求，校办企业也将面临转型。

2.科技成果转移给他人使用

向他人转让该科技成果和许可他人使用该科技成果均是将科技成果转移给他人使用的转化方式。技术转移方式是科研院所、大专院校等创新源头力量实现科技成果转化的主要方式，技术转移双方利用技术合同等交易形式，实现了技术与经济利益的转化与分享。在技术转移方式中，中介机构往往也扮演了重要角色，由于科技成果的成果源与吸收体相分离，依靠中介机构实现成果转化，转化率较高。科技服务的主要功能是为政府科技部门、科研院所、高等学校和大中小型企业特别是科技型企业等从事科技活动的主体单位，提供包括信息查询与交流、技术咨询与评估，科技成果的鉴定、孵化及转化等方面的科技服务。这种技术成果转化服务模式相对其他模式而言，具有优化生产要素配置、加大科技成果转化比重、促进科技与经济融合等优点。

向他人转让该科技成果是指科研院所或高校通过与受让企业签署转让协议，将科技成果转让给受让企业。转让标的主要包括已经取得知识产权保护的科技成果和未取得知识产权保护的科技成果、申请知识产权保护的资格等。转让后，科技成果的所有权、风险和收益即转让给受让企业。关于转让对价支付方式通常采用支付固定价格和支付基本对价后支付提成对价的方式。

科技成果许可是指通过与科技成果被许可企业签署协议，将科技成果许可给被许可企业使用，但是所有权、风险和收益仍保留在研院所或高校手中。

3.合作与投资转化

合作与投资转化是以该科技成果作为合作条件，与他人共同实施转化，或是以该科技成果作价投资，折算股份或者出资比例，由高等学校和科研院所通过合作，将科技成果与他人共享的转化方式。它以市场为导向，政府为推动力，由多个主体进行合作技术创新。合作转化方式在发达国家进行科技成果转化过程中普遍采用，它包括委托开发和合作开发两类转化模式。前者是企业根据发展需要，委托有能力的科研机构及大学进行项目研究与开发；后者是企业与科研机构及大学以合作形式进行新技术的研究开发活动。投资转化是科技成果持有人利用科技成果作价金额折算股份或出资比例，参与市场主体经营活动的成果转化方式，有利于形成市场主体基于技术与经济利益共享、风险共担的制度性关系。

科技成果转化是科技创新全过程的"最后一公里"，成果转化是否顺利，很大程度上决定了科技创新的成败。从上述转化方式来看，企业可根据自身情况选择适合的转化方式，例如，具备完整的科技成果研发—转化—产业化产业链的企业，可以采用自我转化，提高转化效率、节约成本；而缺乏一定转化能力和资金的企业，则可以考虑采用合作开发，共同享受转化收益。

（二）成果转化方式的选定标准

上文重点介绍了《促进科技成果转化法》中约定的成果转化方式，但是当供需双方对成果转化过程中的约定仍存在不合法合规或者双方仍未能达成合意时，双方可以通过协商共同确定一种转化方式。

选择何种科技成果转化方式更合适？

方法一：在实际转化中，可以按照院校、转化企业结合科技成果的特点、技术市场成熟度、转化企业的资金投入和承担的知识产权相关的风险、转化企业所处行业、转化企业所处阶段、转化企业所获得的权利、院校的商业化收益、院校决策流程和程序的复杂度等标准考虑不同转化方式。

方法二：也可以结合科技成果的"两度"选择转化方式。这里所谓的"两度"，指的是上文所述技术成熟度、市场成熟度。

（1）对于"两度"均较高的成果，可优先选择转让或许可方式，同时约定相关转化收益。

（2）对于"两度"均偏低的成果，可考虑合作转化、许可+合作等转化方式。

（3）对于技术成熟度高、市场成熟度不高的成果，可考虑作价投资等方式。

（4）对于技术成熟度不高、市场成熟度高的成果，可考虑合作转化或许可等方式。

（三）科技成果评估维度

科技成果评估是针对科技成果研发现状和发展要求，本着提高成果产业化、市场化的原则，按照科学的评估体系和评价标准对科技成果进行评估。

开展科技成果评估，是用科学发展观引导科学评价观，综合运用项目管理、成果评价的有关理论和方法，合理地将科技成果评价向成果评估、成果转化等方面延伸，提高科技成果的转化应用和实施的效率。

本节将系统地介绍技术初评的四大维度——技术评估、转化评估、市场评估以及效益评估。

1.技术评估

技术评估主要对科技成果本身的价值进行考评，对科技成果转化的技术源进行评估。

从技术因素和技术风险两方面出发，评价科技成果是否具有转化价值，包括对技术先进性、技术成熟度以及技术专利状态等进行评估。

（1）技术先进性。

进行技术初筛时，可以通过该技术与行业常规技术相比，在降低成本、改善性能、提高品质、节能减排等方面从是否具有显著效果、是否符合行业项目技术的发展趋势等角度判断其先进性。

与同类技术比较，如果是能提高产品质量和性能、降低生产成本、增加产品功能及售价的技术，就具有先进性。

这往往体现在一些关键参数的提高上，因此需要评估人员平日里有充分的积累以及对类似领域有较深的了解。

（2）技术成熟度。

实验室科技成果一般处在以下几个阶段：发现基本原理、形成技术方案、方案通过验证、小试并验证、中试并验证以及最终得到推广应用。

在实际操作中，针对不同阶段的技术，将会采用不同的方案，比如帮助还处于小试阶段的技术匹配到合适的企业从而更好地完善该技术，使其变得更为成熟，而对于已经成功推广应用的技术则是通过成立公司、寻找投融资等方式拓展其市场前景，使其产生更大的经济效益。

技术是一种特殊的商品，技术转移是一个复杂的过程，只有成熟的技术才能转移成功。

（3）技术专利状态。

技术转移的各个环节涉及若干知识产权问题，其表现形式复杂多样，主要涉及保护、运用、再创造与纠纷预防等方面。

在进行技术初筛时，必须先对其知识产权情况格外关注，有助于后续对成果的侵权排除、有效保护等工作的开展。

2.转化评估

一项科技成果必须通过转化才能真正实现其价值，转化评估主要对涉及技术转化的相关因素进行考评，主要从转化条件、转化风险等角度评估科技成果转化的难易程度。譬如政策条件、生产规模设置、行业资源、资金门槛、资源风险、环保风险、行业准入风险以及配套技术风险等。技术转移的每个环节都可能存在风险，并且每一环节的风险都可能对后续环节产生影响，使风险呈阶梯形、递增式变化。在进行技术初评时我们格外关注的是政策风险、环保风险和资金门槛等。比如我们会重点关注国家政策大力支持的新材料、新能源、智能制造、新一代信息技术等相关技术，以及具有节能环保等重要意义的技术，而对资金门槛较高、需要大量资金进行生产线的建设等相关技术持观望态度，等待其转化时机更为成熟时再进行下一步操作。

3.市场评估

市场在一定程度上影响一项科技成果显性价值的多少。市场指标主要从市场这个角度对科技成果价值进行考评，包括市场因素和市场风险。市场因素主要指有关市场的一些指标值，包括经济形势变化、市场需求、市场周期、使用价值、被认识程度、被接受程度等。市场风险主要指市场存在的不确定性，包括市场需求风险、市场竞争风险、市场进入时机等。在进行技术初筛时，市场需求、市场规模以及市场竞争等方面都是能够进行快速判定的。

4.效益评估

效益决定了一项科技成果的显性价值，效益评估主要对一项科技成果应用后产生的实际价值进行考评，包括经济效益和社会效益。经济效益指的是转化实体所得到的直接效益，包括利润率、收益率、回收期等；社会效益指的是科技成果对整个社会所产生的影响，包括资源节约、环境影响、增加就业、增加税收、带动其他产业发展等。

在进行技术初步评估时，处于已经推广应用、具有成功案例阶段的技术成果较容易判断其所能带来的经济效益和社会效益，但更多的科技成果还处在小试和中试阶段。

因此，需要对其所能产生的效益进行预判，从利润、发展前景、上下游产业链等多个角度进行未来效益的初步预测，但也应该充分认识到即便是相同的技术对不同的企业其所能带来的经济效益也会存在较大的差异，这取决于企业对技术的吸纳能力。

三、技术经纪

(一) 技术经纪与技术经纪人

1.技术经纪

技术经纪是指以知识、技术、经验和信息等为资源，为技术供方和技术需方的技术转移，提供搜索、识别、沟通、对接，促进交易的系统性的服务活动。其具有专业性强、难度高、人力资源需求紧迫和附加值高的特点。

2.技术经纪人及其职能

技术经纪人是指在技术市场中，以促成他人技术交易为目的，从事中介、居间、行纪、代理等活动并取得佣金的自然人、法人和其他组织。一般来说，交易一旦完成，技术经纪工作就完成了。从中可知，技术经纪人若是自然人，主要是指：取得技术经纪资格、从事技术经纪业务的专业技术人员；依托技术经纪机构或技术交易市场从业的专业技术人员。

例如，中国技术交易所、江苏省技术产权交易市场发布的技术经理人管理办法中所指的技术经理人，实质上是技术经纪人，或技术经纪机构负责技术转移的人。技术经纪人是法人和其他组织的，是指以技术交易为经营业务的技术转移服务机构。

无论是为技术供给方还是技术需求方提供技术服务的技术经纪人，都是以促成技术交易为目的，但其具体职能还是有所差异。

（1）为技术供给方提供技术经纪服务的技术经纪人的职能，主要是向技术需方推荐科技成果，核心是找到所需技术的需求方，作为中间人匹配技术的供需。技术经纪人需要弄清楚拟转移的科技成果的技术先进性、技术创新性、技术难度、技术成熟度、市场成熟度、应用领域、市场规模等情况，并有针对性地向相关行业企业推荐，并将相关企业的反馈情况向委托方反馈。

（2）为技术需求方提供技术经纪服务的技术经纪人的职能，主要是搜索技术源，核心是找到技术供给方，作为中间人匹配技术的供需。技术经纪人需分析技术需求方的真实需求，要解决的主要技术难题，从多个渠道搜索可以解决该技术难题的技术供给方，并组织供需对接。

技术经纪人的主要工作是匹配技术的供需，除具备专业知识与能力外，诚实守信是必须坚持的重要原则。只有诚实守信，才能得到委托方的信任，得到交易方的认可。

尽管技术转移管理人员、技术经理人和技术经纪人都是技术转移人才，但彼此间还是有较大差异的，其绩效的衡量标准、考核方式是不同的。技术转移管理人员能否做好，既取决于自身的能力，也取决于单位的授权，对具体技术转移项目起支持和促进作用，并对单位的整个技术转移工作负责，其业绩取决于其职责分工，并对所任职机构的技术转移总体业绩负责；技术经理人为技术转移项目负责，以促成技术转移项目的交易为基本目标，并以技术转移项目的成交额为主要考核指标，还应该努力促成技术转移项目价值的实现；技术经纪人是以促成技术交易并收取佣金为经营目标，做成了项目收不到佣金是枉然。

（二）技术经纪人所具备的优秀品质

优秀（成功）的技术经纪人身上具备一些有显示度的技能特征，这些清晰的特征也被称为优秀技术经纪人的"基因组"密码，这是优秀技术经纪人与一般技术人经纪人相比所展现出来的最重要的能力特征。这些特征又可进一步细分成以下七大能力。

1.专业能力

技术经纪人最重要的特征是其深厚的专业能力。美国大学技术转移办公室的工作人员中一半以上都拥有博士学位，扎实的专业基础成为优秀技术经纪人必须迈过的门槛。技术经纪人的专业能力包括专业知识和管理经验，这是专业技术经纪人最重要的能力。通过对中美研究型大学科技成果转化机构人员技能的对比分析发现，优秀的"专业能力"基因是技术经纪人成功的基础。

一是科技、产业知识。技术经纪人要有比较丰富的科技产业基本知识，精通科技领域的技术商品知识，了解技术商品的研究、试验、试制和规模生产的全过程。最好熟悉技术开发、中试、产品生产工艺过程等方面的工程知识，对技术先进性、成熟度、适用性、竞争力等方面有全面深刻的理解，有摸清企业产品质量、工艺、标准、设备状况的能力等。

二是经济、市场知识。技术经纪人要掌握技术经济学的基本知识，对经纪业的技能很熟练，懂得技术产品应用于生产的全流程。要精通技术商品贸易相关知识；了解并能使用各种科技、经济信息，洞察技术商品的社会需求；会使用多种调查、预测等方法，能够掌握技术商品供求动态及发展趋势。

三是法律知识。技术经纪人对法律的基础知识要有相当程度的了解；熟练掌握《中华人民共和国技术合同法》《中华人民共和国专利法》等技术贸易管理法规，以及有关国家和国际知识产权保护的专业知识；熟练掌握有关技术合同的洽谈、签订、仲裁等的技巧和流程。

2. 再学习能力

再学习能力是指在原有学历和知识基础上，围绕技术转移工作需要的知识继续学习的能力，也叫自我继续学习能力、继续教育能力。技术经纪人不能满足于既有的知识基础和已经取得的成就，还要不断地学习新知识，除技术领域的专业基本知识之外，还要尽可能学习掌握更高层次的与技术商品相关的营销知识、财会知识、统计知识、投融资知识、管理知识。不仅要了解一般的法律知识，熟练掌握洽谈、技术合同仲裁等法律知识，还要进一步学习国际知识产权和技术交易方面的法律知识，参与高层次的知识产权全球治理活动。

3. 分析能力

超强的分析能力是技术经纪人的成功要素之一。比如，一个技术项目是否值得交易？应该如何作价和还价？这需要拥有大量背景知识和经验的技术经纪人做出综合分析，才能帮助有需求的企业对纷繁复杂的技术市场做出准确判断。

技术市场瞬息万变，面对市场机会，技术经纪人要具备观察分析能力、深刻洞察力、综合判断能力，这样才能够了解市场需求，发现市场机会，不断找到市场的空白或者是新的项目点。同时，技术经纪人还要能够分析企业的技术需求和特点，有发现问题的意识与能力，有寻找所需要知识的方法和运用知识解决问题的方法和能力；能通过多种市场调查、预测等方法分析把握技术产品的市场供求动态与发展趋势。

4. 系统思维能力

技术经纪人从事的是一项有计划、有目标、客观理智的事业，不仅要对涉及的知识有全面的了解和研究，还要对经纪活动做出周密的计划安排。技术经纪人只有在成果转化中把服务的内涵和外延有机结合，服务系统延伸到企业，为企业提供系统配套技术服务，才能完成技术转化工作。

从项目实际交易的角度考虑，在技术需求方案难以确定的时候，如果你有系统性的思考，有全面的分析和系统的解决方案，就能为需求方提供更多的选择。包括从信息收集与处理、技术评估、风险控制、执行操作等方面，从运营管理、客户市场意识、经营发展计划、资金融通、客户关系拓展等方面进行系统的梳理与规划，用更高战略思维和学术眼光发掘项目的可行性与价值。

5.沟通能力

技术经纪活动既是一种企业、政府、市场等各方都有参与的商务活动,更是一门与人打交道的交际艺术。一个成功的技术经纪人,一定是一个良好的沟通者。他的沟通能力体现在与人交谈和应对技巧上,体现在对谈判过程的掌握与把控上,体现在协调企业家、科研人员、同事之间等各方的复杂关系上。

"把恰当的信息传递给恰当的人"是沟通的最高原则。项目供需信息资源准确采集和传递非常重要。一是对技术(或企业需求)信息的真实性和准确性要逐一核实,请专家评估后再进行分类,统一准确地登记进入信息库,从源头上保证信息的准确性;二是通过多种途径将技术信息在第一时间传递给需求方,可以通过宣讲、交流、展览、交易会、发布会的形式进行推广,也可以通过广告、报纸、书籍资料、电话、邮件等形式进行推广,还可以通过新媒体把相关信息推送给有相关技术需求的企业,等等。

6.整合资源的能力

技术经纪人要有组织协调能力、资源整合能力。一方面,要能整合政策资源、技术资源、产业资源;另一方面,要全面了解技术交易的流程与质量管理、售后服务的内容,在政、产、学、研、用上也要有足够的跨界和圈层资源。

技术经纪人的资源整合能力还表现在:有能力整合不同产业的技术发展方向的资源,准确把握产业动态,了解竞争对手的优劣及当时的可靠技术点等信息。此外,还要有能力整合技术营销资源、银行融资资源、企业管理资源、工程项目资源、技术法律资源、企业家资源等,把它们整合到一起形成合力,从而提高成果转化率。

7.承压能力

我国的技术市场尚处于初级阶段,技术经纪(交易)是一项非常复杂的劳动,风险不确定。工作中涉及的包括客户导向、技术产品、成交方法、实施路径、商务环境等方面都会带来未知的压力。项目成功的过程是非常曲折的,夹杂着恐惧、失望等负面情绪,需要有效的手段来缓解和释放压力。这就需要技术经纪人跳出狭隘的观念,在激励满足上,摆正自己的位置,端正好心态,有勇于接受挑战、承受压力的能力,能够在更高的层次上自我认同、追求卓越。

课堂活动

科技创新成果评价标准

一、基本原则

(一)目的性原则

评价的目的应明确。

(二)科学性原则

应包含以下三个方面:

(1)特征性,应符合科技成果的基本特征和科研的基本规律;

(2)准确一致性,指标体系内部各指标之间应协调统一,指标体系的层次和结构应合理;

（3）完备性，应围绕评价目的，全面反映被评价对象。

（三）可操作性原则

应适应于：

（1）评价的方式，本标准采用定性评价方式；

（2）评价活动对时间、成本的限制；

（3）被评价方对评价体系的理解接受能力；

（4）评价结果使用方对评价体系的理解程度和判断能力。

二、指标体系

（一）技术成熟度的评价指标

技术成熟度的评价指标可分为9个层次：

（1）具有清晰的基本原理概念；

（2）明确技术概念和应用设想并成果化；

（3）技术概念和应用设想通过可行性论证并产生模型样品；

（4）技术方案和途径通过实验室验证；

（5）部件/模块通过模拟环境验证；

（6）样品通过模拟环境验证；

（7）样品通过使用环境验证；

（8）产品通过使用环境验证和试用并小批量生产；

（9）产品批量生产并被使用。

（二）技术成熟度评价界定

技术成熟度评价界定应符合下表条件的规定。

技术成熟度评价界定

等级	技术成熟度	等级描述	阶段
1	具有清晰的基本原理概念	通过探索研究，发现了新原理、提出了新理论，或对已有原理和理论开展了深入研究，属于基础研究范畴，主要成果是研究报告或论文等	基础研发阶段
2	明确技术概念和应用设想并成果化	基于基本原理，经过初步的理论分析和实验研究，提出了技术概念和应用设想，主要成果为研究报告、论文或试验报告等	
3	技术概念和应用设想通过可行性论证并产生模型样品	针对应用设想，通过详细的分析研究、模拟仿真和实验室试验，验证了技术概念的关键功能、特性，具有转化为实际应用的可行性，主要成果为研究报告、模型和样品等	
4	技术方案和途径通过实验室验证	针对应用背景，明确了技术方案和途径，通过实验室样品、部件、功能模块的设计和加工，以及实验室原理样品的测试，验证了技术应用的功能特性、技术方案与途径可行	技术开发阶段

续表

等级	技术成熟度	等级描述	阶段
5	部件、模块等通过模拟环境验证	针对样品总体要求，完成了主要部件、模块的设计和加工，通过模拟环境的测试验证，功能和性能指标满足要求，模拟环境能体现一定的使用环境要求	技术开发阶段
6	样品通过模拟环境验证	针对样品的研制要求，完成了验收样品的集成，通过模拟环境试验，功能和性能指标满足要求，样品的可行性和实用性得到验证，模拟环境能体现使用环境要求	技术开发阶段
7	样品通过使用环境验证	针对实际使用要求，样品通过使用环境下考核验证，功能和性能指标全部满足使用要求	
8	产品通过使用环境验证和试用并小批量生产	产品通过用户测试和认定，技术指标全部满足实际使用要求，性能稳定、可靠	产业化阶段
9	产品批量生产并被使用	技术以其最终的产品应用形式，通过实际使用验证，技术指标全部满足要求，具备持续稳定的生产能力和使用保障能力	产业化阶段

注：样品包含样机与附属配件等。

技术成熟度等级条件

等级	条件内容
1	1.发现或获得了基本原埋； 2.基本原理分析描述清晰； 3.通过理论研究，证明基本原理是有效的
2	1.通过理论分析、建模与仿真，验证了基本原理的有效性； 2.基于基本原理，提出明确的技术概念和应用设想； 3.提出了预期产品的基本结构和功能特性
3	1.通过分析研究、模拟仿真和实验室试验，验证了技术能力； 2.明确了预期产品的应用背景、关键结构和功能特性； 3.完成关键结构与功能特性的建模仿真； 4.研制出实验室样品、部件或模块等，主要功能得到实验室验证； 5.通过实验室试验，验证了技术应用的可行性，提出了技术转化途径
4	1.针对应用背景，明确了预期产品的目标和总体要求； 2.提出了预期产品的技术方案和途径； 3.完成实验室样品、部件、功能模块的设计、加工和评定，主要指标满足总体要求；

续表

等级	条件内容
4	4.实验室样品、部件、功能模块集成于原理试验样品，验证了技术应用的功能特性；
	5.通过试验样品测试，验证了技术方案和途径的可行性
5	1.完成样品总体设计，明确样品、部件、功能模块等功能、性能指标；
	2.完成样品、部件、功能模块等设计加工，设计指标满足总体要求；
	3.样品、部件、功能模块等试验验证环境满足模拟环境要求；
	4.样品、部件、功能模块等通过模拟环境验证，功能和性能满足设计要求
6	1.完成样品设计，设计指标满足总体要求；
	2.基本确定关键材料、器件、关键生产工艺规范，工艺稳定性基本满足要求；
	3.完成验收样品加工，满足设计要求；
	4.样品在模拟环境通过试验考核，功能和性能满足设计要求
7	1.完成样品、部件、功能模块等模拟或使用环境验证，功能和性能满足使用要求；
	2.完成样品加工制造，满足设计要求，工艺稳定，工艺文件完整，具备试生产条件；
	3.样品试验验证环境满足使用环境要求；
	4.样品在使用环境下通过测试，功能和主要性能全部满足使用要求
8	1.产品化样品、部件、功能模块的功能和结构特性达到实际产品要求；
	2.生产工艺达到可生产水平，具备生产条件；
	3.完成原型样品生产，功能和结构特性达到使用环境要求；
	4.原型样品在使用环境下通过定型试验和试用，技术指标全部满足实际使用要求
9	1.产品具备批次稳定、生产能力和质量保证能力；
	2.完成用户培训、产品演示；
	3.产品通过了实际使用环境和任务环境的考核验证，应用设想得到成功实施

云课堂

科炬孵化-新型生物无醛蛋白胶项目成果推广分析

学生成长卡

成果评估报告撰写评价表

评价项目	具体指标	小组自评	小组互评	教师评价	总评
行业情况分析	资料收集的针对性，分析的准确性和深入性				
科技成果的选择	有市场前景，有自身特色，可操作性强				
转化对象的选择	具有成果应用的场景、产业链基础或者产品基础				
成果落地的方式	具有可行性，运用成果转化的方式				

学生自评表

班级：　　　　　　　姓名：　　　　　　　学号：

评价项目	评价标准	分值	得分
行业情况分析	1.《促进科技成果转化法》规定；2.准确判断	10	
科技成果的选择	1.《促进科技成果转化法》规定内容；2.准确分析	10	
转化对象的选择	运用原理准确分析	10	
成果落地的方式	运用原理准确分析	10	
工作态度	态度端正，无缺勤、迟到、早退现象	20	
工作质量	能按计划完成工作任务	10	
协调能力	与小组成员、同学之间能合作交流，协调工作	10	
职业素质	能做到细心、严谨	10	
创新意识	材料及案例分析过程中有独到见解	10	
合计		100	

学生互评表

评价项目	分值	等级							评价对象（组别）					
									1	2	3	4	5	6
计划合理	10	优	10	良	9	中	7	差	6					
团队合作	10	优	10	良	9	中	7	差	6					
组织有序	10	优	10	良	9	中	7	差	6					

续表

评价项目	分值	等级							评价对象（组别）					
									1	2	3	4	5	6
工作质量	20	优	20	良	18	中	14	差	12					
工作效率	10	优	10	良	9	中	7	差	6					
工作完整	10	优	10	良	9	中	7	差	6					
工作规范	10	优	10	良	9	中	7	差	6					
成果展示	20	优	20	良	18	中	14	差	12					
合计	100													

教师评价表

班级：　　　　　　　　　姓名：　　　　　　　　学号：

评价项目		评价标准	分值	得分
考勤（10%）		无迟到、早退、旷课现象	10	
工作过程（60%）	行业情况分析	1.《促进科技成果转化法》规定；2.准确判断	10	
	科技成果的选择	1.《促进科技成果转化法》规定内容；2.准确分析	10	
	转化对象的选择	运用原理准确分析	10	
	成果落地的方式	运用原理准确分析	10	
	工作态度	态度端正，工作认真、主动	10	
	协调能力	能按计划完成工作任务	5	
	职业素质	与小组成员、同学之间能合作交流，协调工作	5	
项目成果（30%）	工作完整	能按时完成任务	10	
	工作规范	能按原理完成计算和案例分析	10	
	成果展示	能准确表述、汇报工作成果	10	
合计			100	
综合评价	学生自评（20%）	小组互评（30%）	教师评价（50%）	综合得分

参考文献

[1] 黄藤.大学生创新创业教程：慕课版［M］.北京：人民邮电出版社，2018.

[2] 丁旭，莫晔.创新创业教程［M］.2版.北京：清华大学出版社，2019.

[3] 唐丽.大学生创新创业基础［M］.北京：化学工业出版社，2018.

[4] 黎舜，彭扬华，赵宏旭.创新创业基础：高铁全产业链［M］.上海：上海交通大学出版社，2022.

[5] 孙磊，吴寿仁，等.科技成果转化从入门到高手［M］.北京：中国宇航出版社，2021.

[6] 吴寿仁.科技成果转化政策导读［M］.上海：上海交通大学出版社，2019.

[7] 陕西省技术转移中心.技术经理人初级培训教程：技术经理人如何全程参与科技成果的转移转化［M］.北京：知识产权出版社，2022.

[8] 张龙，曾硕勋.科技成果评价：方法与实务［M］.北京：科学技术文献出版社，2021.

[9] 任杰，徐珮杰，郑跃军.大学生创业教育实践教程［M］.北京：国家行政学院出版社，2018.

[10] 张耀辉.创业基础［M］.重庆：重庆大学出版社，2018.

[11] 闫俊霞，吴秋平，陈锐.大学生创新创业基础教程［M］.重庆：重庆大学出版社，2021.

[12] 徐俊祥，杨志清，黄欢.创未来：创新创业基础进阶实训教程［M］.天津：天津人民出版社，2021.

[13] 祝海波.创新创业基础：上［M］.重庆：重庆大学出版社，2023.

[14] 吕爽.大学生创新创业实务指导［M］.2版.北京：中国铁道出版社，2020.

[15] 李俊.创业实践：做中学创业［M］.北京：北京师范大学出版社，2018.

[16] 《马克思主义政治经济学概论》编写组.马克思主义政治经济学概论［M］.北京：人民出版社，2011.

[17] 罗国锋，高双喜.穿越迷途：创业维艰的81个解决之道［M］.北京：经济管理出版社，2018.

[18] 周三多，陈传明，刘子馨，等.管理学：原理与方法［M］.7版.上海：复旦大学出版社，2018.

[19] 郑懿，熊晓曦.大学生创新创业基础：微课版［M］.北京：人民邮电出版社，2020.

[20] 陈承欢，杨利军，王磊.创新创业指导与训练［M］.2版.北京：电子工业出版社，2022.

[21] 汤锐华.创新创业教育［M］.北京：机械工业出版社，2021.

[22] 邓立治，邓张升，唐雨歆.商业计划书案例：从创新创业大赛到创业实战［M］.北

京：机械工业出版社，2022.

［23］黄华.如何赢得创新创业大赛［M］.北京：化学工业出版社，2019.

［24］桂曙光.创业之初你不可不知的融资知识：寻找风险投资全揭秘［M］.北京：机械工业出版社，2010.